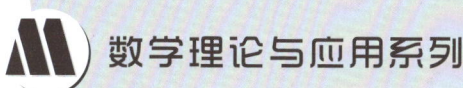

计 算 方 法

李大美 李素贞 朱方生 编著

武汉大学出版社

图书在版编目(CIP)数据

计算方法/李大美,李素贞,朱方生编著.—武汉:武汉大学出版社,
2012.8(2021.8 重印)
数学理论与应用系列
ISBN 978-7-307-10183-8

Ⅰ.计… Ⅱ.①李… ②李… ③朱… Ⅲ.计算方法—高等学校
—教材 Ⅳ.O241

中国版本图书馆 CIP 数据核字(2012)第 204226 号

责任编辑:顾素萍 　　 责任校对:刘　欣　　 版式设计:马　佳

出版发行:**武汉大学出版社**　(430072　武昌　珞珈山)
　　　　　（电子邮箱:cbs22@whu.edu.cn　网址:www.wdp.com.cn)
印刷:湖北金海印务有限公司
开本:720×1000　1/16　　印张:15.75　　字数:279 千字　　插页:1
版次:2012 年 8 月第 1 版　　 2021 年 8 月第 3 次印刷
ISBN 978-7-307-10183-8/O·479　　　定价:36.00 元

版权所有,不得翻印;凡购我社的图书,如有质量问题,请与当地图书销售部门联系调换。

前　言

随着计算机的广泛应用，工程和科学计算的重要性已人所共知。学习和掌握计算机上常用的数值计算方法及有关的基础理论知识已成为工科高等教育的一个重要内容，计算方法这门课程已被许多工科院系列为大学生的必修课。

本书是根据《高等工业学校数值计算方法课程教学基本要求》，在总结武汉大学工科专业多年教学实践的基础上，为高等工科院校大学生开设计算方法课程而重新编写的。

本书比较通俗地介绍了计算机上行之有效的常用数值计算方法的原理、结论及推导过程，并列举大量计算实例，以加深读者对这些方法的理解。对处理同一问题的几种不同的数值方法进行了比较和分析。本书介绍的方法都给出了在计算机上实现的详细步骤和程序框图，并附有用 C 语言编写的上机程序供参考。读者也可根据学过的某种计算机语言，独立地针对所提出的实际问题，选择合适的方法，按照书中所给出的框图编制程序上机计算。因此，本书也可作为本、专科与函授的计算机有关专业的教材，以及从事数值分析方面的科研和工程技术人员的参考书。

本书共分 7 章，为了适应不同程度读者的需要，有些内容加了星号"＊"。若只安排 36 个学时的授课时间，加星号的内容可不讲授。全书的内容适用于 54 个学时的讲授。另外，应加上机实习 12～18 个学时。

本书第一、七章及附录由李素贞编写，第二、三、四章由朱方生编写，第五、六章由李大美编写，全书由李大美统稿。在编写过程中，得到了武汉大学数学与统计学院许多老师的关心和支持，在此深表感谢！

由于编写水平有限，书中错误和不妥之处，衷心希望读者提出宝贵意见。

编　者

2012 年 8 月

于武汉大学

目　录

第一章　绪论 ·· 1
  1.1　计算方法研究的对象和特点 ················· 1
  1.2　误差的来源及基本概念 ························ 3
    1.2.1　误差的来源 ·································· 3
    1.2.2　误差的概念和有效数字 ················· 4
    1.2.3　数值运算的误差估计 ····················· 7
  1.3　选用和设计算法应注意的问题 ·············· 8
    1.3.1　选用数值稳定的计算公式 ·············· 8
    1.3.2　防止两个相近数相减 ···················· 10
    1.3.3　防止大数"吃掉"小数 ··················· 10
    1.3.4　简化计算步骤,减少运算次数 ········ 11
  小　结 ··· 11
  习题一 ·· 11

第二章　非线性方程的数值解法 ················ 13
  2.1　二分法 ·· 13
    2.1.1　数学理论基础 ······························ 13
    2.1.2　二分法的方法介绍 ······················· 14
    2.1.3　计算步骤与程序框图 ··················· 15
  2.2　迭代法 ·· 17
    2.2.1　迭代法的基本思想 ······················· 17
    2.2.2　迭代法的收敛条件 ······················· 18
    2.2.3　误差估计式 ································· 20
    2.2.4　计算步骤和程序框图 ···················· 21
    2.2.5　迭代法的收敛阶 ·························· 22
  2.3　牛顿(Newton)法 ································· 25
    2.3.1　方法介绍 ····································· 25

	2.3.2	牛顿法收敛的充分条件	26
	2.3.3	牛顿法的收敛阶	28
	2.3.4	计算步骤和程序框图	29
	2.3.5	双点弦截法(快速弦截法)	31

小　结 …… 34
习题二 …… 35

第三章　解线性代数方程组的直接法 …… 37

- 3.1 高斯(Gauss)消去法 …… 38
  - 3.1.1 顺序消去法 …… 38
  - 3.1.2 主元消去法 …… 42
- 3.2 矩阵的三角分解 …… 45
  - 3.2.1 矩阵的杜利特尔(Doolittle)分解 …… 45
  - 3.2.2 高斯消去法与矩阵的三角分解 …… 48
  - 3.2.3 杜利特尔分解法 …… 48
- 3.3 解三对角方程组的追赶法 …… 51
  - 3.3.1 三对角阵能进行三角分解的条件 …… 52
  - 3.3.2 追赶法的递推公式 …… 53
- 3.4 平方根法和改进的平方根法 …… 55
  - 3.4.1 平方根法的理论基础 …… 55
  - 3.4.2 平方根法的计算公式与计算步骤 …… 56
  - 3.4.3 改进的平方根法 …… 58
- 3.5 线性代数方程组的性态 …… 60
  - 3.5.1 向量范数 …… 60
  - 3.5.2 矩阵范数 …… 62
  - 3.5.3 线性代数方程组的性态 …… 65

小　结 …… 69
习题三 …… 69

第四章　解线性代数方程组的迭代法 …… 72

- 4.1 三种基本的迭代方法 …… 72
  - 4.1.1 雅可比(Jacobi)迭代法 …… 72
  - 4.1.2 高斯-赛德尔(Gauss-Seidel)迭代法 …… 74
  - 4.1.3 超松弛迭代法(SOR方法) …… 77
- 4.2 迭代法的收敛条件 …… 80

- 4.2.1 迭代法收敛的概念 ... 80
- 4.2.2 迭代法收敛的判定定理 ... 81

小 结 ... 90

习题四 ... 91

第五章 插值与拟合 ... 94

- 5.1 插值的基本概念 ... 94
  - 5.1.1 插值问题 ... 94
  - 5.1.2 插值多项式的存在唯一性 ... 95
  - 5.1.3 插值余项 ... 96
- 5.2 拉格朗日(Lagrange)插值 ... 97
  - 5.2.1 拉格朗日插值基函数 ... 97
  - 5.2.2 拉格朗日插值多项式 ... 98
- 5.3 牛顿插值 ... 101
  - 5.3.1 差商及性质 ... 101
  - 5.3.2 牛顿插值多项式 ... 103
- 5.4 差分与等距节点插值 ... 106
  - 5.4.1 差分及性质 ... 106
  - 5.4.2 等距节点的牛顿插值 ... 107
- 5.5 埃尔米特(Hermite)插值 ... 110
- 5.6 分段低次插值 ... 114
  - 5.6.1 高次插值的缺陷 ... 114
  - 5.6.2 分段线性插值 ... 115
  - 5.6.3 分段三次埃尔米特插值 ... 117
- 5.7 三次样条插值 ... 119
  - 5.7.1 插值问题与插值条件 ... 119
  - 5.7.2 三弯矩方程 ... 120
- 5.8 曲线拟合的最小二乘法 ... 124
  - 5.8.1 曲线拟合 ... 124
  - 5.8.2 几种具体的拟合曲线类型 ... 127

小 结 ... 130

习题五 ... 130

第六章 数值积分 ... 134

- 6.1 代数精度与插值型求积公式 ... 134

  6.1.1 代数精度 ·· 134
  6.1.2 插值型求积公式 ·· 136
 6.2 牛顿-柯特斯(Newton-Cotes)求积公式 ··· 139
  6.2.1 牛顿-柯特斯公式 ·· 139
  6.2.2 几个低阶求积公式 ·· 141
 6.3 复化求积公式 ··· 145
  6.3.1 复化梯形公式 ··· 146
  6.3.2 复化辛卜生公式 ·· 147
 6.4 龙贝格(Romberg)算法 ··· 150
  6.4.1 复化梯形公式逐次分半算法 ·· 150
  6.4.2 李查逊(Richardson)外推法 ··· 152
  6.4.3 龙贝格积分法 ··· 154
 6.5 高斯型求积公式 ·· 157
  6.5.1 高斯型求积公式的定义 ·· 157
  6.5.2 高斯型求积公式的建立 ·· 159
*6.6 二重积分的数值求积 ·· 163
  6.6.1 积分区域为矩形域情形 ·· 163
  6.6.2 积分区域为一般情形 ·· 166
习题六 ·· 166

第七章 常微分方程数值解 ·· 170
 7.1 引言 ··· 170
 7.2 欧拉(Euler)方法 ··· 171
  7.2.1 欧拉方法的推导 ·· 171
  7.2.2 隐式公式及改进的欧拉方法 ·· 174
  7.2.3 误差分析 ··· 176
 7.3 龙格-库塔(Runge-Kutta)方法 ·· 177
  7.3.1 龙格-库塔方法的构造 ··· 177
  7.3.2 龙格-库塔方法的推导 ··· 178
 7.4 单步方法的收敛性和稳定性 ·· 182
  7.4.1 单步法的收敛性 ·· 182
  7.4.2 单步法的稳定性 ·· 185
 7.5 线性多步法 ··· 186
  7.5.1 利用待定系数法构造线性多步法 ·· 186

  7.5.2 利用数值积分构造线性多步法 ·················· 187
  7.5.3 亚当姆斯(Adams)公式 ························ 187
 7.6 常微分方程组与高阶微分方程的数值解法 ·············· 191
  7.6.1 一阶方程组 ································· 191
  7.6.2 化高阶方程为一阶方程组 ······················ 193
 小 结 ·· 194
 习题七 ·· 195
附录一 上机试验 ···································· 197
附录二 自测题一 ···································· 229
附录三 自测题二 ···································· 231
习题参考答案 ······································ 233
参考文献 ·· 243

第一章 绪 论

1.1 计算方法研究的对象和特点

计算方法也称为**数值分析**,它是专门研究求解各种数学问题的数值计算方法. 众所周知,传统的科学研究方法有两种:理论分析和科学实验. 今天随着计算机技术的飞速发展和计算数学方法与理论的日益成熟,科学计算已成为第三种科学研究的方法和手段. 科学计算的物质基础是计算机,大家知道,计算机只能做加减乘除等算术运算和逻辑运算,而数学运算的范围极其广阔,既有数学运算,也有代数运算,还有各种各样的函数运算. 同时由于生产实践和科学实验中提出的各种问题,在建立了数学模型之后,并不能立刻用计算机直接求解,还必须研究解决适合于计算机上采用的计算这些数学模型的计算方法,将数学公式转化成一系列相应的算法步骤,并由此出发编制出一套正确的计算程序,然后上机计算才能得出有用的结果. 用计算机进行科学计算解决实际问题的基本过程如图 1-1 所示.

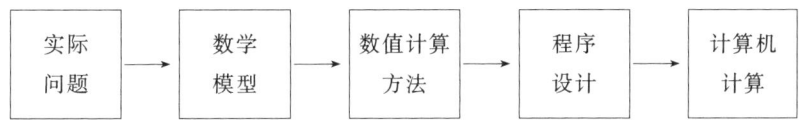

图 1-1

根据数学模型提出的问题,建立求解问题的数值计算方法并进行方法的理论分析,直到编出算法程序上机算出结果,以及对结果进行分析的过程,便是计算数学要完成的任务. 因此,计算方法就是研究用计算机解决数学问题的方法及其理论. 它作为数学的一个分支,是以纯数学为基础,把理论和实际计算结合起来,着重研究面向计算机的、能够解决实际问题的数值方法和理论. 具体地说,它首先要构造可计算出各种问题解的数值计算方法;然后分析方法的收敛性、稳定性和误差. 由于是面向计算机的,它还要分析方法的时间复杂度和空间复杂度(即计算时间和存储空间的问题),这些都是必不可少的.

对于给定的数学问题,常常可以提出很多种不同的数值计算方法. 如何评价这些方法的优劣呢? 一般来说,一个好的方法应具有如下特点:

(1) 面向计算机,要根据计算机的特点,构造实际可行的有效算法,使之易于上机实现.

(2) 有可靠的理论分析,从理论上能够保证方法的收敛性和稳定性.

(3) 要有好的计算复杂度,即时间复杂度和空间复杂度.

(4) 要经得起数值实验的检验. 也就是说,算法除了理论上要满足上述三点外,还要通过数值实验来证明其是行之有效的方法.

作为一个例子,我们来看一个简单的算法问题. 设要对给定的 x 求多项式

$$P(x) = a_n x^n + a_{n-1} x^{n-1} + \cdots + a_1 x + a_0 \tag{1.1}$$

的值. 一种计算过程是直接计算 $P(x)$ 的每一项后逐项求和,这样要做 $\dfrac{n(n-1)}{2}$ 次乘法和 n 次加法. 另一种就是先将 $P(x)$ 变形为如下形式:

$$P(x) = (((a_n x + a_{n-1}) x + a_{n-2}) x + \cdots + a_1) x + a_0, \tag{1.2}$$

再由内层向外层计算. 如设 $u_0 = a_n$,

$$u_k = (((a_n x + a_{n-1}) x + a_{n-2}) x + \cdots + a_{n-k+1}) x + a_{n-k},$$

就可以得到一个递推公式

$$u_k = u_{k-1} x + a_{n-k}, \quad k = 1, 2, \cdots, n. \tag{1.3}$$

这样的计算过程只需要计算 n 次乘法和 n 次加法. 这种算法和上一种算法相比,不仅逻辑结构简单,而且计算量也明显减少了. 多项式求值的这种算法称为**秦九韶算法**,它是我国宋朝数学家秦九韶最先提出的.

对于秦九韶算法的实现,只要依次计算 u_k,最后返回 u_n 的值即可. 又因为中间的 u_k 不需要,就没有保存的价值,于是只需一个变量 u 进行计算就可以了,具体如图 1-2 所描述.

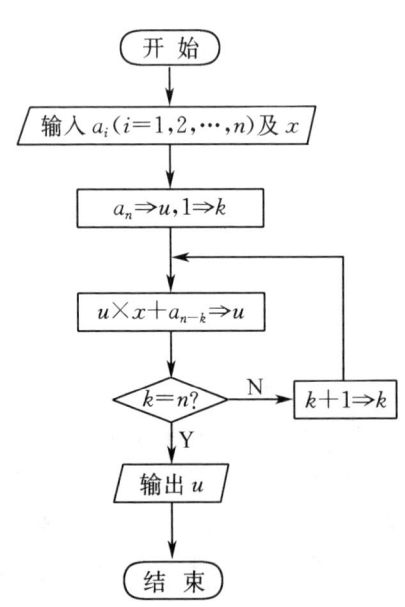

图 1-2 秦九韶算法框图

1.2 误差的来源及基本概念

1.2.1 误差的来源

计算方法着重研究如何将一个数学问题的求解转化为一个可以在计算机上进行的计算问题. 在这个转化过程中通常会采用将实际问题简化近似、连续问题离散化、四舍五入等手段. 而这些会导致数值计算结果和原问题的结果间存在差异. 这种差异被称为误差, 其定义在后面会详细介绍. 误差就其来源而言可以分为 4 类.

1. 模型误差

用数值计算方法解决科学技术问题时, 首先必须建立数学模型. 由于不可能把所有的因素都考虑进去, 往往只是抓住主要因素而忽略次要因素, 因此实际问题的数学模型都是近似的, 它与实际问题之间总存在着误差. 由此产生的数学模型的解与实际问题的解之间的误差称为**模型误差**.

2. 观测误差

数学模型中往往含有一些物理量, 它们的值通常是由观测或实验得到的, 与实际数据本身总存在有误差, 这种误差称为**观测误差**.

3. 截断误差

当实际问题的数学模型很复杂, 因而不能获得其精确解时, 只能用数值计算方法求出它的近似解. 数学模型的精确解与数值计算方法的近似解之间的误差称为**截断误差**. 例如, 利用泰勒公式可以将函数 e^x 表示为

$$e^x = 1 + x + \frac{x^2}{2!} + \cdots + \frac{x^n}{n!} + \frac{x^{n+1}}{(n+1)!}e^{\theta x}, \quad 0 < \theta < 1.$$

对给定的 x 要计算函数值 e^x 时, 可以采用近似公式

$$e^x \approx I = 1 + x + \frac{x^2}{2!} + \cdots + \frac{x^n}{n!},$$

则此近似公式的截断误差为

$$R = e^x - I = \frac{x^{n+1}}{(n+1)!}e^{\theta x}, \quad 0 < \theta < 1.$$

4. 舍入误差

由于计算机的字长有限, 对超过位数的数字要进行舍入, 由此产生的误差称为**舍入误差**. 例如, 用 2.718 28 作为无理数 e 的近似值产生的误差就是

舍入误差.

截断误差和舍入误差(包括原始数据的误差)将是数值近似方法误差分析的主要研究对象,讨论它们在计算过程中的传播对计算结果的影响,并找出误差的范围,对研究误差的渐进特性和改进算法近似程度具有重大的实际意义.

1.2.2 误差的概念和有效数字

定义 1.1 设某数的精确值为 x^*,其近似值为 x,那么 x^* 与 x 之差
$$E = x^* - x$$
称为近似值 x 的**绝对误差**,简称**误差**. 显然误差是可正可负的.

一般地,某数的精确值 x^* 是不知道的,因而 E 不能求出. 但往往可以估计出它的大小范围,也即可以确定一个正数 ε,使得
$$|E(x)| = |x - x^*| \leqslant \varepsilon.$$
此时,称 ε 为 x 的**绝对误差限**. 有时也用
$$x^* = x \pm \varepsilon$$
表示近似值 x 的精确值 x^* 或精确值 x^* 的所在范围. 绝对误差是有单位的. 例如,用有毫米刻度的米尺去测量一长度为 x^* 的物体,得其近似值为 x,那么 x^* 与 x 之差的绝对误差限为 0.5 mm,即
$$|x^* - x| \leqslant 0.5 \text{ mm}.$$

由于对各种不同的问题进行测量后所得的结果,其数值相差很大,用绝对误差去衡量这个结果的好坏是不客观的. 例如,甲用米尺测量 10 m 长的物体,所产生的绝对误差为 2 cm,乙用同一米尺测量 1 m 长的物体,所产生的绝对误差为 1 cm,单凭绝对误差的大小就说明乙测量的精确度比甲好,显然是不对的. 很明显,测量 1 m 时绝对误差为 1 cm 比测量 10 m 时绝对误差为 2 cm 的精确度要差. 这说明一个近似值的精确度除了要看绝对误差的大小外,还与精确值本身的大小有关. 因此引入相对误差这一概念. 记
$$E_r(x) = \frac{E(x)}{x^*} = \frac{x^* - x}{x^*},$$
称 $E_r(x)$ 为近似值 x 的**相对误差**.

由于精确值 x^* 一般不知道,通常将
$$E_r(x) = \frac{x^* - x}{x}$$
作为近似值 x 的相对误差.

若能求出一个正数 ε_r,使得

$$|E_r(x)| \leqslant \varepsilon_r,$$

则 ε_r 称为近似值 x 的**相对误差限**. 相对误差是无量纲的数,通常用百分比表示.

根据上述定义可知,甲测量时的相对误差

$$|E_r(x)| = \frac{2}{1000} = 0.2\%;$$

乙测量时的相对误差

$$|E_r(x)| = \frac{1}{100} = 1\%.$$

可见甲测量结果比乙精确. 所以,在分析误差时,相对误差更能刻画误差的特性.

大家知道,当数值 x 有很多位数时,由于计算机字长的限制,常常按"四舍五入"原则得到 x^* 的近似值 x. 例如,$e = 2.7182818\cdots$,按四舍五入取三位小数,得 e 的近似值 2.72;取 6 位小数,得近似值为 2.71828. 不管取几位小数,所得到的近似值,其绝对误差都不会超过其末位数的半个单位,即

$$|e - 2.72| \leqslant \frac{1}{2} \times 10^{-2}, \quad |e - 2.71828| \leqslant \frac{1}{2} \times 10^{-6}.$$

下面我们将四舍五入抽象成数学语言,并引入一个新的名词"有效数字"来描述它.

定义 1.2 如果近似值 x 的误差限是某一位的半个单位,该位到 x 的第一位非零数字共有 n 位,则称 x 有 n 位有效数字.

任何一个实数 x^*,经四舍五入后得到的近似值 x 都可以表示为如下标准形式:

$$\begin{aligned} x &= \pm(a_1 \cdot 10^{-1} + a_2 \cdot 10^{-2} + \cdots + a_n \cdot 10^{-n}) \cdot 10^m \\ &= \pm 0.a_1 a_2 \cdots a_n \cdot 10^m. \end{aligned} \quad (1.4)$$

如果其绝对误差限满足

$$|x^* - x| \leqslant \frac{1}{2} \cdot 10^{m-n},$$

则称近似值 x **具有 n 位有效数字**,其中 m 为整数,$a_i \in \{0, 1, \cdots, 9\}$,$i = 1, 2, \cdots, n$,且 $a_1 \neq 0$.

根据有效数字的定义,容易验证 e 的近似值 2.71828 具有 6 位有效数字. 事实上,

$$\begin{aligned} 2.71828 = &(2 \times 10^{-1} + 7 \times 10^{-2} + 1 \times 10^{-3} + 8 \times 10^{-4} \\ &+ 2 \times 10^{-5} + 8 \times 10^{-6}) \times 10. \end{aligned}$$

这里 $m = 1, n = 6$,而

$$|e - 2.71828| = 0.000001828\cdots < \frac{1}{2} \times 10^{-5},$$

所以它具有 6 位有效数字. 有效数字不但给出了近似值的大小, 而且还给出了它的绝对误差限. 例如, 近似值 $2\,537.48, 0.342\times 10^{-2}, 0.342\,0\times 10^{-2}$ 的绝对误差限分别为 $\frac{1}{2}\times 10^{-2}, \frac{1}{2}\times 10^{-5}, \frac{1}{2}\times 10^{-6}$. 特别要注意有效数字的指数记法, 0.342×10^{-2} 与 $0.342\,0\times 10^{-2}$ 是有区别的两个近似数, 前者具有 3 位有效数字, 而后者则具有 4 位有效数字.

有效数字与绝对误差、相对误差有如下性质:

性质 1　若某数 x^* 的近似值 x 有 n 位有效数字, 那么, 这个近似值 x 的绝对误差限为

$$|x^* - x| \leqslant \frac{1}{2} \cdot 10^{m-n}.$$

由此看出, 当 m 相同时, n 越大, 则 $m-n$ 越小, 从而有效位数越多, 其绝对误差限越小.

性质 2　用 (1.4) 表示的近似数 x, 若具有 n 位有效数字, 则其相对误差限为

$$|E_r(x)| \leqslant \frac{1}{2a_1} \cdot 10^{-(n-1)}.$$

反之, 若 x 的相对误差限为

$$|E_r(x)| \leqslant \frac{1}{2(a_1+1)} \cdot 10^{-(n-1)},$$

则 x 至少具有 n 位有效数字.

证　由性质 1 知, 若 x 具有 n 位有效数字, 则

$$|x^* - x| \leqslant \frac{1}{2} \cdot 10^{m-n}.$$

从而

$$|E_r(x)| = \left|\frac{x^* - x}{x}\right| \leqslant \frac{1}{2|x|} \cdot 10^{m-n} \leqslant \frac{10^{m-n}}{2a_1 \cdot 10^{m-1}}$$

$$= \frac{1}{2a_1} \cdot 10^{-(n-1)}.$$

反之, 若 x 的相对误差限为

$$|E_r(x)| \leqslant \frac{1}{2(a_1+1)} \cdot 10^{-(n-1)},$$

由于

$$|E(x)| = |x| \cdot |E_r(x)|, \quad |x| < (a_1+1) \cdot 10^{m-1},$$

故

$$|E(x)| \leqslant (a_1+1) \cdot 10^{m-1} \cdot \frac{1}{2(a_1+1)} \cdot 10^{-(n-1)} = \frac{1}{2} \cdot 10^{m-n},$$

所以 x 至少具有 n 位有效数字.

由性质 2 可以看出，有效位数越多，相对误差限就越小. 这就是说，若近似数的有效位数越多，用这个近似数去近似代替准确值，其精度越高.

1.2.3 数值运算的误差估计

近似数参加运算后所得到的值也是近似值，存在误差，将这一现象称为**误差传播**. 数值运算中误差的传播情况比较复杂，主要表现在：算法本身可能有截断误差；初始数据在计算机内的浮点表示一般有舍入误差；每次运算一般又会产生新的误差，并且传播以前已经引入的误差；考虑到误差有正有负，误差的积累过程一般包括增长和相消的过程，并非简单的单调增长. 这些因素注定了对误差进行准确分析是困难的. 下面介绍一种常用的误差分析方法——利用泰勒(Taylor)公式分析函数计算中的误差传播情况.

设可微函数 $y = f(x_1, x_2, \cdots, x_n)$ 中的 $x_1, x_2, \cdots, x_n$ 是相互独立的. 精确值记为 $y^* = f(x_1^*, x_2^*, \cdots, x_n^*)$，用它们的近似值进行计算，得到函数值的近似值记为 $y = f(x_1, x_2, \cdots, x_n)$. 利用多元函数的泰勒(Taylor)公式可求得 y^* 的绝对误差和相对误差分别为

$$E(y) = y^* - y \approx \sum_{i=1}^{n} f_i'(x_1, x_2, \cdots, x_n)(x_i^* - x_i)$$

$$= \sum_{i=1}^{n} f_i'(x_1, x_2, \cdots, x_n) E(x_i), \tag{1.5}$$

$$E_r(y) = \frac{E(y)}{y} \approx \sum_{i=1}^{n} \frac{x_i}{y} f_i'(x_1, x_2, \cdots, x_n) \frac{E(x_i)}{x_i}$$

$$= \sum_{i=1}^{n} \frac{x_i}{y} f_i'(x_1, x_2, \cdots, x_n) E_r(x_i). \tag{1.6}$$

故有

$$\varepsilon(y) \approx \sum_{i=1}^{n} |f_i'(x_1, x_2, \cdots, x_n)| \varepsilon(x_i), \tag{1.7}$$

$$\varepsilon_r(y) \approx \sum_{i=1}^{n} \left| \frac{x_i}{y} f_i'(x_1, x_2, \cdots, x_n) \right| \varepsilon_r(x_i). \tag{1.8}$$

由(1.7)可得二元函数算术运算的误差限传播公式：

$$\varepsilon(x_1 \pm x_2) \approx \varepsilon(x_1) + \varepsilon(x_2), \tag{1.9}$$

$$\varepsilon(x_1 x_2) \approx |x_2| \varepsilon(x_1) + |x_1| \varepsilon(x_2), \tag{1.10}$$

$$\varepsilon\left(\frac{x_1}{x_2}\right) \approx \frac{|x_2|\varepsilon(x_1) + |x_1|\varepsilon(x_2)}{x_2^2} \quad (x_2 \neq 0). \tag{1.11}$$

由(1.8)可得二元函数算术运算的相对误差限传播公式：

$$\varepsilon_r(x_1 + x_2) \approx \max\{\varepsilon_r(x_1), \varepsilon_r(x_2)\} \quad (x_1 x_2 > 0), \tag{1.12}$$

$$\varepsilon_r(x_1 x_2) \approx \varepsilon_r(x_1) + \varepsilon_r(x_2) \quad (x_1 x_2 \neq 0), \tag{1.13}$$

$$\varepsilon_r\left(\frac{x_1}{x_2}\right) \approx \varepsilon_r(x_1) + \varepsilon_r(x_2) \quad (x_1 x_2 \neq 0). \tag{1.14}$$

这里需要说明的是，对于具体的一组数据，上面给出的误差限传播公式是实际误差的偏大估计. 如估计式(1.9)，它包括了误差 $E(x_1)$ 和 $E(x_2)$ 同号且同时达到误差限这一最坏的情况，实际情况往往并非这么坏.

1.3 选用和设计计算法应注意的问题

利用计算机求数学模型的数值解，必须先设计算法，而算法的好坏，直接影响到计算机的使用效率，也影响到数值结果是否真实. 一般衡量算法的标准有：算法是否稳定，算法的运算次数和算法的存储量是否尽量少，同时还要考虑误差的传播等. 当这些要求不能兼备时，应根据需要，权衡利弊而作抉择. 一般地，选用和设计算法应注意如下几个问题.

1.3.1 选用数值稳定的计算公式

如果数值算法的计算舍入误差积累是可以控制的，则称其为**数值稳定的**；反之，称为**数值不稳定的**. 一个算法是否稳定，是十分重要的. 如果算法不稳定，那么数值计算的结果就会严重背离数学模型的真实结果. 下面我们通过一个例子加以说明.

计算定积分

$$I_n^* = \mathrm{e}^{-1}\int_0^1 x^n \mathrm{e}^x \mathrm{d}x, \quad n = 0, 1, 2, \cdots. \tag{1.15}$$

利用分部积分法不难求得递推关系式为

$$\begin{cases} I_n^* = 1 - nI_{n-1}^*, \\ I_0^* = 1 - \mathrm{e}^{-1} \approx 0.6321 = I_0. \end{cases} \tag{1.16}$$

由(1.16)可依次算出如下结果：

$$I_1 = 0.3679, \quad I_2 = 0.2642, \quad I_3 = 0.2074,$$
$$I_4 = 0.1784, \quad I_5 = 0.1480, \quad I_6 = 0.1120,$$

$$I_7 = 0.2160, \quad I_8 = -0.7280, \quad I_9 = 7.5520.$$

注意到
$$\frac{1}{n+1}\mathrm{e}^{-1} < I_n^* < \mathrm{e}^{-1}\Big(\max_{0\leqslant x\leqslant 1}\mathrm{e}^x\Big)\int_0^1 x^n \mathrm{d}x = \frac{1}{n+1}, \quad (1.17)$$

由上面 I_n 的不等式可以看出
$$I_7 < \frac{1}{8} = 0.1250.$$

因此按递推关系式(1.16)所算出 I_7, I_8 的计算值是错误的,严重偏离其准确值. 发生这种现象的原因是因为 I_0 本身有不超过 $\frac{1}{2}\times 10^{-4}$ 的误差. 由(1.16) 计算则有
$$I_n^* - I_n = -n(I_{n-1}^* - I_{n-1}) = \cdots = (-1)^n n!(I_0^* - I_0).$$

由此可见,初始值微小的误差会随着计算步数的增加而迅速扩大,最终使计算结果失真. 故算法(1.16)不能控制误差的传播,是数值不稳定的.

如果将(1.16)改写为
$$I_{n-1} = \frac{1}{n}(1 - I_n), \quad (1.18)$$

又注意到
$$I_n > \mathrm{e}^{-1}\Big(\min_{0\leqslant x\leqslant 1}\mathrm{e}^x\Big)\cdot\int_0^1 x^n \mathrm{d}x = \frac{\mathrm{e}^{-1}}{n+1},$$

结合(1.17)得
$$\frac{\mathrm{e}^{-1}}{n+1} < I_n < \frac{1}{n+1}.$$

由上面的估计式取 $I_9^* = \frac{1}{2}\Big(\frac{\mathrm{e}^{-1}}{10} + \frac{1}{10}\Big) \approx 0.0684 = I_9$,开始按(1.18)计算,有如下结果:

$$I_8 = 0.1035, \quad I_7 = 0.1121, \quad I_6 = 0.1268,$$
$$I_5 = 0.1455, \quad I_4 = 0.1709, \quad I_3 = 0.2073,$$
$$I_2 = 0.2642, \quad I_1 = 0.3679, \quad I_0 = 0.6321.$$

由此可看出,按递推关系式(1.16)算出的 $I_0 = 0.6321$ 与 $I_0 = 1 - \mathrm{e}^{-1} \approx 0.6321$ 相差无几,已精确到小数点第 4 位. 分析误差的传播,则有
$$I_{n-k}^* - I_{n-k} = \frac{(-1)^k}{n(n-1)\cdots(n-k+1)}(I_n^* - I_n), \quad k = 0, 1, \cdots, n.$$

这表明,随着计算步数的增加,初始误差可以得到控制,算法(1.18)是数值稳定的.

1.3.2 防止两个相近数相减

在数值计算中若有两个相近的数相减,则这两个数的前几位相同的有效数字会在它们之差中消失,从而使有效数字的位数减少. 例如,$x=3.1416$,$y=3.1415$ 都有 5 位有效数字,但 $z=x-y=0.0001$ 却只有一位有效数字. 事实上,如果它们的精确值分别为 x^*,y^*,z^*,则 z 的相对误差满足估计式

$$|E_r(z)|=\left|\frac{z^*-z}{z}\right|\leqslant\left|\frac{x}{x-y}\right|\varepsilon_r(x)+\left|\frac{y}{x-y}\right|\varepsilon_r(y).$$

可见,当 x,y 非常接近时,$x-y$ 作为 x^*-y^* 的近似值,其相对误差有可能很大.

如果遇到两个相近的数相减运算,可考虑对公式进行处理,避免减法. 例如,要求 $x=\sqrt{a+1}-\sqrt{a}$ 之值,当 $a=1000$ 时,若取 4 位有效数字计算,

$$\sqrt{a+1}=31.64,\quad \sqrt{a}=31.62,$$

两者相减得 $x=0.02$,这个结果只有一位有效数字. 但若将公式改变为

$$x=\sqrt{a+1}-\sqrt{a}=\frac{1}{\sqrt{a+1}+\sqrt{a}},$$

则求得 $x=0.01581$,它有 4 位有效数字. 可见改变计算公式可以避免两个相近数相减而引起的有效数字损失,从而得到比较精确的结果. 但是如果找不到适当的处理方法,则可考虑多保留这两个数的有效数字,提高精度.

1.3.3 防止大数"吃掉"小数

在数值计算中参与运算的数,有时数量级相差很大,而计算机的位数总是有限的. 如果不注意采取相应的措施,在它们的加、减运算过程中,绝对值小的数往往会被绝对值大的数"吃掉",不能发挥其作用. 因此在编制程序时,要注意避免大数"吃掉"小数. 特别是某个重要的物理量在计算时如果被"吃掉",就会使得建立起来的数学模型严重脱离实际问题. 例如,若对 a,b,c 三个数进行加法运算,$a=63281312$,$b=0.1$,$c=0.9$,如果按 $(a+b)+c$ 次序来编制程序,此时按照加法浮点运算的对阶规则,应有

$$0.63281312\times 10^8+0.000000001\times 10^8+0.000000009\times 10^8.$$

在 8 位的计算机上计算时,上式后面的两个数在计算机上变为了"机器零",因此计算结果为

$$0.63281312\times 10^8=63281312,$$

即相对小的数 0.1, 0.9 已被大数 632 813 12 "吃掉" 了. 但是如果改变计算次序为 $(b+c)+a$, 则有

$$(0.1+0.9)+632\ 813\ 12 = 1+632\ 813\ 12 = 632\ 813\ 13.$$

这样就避免了小数被大数"吃掉"的现象.

为了避免大数"吃掉"小数, 我们必须事先分析计算方案的数量级, 在编制程序时加以合理安排, 这样, 一些重要的相对小的数就不致在计算中被"吃掉", 避免了有效数字的损失.

1.3.4 简化计算步骤, 减少运算次数

对于同一个问题的计算, 可以有不同的计算方法. 如计算 x^{255} 的值, 如果逐个相乘, 则要计算 254 次乘法, 但如写成

$$x^{255} = x \cdot x^2 \cdot x^4 \cdot x^8 \cdot x^{16} \cdot x^{32} \cdot x^{64} \cdot x^{128},$$

只要做 14 次乘法运算就可以完成. 又如 1.1 节中多项式值的计算, 也可选取适当的方法来计算. 可见, 如果方法选择得当, 则不仅能减少计算次数, 提高计算速度, 也可以简化逻辑结构, 减少误差积累, 从而达到提高计算精度的目的. 1.1 节中所提到的秦九韶算法, 也是从减少运算次数出发而设计的.

小　结

误差问题是计算方法中重要而又困难的课题. 本章介绍了误差来源及相关基本概念, 同时还给出设计算法时应注意的问题, 这对今后学习是必需的. 但作为工程或科学计算的误差问题, 则是很复杂的, 人们往往根据不同问题分门别类地进行研究. 例如, 由于舍入误差有随机性, 因此, 有人应用概率观点研究误差规律. 20 世纪 60 年代以后, 发展了两种估计误差的理论: 一种是威克逊针对计算机浮点算法提出一套预先估计的研究误差的方法, 使矩阵运算的舍入误差研究获得新发展; 另一种是应用区间分析理论估计误差. 对误差的研究有助于我们设计出能更有效控制误差传播积累的算法, 从而使数值计算的过程更具稳定性, 计算结果更具可靠性.

习　题　一

1. 将 $3.141, 3.142, \dfrac{22}{7}$ 分别作为 π 的近似值, 其绝对误差限和相对误差限各为多少, 各具有几位有效数字?

2. 设 $x>0$,x 的相对误差限是 δ,求 $\ln x$ 的绝对误差限.

3. 设 x 的相对误差限为 2%,求 x^n 的相对误差限.

4. 要使 $\sqrt{15}$ 的相对误差不超过 $\dfrac{1}{2}\times 10^{-4}$,至少需要保留多少位有效数字?

5. 求 x,使 20.345 和 20.346 作为它的近似值都具有 5 位有效数字.

6. 利用秦九韶方法计算,对于 $x=1.21$,计算多项式 $P(x)$ 的值,其中
$$P(x)=5x^5-\frac{1}{2}x^4+4x^3-7x^2-\frac{1}{3}x+5.$$

7. 设计出求解方程 $x^2+px+q=0$ 的根的一个有效的算法,要求它也能够适用于 $p^2\gg|q|$ 时的情形,并用所设计的算法及求根公式计算 $p=123$,$q=1.00$ 时方程根的近似值.

8. 给定下列积分:
$$I_n=\int_0^1\frac{x^n}{1+4x}\mathrm{d}x,\quad n=0,1,\cdots,100.$$

(1) 验证递推算法:
$$\begin{cases}I_{n+1}=\dfrac{1}{4(n+1)}-\dfrac{1}{4}I_n,\quad n=0,1,\cdots,100,\\ I_0=\dfrac{1}{4}\ln 5\approx 0.402\,4.\end{cases}$$

(2) 上述算法是否稳定?为什么?

9. 给定数列递推式
$$\begin{cases}x_0=\sqrt{2},\\ x_{n+1}=10x_n-1,\quad n=0,1,\cdots.\end{cases}$$
如果取 $x_0=\sqrt{2}\approx 1.41$,则计算到 x_{10} 时误差为多少?这个算法是数值稳定的吗?

10. 下列各式近似计算时,应如何计算才比较准确:

(1) $\dfrac{1}{x}-\dfrac{\cos x}{x}$,$|x|\ll 1$;

(2) $\tan x-\sin x$,$|x|\ll 1$;

(3) $\ln\dfrac{1-\sqrt{1-x^2}}{|x|}$,$|x|\ll 1$;

(4) $\sqrt{x+\dfrac{1}{x}}-\sqrt{x-\dfrac{1}{x}}$,$|x|\gg 1$.

11. 当 n 充分大时,改变下面的计算公式,以便提高精度:
$$\int_n^{n+1}\frac{1}{1+x^2}\mathrm{d}x=\arctan(n+1)-\arctan n.$$

第二章　非线性方程的数值解法

在工程计算等实际问题中，常常会遇到求解非线性方程的问题. 例如，求 n 次代数方程

$$a_n x^n + a_{n-1} x^{n-1} + \cdots + a_1 x + a_0 = 0$$

的根；或者求超越方程

$$\mathrm{e}^{-x} - \sin\frac{\pi x}{2} = 0$$

的解. 这些都可表示为求非线性方程 $f(x) = 0$ 的解，也称为求非线性方程 $f(x) = 0$ 的**根**，即求函数 $f(x)$ 的零点.

方程 $f(x) = 0$ 的根可以是实数，也可以是复数. 如果对于数 α 有 $f(\alpha) = 0$，但 $f'(\alpha) \neq 0$，则称 α 为方程 $f(x) = 0$ 的**单根**；如果

$$f(\alpha) = f'(\alpha) = \cdots = f^{(k-1)}(\alpha) = 0,$$

但 $f^{(k)}(\alpha) \neq 0$，则称 α 为方程 $f(x) = 0$ 的 k **重根**.

在用某种数值方法求非线性方程的解时，有两种情形经常遇到：一种是求出在给定范围内的某个解；另一种是求出方程的全部解，而解的数目和位置事先并不知道.

本章将介绍对两类方程都适用的较为有效的几种数值解法，即二分法（又称对分法）、牛顿法（又称切线法）、双点弦截法（又称快速弦截法）、一般迭代法等. 这些方法大部分要求首先确定根所在的区间，而且在这个区间内只有一个根.

2.1　二　分　法

二分法在用计算机求非线性方程解的数值方法中是最简单的一种，用人工计算效率很低，但用计算机运算时还是一种很有效的方法.

2.1.1　数学理论基础

二分法的数学理论基础是闭区间上连续函数的一个基本性质，即设

$f(x)$ 在闭区间 $[a,b]$ 上连续且 $f(a)f(b)<0$，则在区间 $[a,b]$ 内至少存在一个点 α，使得 $f(\alpha)=0$.

二分法就是利用这个性质，采用对分区间的办法，逐步缩小包含根 α 的区间，求出满足允许精确度要求的实根 α 的近似值 $\hat{x}$.

2.1.2 二分法的方法介绍

设函数 $f(x)$ 在区间 $[a,b]$ 上连续，且 $f(a)f(b)<0$. 为确定起见，不妨假设 $f(a)<0$，$f(b)>0$，如图 2-1 所示. 记 $a_0=a$，$b_0=b$，根据连续函数在闭区间 $[a_0,b_0]$ 上的性质，$f(x)$ 在 $[a_0,b_0]$ 内必有一实根，我们称区间 $[a_0,b_0]$ 为方程 $f(x)=0$ 的**有根区间**. 对分区间 $[a_0,b_0]$ 可得中点

$$x_0 = \frac{a_0+b_0}{2},$$

并计算出在点 x_0 的函数值 $f(x_0)$. 若恰好有 $f(x_0)=0$，则 x_0 就是方程的根；否则，计算乘积

$$f(x_0)f(b_0).$$

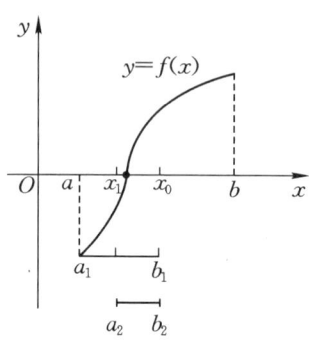

图 2-1

若该乘积小于零，则根落在区间 $[x_0,b_0]$ 内，记 x_0 为 a_1，b_0 为 b_1；否则，根落在区间 $[a_0,x_0]$ 内，于是将 x_0 记为 b_1，a_0 记为 a_1. 无论哪种情形，区间 $[a_1,b_1]$ 是包含根的新区间，它在旧的有根区间内，且其长度是旧区间长度的一半. 记 d_1 为区间 $[a_1,b_1]$ 的长度，则新区间长度 d_1 为

$$d_1 = \frac{1}{2}(b_0-a_0) = 2^{-1}(b-a).$$

再将区间 $[a_1,b_1]$ 对分，重复上述过程，可得方程新的有根区间 $[a_2,b_2]$，其长度是区间 $[a_1,b_1]$ 长度的一半，是最初有根区间 $[a,b]$ 长度的四分之一.

如此重复 n 次，若还没有找到方程的根，我们就得到了包含方程根的区间的一个序列：

$$[a_0,b_0],[a_1,b_1],\cdots,[a_n,b_n],\cdots.$$

这个闭区间序列具有这样的特点：后一个区间落在前一个区间内，且其长度只有前一个区间长度的一半. 记区间 $[a_n,b_n]$ 的长度为 d_n，则该区间与最初区间 $[a,b]$ 的长度关系为

$$d_n = \frac{1}{2^n}(b-a).$$

因此,当 n 充分大时,可取区间 $[a_n, b_n]$ 的中点

$$\hat{x} = \frac{a_n + b_n}{2}$$

作为方程 $f(x) = 0$ 的一个实根 α 的近似值,且它们满足关系式

$$|\alpha - \hat{x}| < \frac{1}{2^{n+1}}(b - a). \tag{2.1}$$

上式表明,方程根的近似值 $\hat{x}$ 的绝对误差小于最初区间长度的 2^{n+1} 分之一.

通过将区间 $[a, b]$ 对分,逐步缩小根的范围,而求出非线性方程 $f(x) = 0$ 的实根的方法称为**二分法**,也称为**对分法**.

2.1.3 计算步骤与程序框图

二分法的优点是方法简单可靠,易在计算机上实现,且对函数 $f(x)$ 的要求不高,只要连续即可. 但是,它在使用范围上有局限性,不能用于求复根或偶数重根.

二分法的计算步骤如下:

1. 输入有根区间的端点 a, b 及预先给定的允许精度 ε.
2. 计算 $x = \frac{a+b}{2}$.
3. 若 $f(a)f(b) < 0$,则 $b = x$,转向下一步;否则 $a = x$,转向下一步.
4. 若 $|b - a| < \varepsilon$,则输出满足精度要求的方程 $f(x) = 0$ 的解 x,结束;否则转向步骤 2.

用二分法求方程 $f(x) = 0$ 近似根的程序框图如图 2-2 所示. 图中 a, b 分别表示各有根区间的左、右端点;k 用于记录二分次数;$\varepsilon_1, \varepsilon_2$ 为允许误差,当 $|f(x)| < \varepsilon_1$ 或 $b - a < \varepsilon_2$ 时计算终止.

例 2.1 求方程 $f(x) = x^3 - x - 1 = 0$ 在区间 $[1, 1.5]$ 内的解,要求 $\varepsilon = 10^{-2}$.

解 由于 $f(1) = -1 < 0$,$f(1.5) = 0.875 > 0$,故有

$$a_0 = a = 1, \quad b_0 = b_1 = 1.5.$$

取中点 $x_0 = \frac{1}{2}(a+b) = 1.25$. 由于 $f(x_0) < 0$,从而 $f(x_0)f(b_0) < 0$,于是,记

$$a_1 = x_0 = 1.25, \quad b_1 = b_0 = 1.5,$$

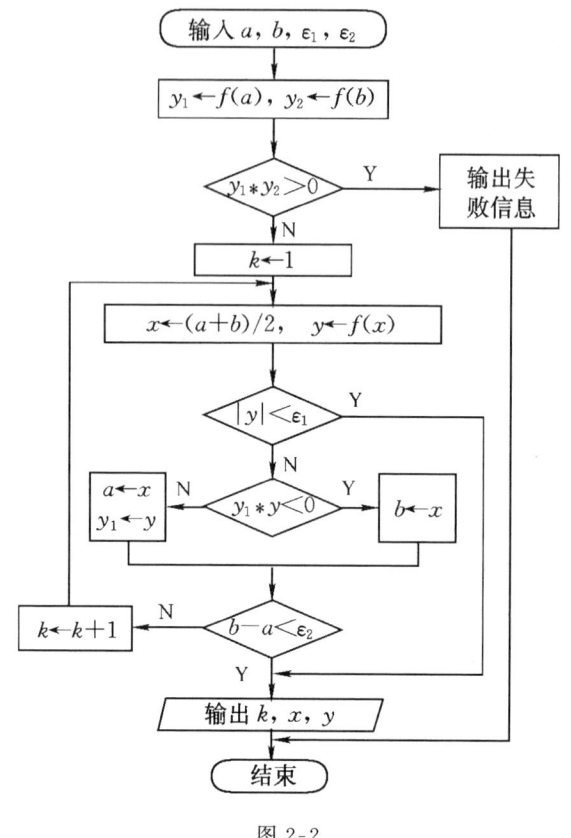

图 2-2

得新的有根区间$[a_1,b_1]$.

由误差估计式(2.1),将$b-a=0.5$,$\varepsilon=10^{-2}$代入,可求得$n=5$.

继续对分,直到获得有根区间$[a_5,b_5]$时为止,其计算结果如表 2-1 所示.

表 2-1

n	a_n	b_n	x_n	$f(x_n)$ 的符号
0	1	1.5	1.25	−
1	1.25	1.5	1.375	+
2	1.25	1.375	1.312 5	−
3	1.312 5	1.375	1.343 8	+
4	1.312 5	1.343 8	1.328 1	+
5	1.312 5	1.328 1	1.320 3	−

由表 2-1 可知，$x_5 = 1.320\,3$ 满足允许的误差精度，因此所求方程的近似解为 $\hat{x} = 1.320\,3$.

2.2 迭 代 法

所谓迭代法就是用某种渐近（极限）过程去逐步地逼近真解，从而求出非线性方程 $f(x) = 0$ 具有指定精确度近似解的方法.

2.2.1 迭代法的基本思想

为了求非线性方程 $f(x) = 0$ 的解（或者根），首先，我们将方程化为等价方程 $x = g(x)$；然后，从给定数 x_0 出发，代入函数 $g(x)$，逐步由迭代格式
$$x_{n+1} = g(x_n) \quad (n = 0,1,2,\cdots)$$
产生迭代序列 $\{x_n\}$.

如果迭代序列 $\{x_n\}$ 有极限 x^*，则当 $g(x)$ 连续时，对上式两边取极限可得 $x^* = g(x^*)$. 由等价关系知 $f(x^*) = 0$，于是就求得了非线性方程的近似解 x_{n+1}. 数 x_0 称为解的**初始近似**，x_n 称为解的**第 n 次近似**，$g(x)$ 称为**迭代函数**，$x_{n+1} = g(x_n)$ 称为**迭代格式**.

例 2.2 求方程 $x^3 - x - 1 = 0$ 的解.

解 将原方程化为等价方程 $x = \sqrt[3]{x+1}$，迭代函数和迭代序列分别为
$$g_1(x) = \sqrt[3]{x+1}; \quad x_{n+1} = \sqrt[3]{x_n + 1}, n = 0,1,2,\cdots.$$
取初值 $x_0 = 1.5$，得迭代序列：
$$x_1 = 1.357\,21, \quad x_2 = 1.330\,86, \quad x_3 = 1.325\,88,$$
$$x_4 = 1.324\,94, \quad x_5 = 1.324\,76, \quad x_6 = 1.324\,73,$$
$$x_7 = 1.324\,72, \quad x_8 = 1.324\,72, \quad \cdots.$$
由上述迭代序列可知，若取 6 位有效数字，x_7 可作为方程在 $x_0 = 1.5$ 附近的一个近似解：$x^* \approx 1.324\,72$.

需要指出的是，所求解的方程 $x^3 - x - 1 = 0$ 也可以化为等价方程 $x = x^3 - 1$，其迭代函数和迭代序列分别为
$$g_2(x) = x^3 - 1, \quad x_{n+1} = x_n^3 - 1, n = 0,1,2,\cdots.$$
取同样的初值 $x_0 = 1.5$，得迭代序列：
$$x_1 = 2.375, \quad x_2 = 12.396\,5, \quad x_3 = 1904.01, \quad \cdots.$$
继续迭代，可知该序列的极限不存在，可见其迭代过程是发散的.

由例2.2可知,在用迭代法求非线性方程$f(x)=0$的近似解时,迭代函数的选取很关键,它涉及迭代序列是否收敛. 另外,迭代过程也不能无限次地进行下去,需要考虑何时结束迭代的问题. 因此,迭代法需要解决两个基本的问题:

(1) 如何选择初始近似值x_0和迭代函数$g(x)$,才能保证按迭代公式$x_{n+1}=g(x_n)$求出的迭代序列$\{x_n\}$收敛?

(2) 当迭代序列$\{x_n\}$收敛时,用计算机计算如何结束迭代过程?

2.2.2 迭代法的收敛条件

定理2.1 设迭代函数$g(x)$在区间$[a,b]$上具有一阶导数,且满足:

(1) 当$x\in[a,b]$时,$a\leqslant g(x)\leqslant b$;

(2) 存在正数$L<1$,使对任意的$x\in[a,b]$,有$|g'(x)|\leqslant L<1$,

则方程$x=g(x)$在区间$[a,b]$上存在唯一解x^*,且对任意初始值$x_0\in[a,b]$,迭代过程

$$x_{n+1}=g(x_n),\quad n=0,1,2,\cdots$$

收敛,即$\lim\limits_{n\to\infty}x_n=x^*$.

证 作函数$f(x)=x-g(x)$,由假设知$f(x)$在闭区间$[a,b]$上连续,且满足条件:

$$f(a)=a-g(a)\leqslant 0,\quad f(b)=b-g(b)\geqslant 0.$$

由高等数学中的零点存在定理,至少存在一个点$x^*\in[a,b]$使$f(x^*)=0$,即$x^*=g(x^*)$,证明了方程$x=g(x)$在$[a,b]$内存在解x^*.

设该方程在区间$[a,b]$内还有另一解$\bar{x}$,即$\bar{x}=g(\bar{x})$. 由微分中值定理有

$$x^*-\bar{x}=g(x^*)-g(\bar{x})=g'(\eta)(x^*-\bar{x}),$$

从而得到

$$(x^*-\bar{x})(1-g'(\eta))=0, \tag{2.2}$$

其中η在x^*与$\bar{x}$之间. 由定理2.1中条件(2)知$1-g'(\eta)\neq 0$,由(2.2)可得$x^*-\bar{x}=0$,即$x^*=\bar{x}$,证明了方程存在唯一解x^*.

将表达式

$$x^*=g(x^*),\quad x_n=g(x_{n-1})$$

相减,并利用微分中值定理可得

$$x^*-x_n=g(x^*)-g(x_{n-1})=g'(\eta_n)(x^*-x_{n-1}).$$

再由定理2.1中条件(2),有

$$|x^* - x_n| \leqslant |g'(\eta_n)| |x^* - x_{n-1}| \leqslant L|x^* - x_{n-1}|$$
$$\leqslant L^2 |x^* - x_{n-2}| \leqslant \cdots \leqslant L^n |x^* - x_0|.$$

由于 $0 < L < 1$, 故有 $\lim\limits_{n \to \infty} x_n = x^*$, 所以迭代过程收敛. ∎

定理 2.1 称为**用迭代法求非线性方程解的全局收敛性定理**, 定理 2.1 中的条件对于较大范围的含根区间有时可能不成立. 因此, 实际使用迭代法时, 常常考虑在根 x^* 的某个邻域内的情形, 这就是局部收敛性.

定义 2.1 设 x^* 是方程 $x = g(x)$ 的解, 如果在解 x^* 的某个邻域 $U(x^*, \delta)$: $|x - x^*| \leqslant \delta$ 内, 迭代过程对于任意的 $x_0 \in U(x^*, \delta)$ 均收敛, 这种在解 x^* 的邻域具有的收敛性, 称为**局部收敛性**.

定理 2.2 如果在方程 $x = g(x)$ 的解 x^* 的某一邻域内, $g'(x)$ 连续, 且
$$|g'(x^*)| < 1,$$
则存在 $\delta > 0$, 当初值 $x_0 \in U(x^*, \delta)$ 时, 由迭代格式
$$x_{n+1} = g(x_n), \quad n = 0, 1, 2, \cdots$$
产生的序列 $\{x_n\}$ 一定收敛于 x^*; 反之, 若 $g'(x)$ 连续, 且
$$|g'(x^*)| > 1,$$
则以 $x_0 \in U(x^*, \delta)$ 为初值, 由迭代格式 $x_{n+1} = g(x_n)$ 产生的迭代序列 $\{x_n\}$ 发散.

证 由于迭代函数的导数 $g'(x)$ 在 x^* 的某一邻域内连续, 且 $|g'(x^*)| < 1$, 根据连续函数的性质, 则必存在邻域 $U(x^*, \delta)$ 及常数 L ($0 \leqslant L < 1$), 当 $x \in U(x^*, \delta)$ 时, 有
$$|g'(x)| \leqslant L < 1. \tag{2.3}$$

将迭代格式 $x_{n+1} = g(x_n)$ 与解 x^* 满足的关系式 $x^* = g(x^*)$ 相减, 并利用微分中值定理得
$$x_{n+1} - x^* = g(x_n) - g(x^*) = g'(\eta)(x_n - x^*). \tag{2.4}$$

若迭代函数 $g(x)$ 满足条件 (2.3), 则由 (2.4) 可得
$$|x_{n+1} - x^*| \leqslant L|x_n - x^*| \leqslant L^2 |x_{n-1} - x^*| \leqslant \cdots$$
$$\leqslant L^{n+1} |x_0 - x^*|.$$

由于 $0 < L < 1$, 可得 $\lim\limits_{n \to \infty} x_n = x^*$, 即迭代序列收敛.

反之, 若迭代函数 $g(x)$ 满足条件 $|g'(x^*)| > 1$, 则在 x^* 的某邻域内都有
$$|g'(x)| \geqslant M > 1. \tag{2.5}$$

于是由 (2.4) 可得

$$|x_{n+1} - x^*| \geqslant M|x_n - x^*| \geqslant M^2|x_{n-1} - x^*| \geqslant \cdots$$
$$\geqslant M^{n+1}|x_0 - x^*|.$$

由于 $M > 1$，由上式可得 $\lim_{n \to \infty} x_n = \infty$，即迭代序列发散. ∎

定理 2.2 称为**局部收敛性定理**，满足定理 2.2 中条件(2.3)的收敛，就是局部收敛.

例 2.3 分析例 2.2 中两种迭代格式的收敛性.

解 由例 2.2 知，第一种迭代格式和第二种迭代格式的迭代函数分别为

$$g_1(x) = \sqrt[3]{x+1}, \quad g_2(x) = x^3 - 1,$$

故有

$$g_1'(x) = \frac{1}{3}(x+1)^{-\frac{2}{3}}, \quad g_2'(x) = 3x^2.$$

当 x 属于有根区间 $[1,2]$ 时，分别有

$$|g_1'(x)| < \frac{1}{3}, \quad |g_2'(x)| \geqslant 3.$$

由定理 2.2 知，第一种迭代格式 $x_{n+1} = \sqrt[3]{x_n + 1}$，当取初值 $x_0 = 1.5 \in [1,2]$ 时收敛；第二种迭代格式 $x_{n+1} = x_n^3 - 1$ 发散.

2.2.3 误差估计式

当迭代序列 $\{x_n\}$ 收敛时，如何决定迭代过程结束，这是采用迭代法在计算机上求解非线性方程的一个重要问题. 通常是以迭代过程中相邻两项之差的绝对值是否小于给定的允许精度来确定，即以关系式（ε 为允许精度）

$$|x_{n+1} - x_n| \leqslant \varepsilon$$

是否满足来决定迭代过程是否结束.

定理 2.3 如果在方程 $x = g(x)$ 的解 x^* 的某一邻域 $U(x^*, \delta)$：$|x - x^*| \leqslant \delta$ 内，有 $|g'(x)| \leqslant L < 1$，则有误差估计式

$$|x^* - x_n| \leqslant \frac{1}{1-L}|x_{n+1} - x_n|. \tag{2.6}$$

证 将满足方程的解的等式 $x^* = g(x^*)$ 与迭代格式 $x_{n+1} = g(x_n)$ 相减，由所给条件并应用微分中值定理可得

$$|x^* - x_{n+1}| = |g(x^*) - g(x_n)| = |g'(\eta)||x^* - x_n|$$
$$\leqslant L|x^* - x_n|, \quad \eta \in U(x^*, \delta). \tag{2.7}$$

由于

$$|x^* - x_n| = |x^* - x_{n+1} + x_{n+1} - x_n|$$
$$\leqslant |x^* - x_{n+1}| + |x_{n+1} - x_n|,$$

将(2.7)代入上式,整理即得误差估计式(2.6).

下面说明,为什么可用迭代过程中相邻两项之差的绝对值来决定迭代过程结束.

设 x^* 是方程的准确解,x_n 为第 n 次迭代值,ε_1 为保证精度而预先给定的控制常数. 误差估计式(2.6)表明,要使 $|x^* - x_n| \leqslant \varepsilon_1$,只要

$$\frac{1}{1-L}|x_{n+1} - x_n| \leqslant \varepsilon_1.$$

因此,当取 $\varepsilon = (1-L)\varepsilon_1$ 时,由 $|x_{n+1} - x_n| \leqslant \varepsilon$,就能保证 $|x^* - x_n| \leqslant \varepsilon_1$.

2.2.4 计算步骤和程序框图

设 ε 为给定的允许精度,迭代法的计算步骤如下:

1. 选定初值 x_0. 由 $f(x) = 0$ 确定函数 $g(x)$,得等价形式 $x = g(x)$.
2. 计算 $g(x_0)$. 由迭代公式得 $x_1 = g(x_0)$.
3. 如果 $|x_1 - x_0| \leqslant \varepsilon$,则迭代结束,取 x_1 为解的近似值;否则,用 x_1 代替 x_0,重复步骤2和步骤3.

图2-3给出了用迭代法求非线性方程 $f(x) = 0$ 解的程序框图,其中 N 为预先给定的估计迭代次数.

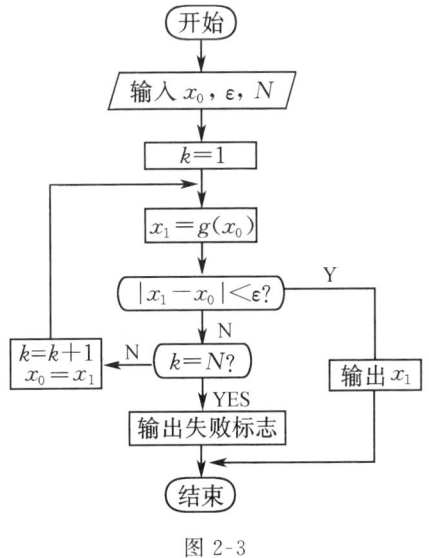

图 2-3

例 2.4 求方程 $x^3 - 2x - 5 = 0$ 的一个正实根，允许精度 $\varepsilon = 10^{-3}$.

解 设 $f(x) = x^3 - 2x - 5$，由于 $f(1) = -6 < 0$，$f(3) = 16 > 0$，所以方程在区间 $[1,3]$ 内有一正根.

将方程 $x^3 - 2x - 5 = 0$ 改写成等价形式 $x = \sqrt[3]{2x+5}$，则迭代函数为
$$g(x) = (2x+5)^{\frac{1}{3}}.$$
对 $g(x)$ 求导，得
$$g'(x) = \frac{2}{3}(2x+5)^{-\frac{2}{3}}.$$
当 $x \in [1,3]$ 时，有 $|g'(x)| \leqslant \frac{2}{3}$. 由定理 2.2 知，迭代格式
$$\begin{cases} x_0 = 2, \\ x_{n+1} = (2x_n + 5)^{\frac{1}{3}}, \quad n = 0, 1, 2, \cdots \end{cases}$$
收敛. 表 2-2 给出了上述迭代格式的迭代结果.

表 2-2

n	$x_0 = 2,\quad x_{n+1} = (2x_n + 5)^{\frac{1}{3}}$
1	2.080 08
2	2.092 35
3	2.094 217
4	2.094 494

比较 x_3, x_4，它们差的绝对值为
$$|x_3 - x_4| = 0.000\,277 \leqslant \left(1 - \frac{2}{3}\right) \times 10^{-3},$$
已满足允许的误差精度，故所求方程的解为 $x^* \approx x_4 = 2.094\,494$.

2.2.5 迭代法的收敛阶

对非线性方程 $f(x) = 0$ 求解，我们可选取不同的迭代函数. 即使由这些迭代函数产生的迭代序列都收敛，其也会有快慢之分. 如何反映迭代序列收敛的快慢呢？这就需要引进迭代法收敛阶的概念.

定义 2.2 设 $x_0, x_1, \cdots, x_{n+1} = g(x_n), \cdots$ 是收敛于 $f(x) = 0$ 的解 x^* 的序列，记 $e_n = x^* - x_n$. 如果存在实数 $p \geqslant 1$ 和非零常数 c 使得

$$\lim_{n\to\infty}\frac{|e_{n+1}|}{|e_n|^p}=c,$$

则称迭代序列 $\{x_n\}$ 为 p **阶收敛**，或者称产生迭代序列 $\{x_n\}$ 的迭代方法 $x_{n+1}=g(x_n)$ 是 p 阶收敛的. 特别地，当 $p=1$ 时称为**线性收敛**；$p>1$ 时称为**超线性收敛**；$p=2$ 时称为**平方收敛**.

显然，数 p 的大小反映了迭代法收敛的快慢，p 越大则收敛越快. 因此，迭代法的收敛阶是衡量迭代法优劣的重要标志之一.

定理2.4 设 x^* 是方程 $x=g(x)$ 的解，在 x^* 的某个邻域 $U(x^*,\delta)$：$|x-x^*|\leqslant\delta$ 内，$g(x)$ 的 p（$\geqslant 2$，正整数）阶导数连续且

$$g^{(1)}(x^*)=g^{(2)}(x^*)=\cdots=g^{(p-1)}(x^*)=0,\quad g^{(p)}(x^*)\neq 0, \tag{2.8}$$

则当初值 $x_0\in U(x^*,\delta)$ 时，由迭代格式 $x_{n+1}=g(x_n)$ 产生的序列 $\{x_n\}$ 满足下式：

$$\lim_{n\to\infty}\frac{|x^*-x_{n+1}|}{|x^*-x_n|^p}=\frac{|g^{(p)}(x^*)|}{p!}. \tag{2.9}$$

证* 首先证明当迭代函数 $g(x)$ 满足条件(2.8)时迭代格式收敛.

由于 $g'(x)$ 在 x^* 的某个邻域 $U(x^*,\delta)$ 内连续且 $g'(x^*)=0$，由连续函数的定义，对于 $0<L<1$，可取适当小的正数 δ，使当 $x\in U(x^*,\delta)$ 时，有

$$|g'(x)|=|g'(x)-g'(x^*)|\leqslant L<1.$$

由定理2.2，当 $x_0\in U(x^*,\delta)$ 时，迭代格式收敛，即 $\lim\limits_{n\to\infty}x_n=x^*$.

由于 $g(x)$ 有 p 阶导数，将 $g(x_n)$ 在 $x=x^*$ 处泰勒展开，得

$$x_{n+1}=g(x_n)=g(x^*)+(x_n-x^*)g'(x^*)+\cdots$$
$$+\frac{(x_n-x^*)^{p-1}}{(p-1)!}g^{(p-1)}(x^*)+\frac{(x_n-x^*)^p}{p!}g^{(p)}(\eta_n),$$

其中，η_n 在 x_n 与 x^* 之间，且 $\lim\limits_{n\to\infty}\eta_n=x^*$.

将条件(2.8)代入上式，可得

$$x_{n+1}-x^*=\frac{(x_n-x^*)^p}{p!}g^{(p)}(\eta_n).$$

从而有

$$\frac{|x^*-x_{n+1}|}{|x^*-x_n|^p}=\frac{|g^{(p)}(\eta_n)|}{p!}.$$

由于 $g^{(p)}(x)$ 在 x^* 的某个邻域内连续，注意到 $\lim\limits_{n\to\infty}\eta_n=x^*$，对上式两边取

极限,得
$$\lim_{n\to\infty}\frac{|x^*-x_{n+1}|}{|x^*-x_n|^p}=\frac{|g^{(p)}(x^*)|}{p!}.$$

由收敛阶的定义 2.2 可知,满足定理 2.4 的条件的迭代序列 $\{x_n\}$ 为 p 阶收敛. 因此,也称定理 2.4 为 p **阶局部收敛性定理**.

例 2.5 写出用迭代法求方程 $e^x+10x-2=0$ 的解的收敛的迭代格式,试问该方法是几阶收敛?

解 由于 $f(x)=e^x+10x-2$,于是有
$$f(0)=-1<0,\quad f(1)=e+8>0,$$
所以方程在区间 [0,1] 内至少有一个解.

将方程化成等价形式
$$x=\frac{1}{5}-\frac{1}{10}e^x,$$
此时,迭代函数及其导数分别为
$$g(x)=\frac{1}{5}-\frac{1}{10}e^x,\quad g'(x)=-\frac{1}{10}e^x.$$
当 $x\in[0,1]$ 时,有
$$|g'(x)|=\frac{1}{10}e^x\leqslant\frac{e}{10}<1.$$
由定理 2.2 知收敛的迭代格式为
$$\begin{cases}x_0=0,\\ x_{n+1}=\dfrac{1}{5}-\dfrac{1}{10}e^{x_n},\quad n=0,1,2,\cdots.\end{cases} \tag{2.10}$$

设 x^* 是方程 $e^x+10x-2=0$ 的解,故有
$$x^*=\frac{1}{5}-\frac{1}{10}e^{x^*}.$$
将上式减去 (2.10),并利用微分中值定理可得
$$x^*-x_{n+1}=-\frac{1}{10}(e^{x^*}-e^{x_n})=-\frac{1}{10}e^{\eta_n}(x^*-x_n).$$
于是
$$\frac{x^*-x_{n+1}}{x^*-x_n}=-\frac{1}{10}e^{\eta_n},$$
其中,η_n 在 x_n 与 x^* 之间,且 $\lim_{n\to\infty}\eta_n=x^*$. 对上式取极限得
$$\lim_{n\to\infty}\frac{|x^*-x_{n+1}|}{|x^*-x_n|}=\frac{1}{10}e^{x^*}.$$

由收敛阶的定义 2.2 知，迭代格式(2.10)为线性收敛.

对于例 2.5，按照程序框图 2-3，采用迭代格式(2.10)编程上机计算，在允许精度 $\varepsilon = \frac{1}{2} \times 10^{-3}$ 下，可求得该方程的解 $x^* \approx x_5 = 0.095\,052$.

2.3 牛顿(Newton)法

牛顿法是求解非线性方程 $f(x) = 0$ 的一种非常重要的迭代法，它的基本思想是将非线性函数 $f(x)$ 线性化，从而将非线性方程的求解问题转化为近似线性方程的求解. 牛顿法具有适用面广、收敛快等优点.

2.3.1 方法介绍

所谓**牛顿法**，就是用 $f(x) = 0$ 的解的近似值 $x_n (n = 0,1,2,\cdots)$ 的切线方程

$$t_n(x) = f(x_n) + (x - x_n)f'(x_n) \tag{2.11}$$

作为 $f(x)$ 的近似表达式，然后取 $t_n(x) = 0$ 的解 x_{n+1} 作为 $f(x) = 0$ 的解的进一步近似，如图 2-4 所示.

由(2.11)，令 $t_n(x) = 0$ 就得到了牛顿法的迭代公式

$$x_{n+1} = x_n - \frac{f(x_n)}{f'(x_n)}. \tag{2.12}$$

由图 2-4 可以看出，牛顿法实际上是在每一步都使用不同的切线方程去逼近非线性方程. 因此，牛顿法也称为**切线法**，它是一种将非线性方程线性化的方法.

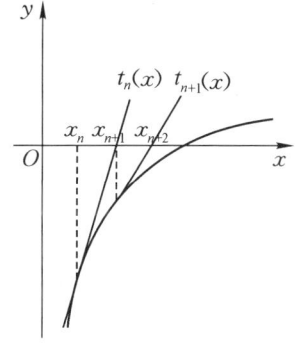

图 2-4

由迭代格式(2.12)可知，牛顿法是一种特殊的迭代法，其迭代函数

$$g(x) = x - \frac{f(x)}{f'(x)}. \tag{2.13}$$

在 $f(x)$ 及其导数满足一定条件的情况下，通过选择适当的初值 x_0，迭代格式(2.12)所产生的迭代序列 $\{x_n\}$ 将收敛.

2.3.2 牛顿法收敛的充分条件

定理2.5 设函数 $f(x)$ 在闭区间 $[a,b]$ 上存在二阶导数且满足条件：

(1) $f''(x)$ 在区间 $[a,b]$ 上保号；

(2) $f'(x) \neq 0, \forall x \in [a,b]$；

(3) $f(a)f(b) < 0$；

(4) 设 $x_0 \in [a,b]$ 且 $f(x_0)f''(x_0) > 0$，

则牛顿迭代格式(2.12)产生的迭代序列 $\{x_k\}$ 收敛于方程 $f(x)=0$ 的唯一解 x^*.

证* 定理的证明分三步进行.

（ⅰ） 由条件(1),(2)知，函数 $f(x)$ 在区间 $[a,b]$ 上为单调连续函数，因此，$f(x)=0$ 在区间 $[a,b]$ 上至多有一个根；再由条件(3)，$f(x)=0$ 在 $[a,b]$ 内至少存在一个根. 因此，$f(x)=0$ 在区间 $[a,b]$ 内存在唯一解 x^*.

对于条件(1)和条件(3)仅可能产生下列4种情形：

① $f(a) < 0, f(b) > 0, f'(x) > 0, f''(x) \leqslant 0$；

② $f(a) < 0, f(b) > 0, f'(x) > 0, f''(x) \geqslant 0$；

③ $f(a) > 0, f(b) < 0, f'(x) < 0, f''(x) \leqslant 0$；

④ $f(a) > 0, f(b) < 0, f'(x) < 0, f''(x) \geqslant 0$.

上述4种情形的几何图形如图 2-5 所示.

下面仅就第一种情形证明定理 2.5，其余三种情形的证明与此类似.

（ⅱ） 对于第一种情形，由于 $f(x)$ 在区间 $[a,b]$ 上单调增加，且由条件(4)知 $f(x_0) < 0$，所以，当 $f(x^*)=0$ 时有 $x_0 \in [a, x^*]$，即 x_0 满足条件(4)的必要条件是 $x_0 \in [a, x^*]$.

（ⅲ） 证明对任意初值 $x_0 \in [a, x^*]$，由迭代公式(2.12)求出的逐次近似值 x_{n+1} 都属于 $[a, x^*]$，且产生的序列 $\{x_n\}$ 单调增加. 事实上，设 $y = t_n(x)$ 表示曲线 $y = f(x)$ 经过点 $(x_n, f(x_n))$ 的切线，由于在区间 $[a,b]$ 内 $f''(x) \leqslant 0$，所以曲线 $y = f(x)$ 上凸，切线 $y = t_n(x)$ 必在曲线 $y = f(x)$ 的上方. 因此，有 $t_n(x) - f(x) \geqslant 0$. 从而有

$$t_n(x^*) > f(x^*) = 0.$$

另外，设 $x_n \in [a, x^*]$，由于 $y = t_n(x)$ 是过点 $(x_n, f(x_n))$ 的切线，且 $f(x)$ 单调增加，又有

$$t_n(x_n) = f(x_n) < f(x^*) = 0.$$

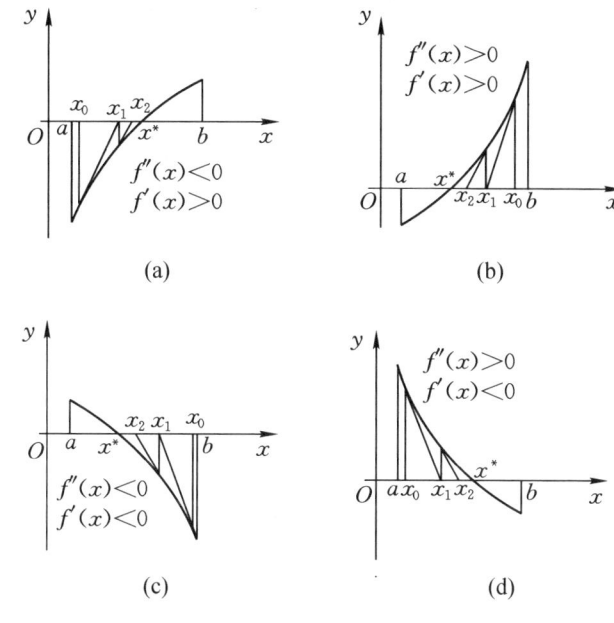

图 2-5

综合上面两种情形,可得连续函数 $t_n(x)$ 满足
$$t_n(x_n) < 0, \quad t_n(x^*) > 0.$$
因此,在区间 $[x_n, x^*]$ 内存在一点 x_{n+1} 使 $t_n(x_{n+1}) = 0$,即
$$x_n < x_{n+1} < x^*.$$

上式表明,由(2.12)产生的序列 $\{x_n\}$ 单调增加且有上界 x^*,由极限存在的单调收敛准则知序列 $\{x_n\}$ 的极限存在,不妨设为 β,即 $\lim\limits_{n\to\infty} x_n = \beta$.

再对递推公式(2.12)两边取极限,可得
$$\beta = \beta - \frac{f(\beta)}{f'(\beta)}.$$
由于 $f'(\beta) \neq 0$,从而得 $f(\beta) = 0$. 因此,β 也是方程 $f(x) = 0$ 的根. 再由证明的第一步知,方程仅有唯一的根,因此 $\beta = x^*$. ∎

例 2.6 设 c 为正实数,导出用牛顿法求 $\sqrt{c}$ 的公式,并证明迭代序列的误差 $e_n = x_n - \sqrt{c}$ 满足关系式 $e_{n+1} = \dfrac{e_n^2}{2x_n}$.

解 设 $x = \sqrt{c}$,则 $x^2 = c$,于是
$$f(x) = x^2 - c, \quad f'(x) = 2x, \quad f''(x) = 2.$$
由于

$$f(0) = -c < 0, \quad f(\sqrt{c}+1) = 2\sqrt{c}+1 > 0,$$

所以 $f(x) = 0$ 在区间 $[0, \sqrt{c}+1]$ 内有一正根. 又由于在区间 $[0, \sqrt{c}+1]$ 内, $f''(x) > 0$, $f'(x) \neq 0$, 若取 $x_0 = [\sqrt{c}] + 1$, 则 $f(x) = x^2 - c$ 在区间 $[0, \sqrt{c}+1]$ 内满足定理 2.5 的条件, 所以收敛的牛顿迭代格式为

$$\begin{cases} x_0 = [\sqrt{c}] + 1, \\ x_{n+1} = x_n - \dfrac{x_n^2 - c}{2x_n} = \dfrac{1}{2}\left(x_n + \dfrac{c}{x_n}\right). \end{cases}$$

记 $e_{n+1} = x_{n+1} - \sqrt{c}$, 则有

$$e_{n+1} = x_n - \frac{x_n^2 - c}{2x_n} - \sqrt{c} = \frac{(x_n - \sqrt{c})^2}{2x_n} = \frac{e_n^2}{2x_n}. \tag{2.14}$$

由例 2.6 中误差满足的关系式 (2.14), 可得

$$\frac{|e_{n+1}|}{|e_n|^2} = \frac{1}{2x_n}.$$

对上式取极限可得

$$\lim_{n \to \infty} \frac{|e_{n+1}|}{|e_n|^2} = \frac{1}{2\sqrt{c}}.$$

由此可知, 在用牛顿法求 $\sqrt{c}$ 时是 2 阶收敛的.

2.3.3 牛顿法的收敛阶

定理 2.6 设函数 $f(x)$ 充分光滑, 对于方程 $f(x) = 0$,

(1) 若在区间 (a,b) 内存在单根 x^*, 则用牛顿法求 x^* 的近似解时是 2 阶收敛的;

(2) 若在区间 (a,b) 内存在 m ($\geqslant 2$) 重根 x^*, 则用牛顿法求 x^* 的近似解时是线性收敛的.

证 对于结论 (1), 由于 $f(x)$ 充分光滑, 且 $f(x^*) = 0$, $f'(x^*) \neq 0$. 用牛顿法的迭代函数式 (2.13), 可得

$$g(x) = x - \frac{f(x)}{f'(x)}, \quad g'(x) = \frac{f(x)f''(x)}{(f'(x))^2},$$

从而得 $g'(x^*) = 0$. 由 p 阶收敛定理 2.4, 有 $p - 1 = 1$, 即 $p = 2$. 这就证明了结论 (1).

对于结论 (2), 采用定理 2.4 的证明思路. 由于 x^* 是 $f(x) = 0$ 的 m ($\geqslant 2$) 重根, 故有

$$f(x^*) = f'(x^*) = \cdots = f^{(m-1)}(x^*) = 0. \tag{2.15}$$

由于 $f(x)$ 充分光滑，将 $f(x_n)$ 和 $f'(x_n)$ 在 x^* 处分别进行泰勒展开，并利用 (2.15) 有

$$f(x_n) = f(x^*) + \frac{f'(x^*)}{1!}(x_n - x^*) + \cdots + \frac{f^{(m-1)}(x^*)}{(m-1)!}(x_n - x^*)^{m-1}$$
$$+ \frac{f^{(m)}(\zeta_n)}{m!}(x_n - x^*)^m$$
$$= \frac{f^{(m)}(\zeta_n)}{m!}(x_n - x^*)^m,$$

$$f'(x_n) = f'(x^*) + \frac{f''(x^*)}{1!}(x_n - x^*) + \cdots + \frac{f^{(m-1)}(x^*)}{(m-2)!}(x_n - x^*)^{m-2}$$
$$+ \frac{f^{(m)}(\eta_n)}{(m-1)!}(x_n - x^*)^{m-1}$$
$$= \frac{f^{(m)}(\eta_n)}{(m-1)!}(x_n - x^*)^{m-1},$$

其中，ζ_n 和 η_n 在 x_n 与 x^* 之间. 由于 $\lim\limits_{n \to \infty} x_n = x^*$，故有

$$\lim_{n \to \infty} \eta_n = x^*, \quad \lim_{n \to \infty} \zeta_n = x^*. \tag{2.16}$$

将 $f(x_n), f'(x_n)$ 代入 (2.12)，得误差递推公式：

$$e_{n+1} = x^* - x_{n+1} = x^* - x_n + \frac{x_n - x^*}{m} \frac{f^{(m)}(\zeta_n)}{f^{(m)}(\eta_n)}$$
$$= e_n \left(1 - \frac{1}{m} \frac{f^{(m)}(\zeta_n)}{f^{(m)}(\eta_n)}\right).$$

故有

$$\frac{|e_{n+1}|}{|e_n|} = \left|1 - \frac{1}{m} \frac{f^{(m)}(\zeta_n)}{f^{(m)}(\eta_n)}\right|.$$

对上式两边取极限，并利用 (2.16)，得

$$\lim_{n \to \infty} \frac{|e_{n+1}|}{|e_n|} = 1 - \frac{1}{m}.$$

由迭代法收敛阶的定义 2.2，得到了结论 (2).

2.3.4 计算步骤和程序框图

牛顿法的计算步骤如下：

1 选定初值 x_0，计算 $f(x_0), f'(x_0)$.

2 按公式 $x_{k+1} = x_k - \dfrac{f(x_k)}{f'(x_k)}$ 迭代，得新的近似值 x_{k+1}，并计算

$f(x_{k+1}), f'(x_{k+1})$.

3 对于给定的允许精度 ε,如果 $|x_{k+1}-x_k|\leqslant\varepsilon$,则终止迭代,取 $x^*\approx x_{k+1}$;否则 $k=k+1$,再转回步骤 2 计算.

图 2-6 给出了用牛顿法求非线性方程 $f(x)=0$ 解的程序框图,其中 N 为设定的最大迭代次数.

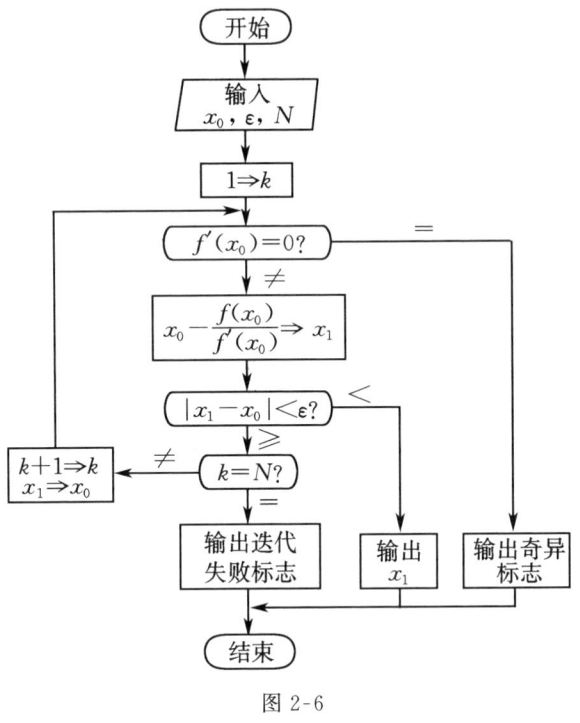

图 2-6

例 2.7 求方程 $e^{-\frac{x}{4}}(2-x)-1=0$ 的解.

解 粗略地绘出函数 $f(x)=e^{-\frac{x}{4}}(2-x)-1$ 的草图,如图 2-7 所示.

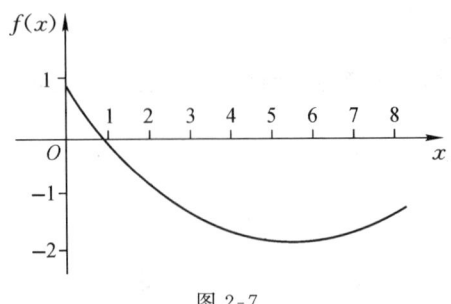

图 2-7

对函数 $f(x)$ 求导可得

$$f'(x) = \frac{x-6}{4} e^{-\frac{x}{4}},$$

$$f''(x) = \frac{1}{4} \frac{10-x}{4} e^{-\frac{x}{4}}. \tag{2.17}$$

若取初值 $x_0 = 3$，用牛顿法求解例 2.7 的迭代格式为

$$\begin{cases} x_0 = 3, \\ x_{n+1} = x_n - \dfrac{e^{-\frac{x_n}{4}}(2-x_n)-1}{\dfrac{x_n-6}{4} e^{-\frac{x_n}{4}}}, \quad n = 0,1,2,\cdots. \end{cases} \tag{2.18}$$

经计算可得

$$x_1 = 1.159\,99, \quad x_2 = 0.189\,438, \quad \cdots,$$
$$x_5 = 0.783\,595, \quad x_6 = 0.783\,599.$$

若只需 6 位有效数字，则 $x^* \approx x_6 = 0.783\,599$.

若取初值 $x_0 = 8$，用牛顿法求解例 2.7 的迭代格式为

$$\begin{cases} x_0 = 8, \\ x_{n+1} = x_n - \dfrac{e^{-\frac{x_n}{4}}(2-x_n)-1}{\dfrac{x_n-6}{4} e^{-\frac{x_n}{4}}}, \quad n = 0,1,2,\cdots. \end{cases} \tag{2.19}$$

经计算可得

$$x_1 = 34.778\,107, \quad x_2 = 865.151\,9, \quad \cdots.$$

继续迭代可知，x_n 随着 n 的增大将无限增大，迭代格式 (2.19) 发散.

例 2.7 说明，使用牛顿法求解非线性方程，初值 x_0 的选择是十分重要的，选择得不好会引起迭代序列发散，求不出方程的近似解. 由草图 2-7 和定理 2.5 可知，$x_0 = 0$ 是本例的一个很好的初值，它能保证迭代格式一定收敛. 本例还说明，定理 2.5 的条件仅是一个充分条件，当条件不满足时，仍有可能收敛. 例如，取 $x_0 = 3$ 时，迭代格式收敛，但 $f(3) = -1.472\,366$，由 (2.17) 知 $f''(3) > 0$，故不满足定理 2.5 中的条件 (4).

2.3.5 双点弦截法 (快速弦截法)

牛顿法可用于求重根和代数方程的复根，在 x^* 是 $f(x) = 0$ 的单根且迭代过程收敛时具有 2 阶收敛. 因此，牛顿法是一种常用的求非线性方程解的方法. 其缺点是对初始近似值 x_0 要求较高，且在计算过程中需要求函数 $f(x)$ 的导数.

对于结构比较复杂的函数,在实际计算中常用函数 $f(x)$ 在 x_{n-1},x_n 为端点的区间上的平均变化率

$$\frac{f(x_n)-f(x_{n-1})}{x_n-x_{n-1}}$$

近似地代替 $f'(x_n)$. 由牛顿迭代公式(2.12)可得

$$x_{n+1}=x_n-\frac{f(x_n)}{f(x_n)-f(x_{n-1})}(x_n-x_{n-1}),\quad n=1,2,\cdots. \quad (2.20)$$

(2.20)就是双点弦截法的迭代公式,它有明确的几何意义.

设已知方程 $f(x)=0$ 的解 x^* 有两个近似值 x_{n-1},x_n,过点$(x_{n-1},f(x_{n-1}))$ 和 $(x_n,f(x_n))$ 引一直线

$$p_1(x)=f(x_n)+\frac{f(x_n)-f(x_{n-1})}{x_n-x_{n-1}}(x-x_n),$$

则该直线与 x 轴交点的横坐标就是 x_{n+1}. 因此,迭代公式(2.20)可以看成由曲线上的两点$(x_{n-1},f(x_{n-1})),(x_n,f(x_n))$ $(n=1,2,\cdots)$连成的弦与 x 轴交点的横坐标作为 x^* 的新的近似值 x_{n+1},如图 2-8 所示. 这就是迭代公式(2.20)称为**双点弦截法**的原因.

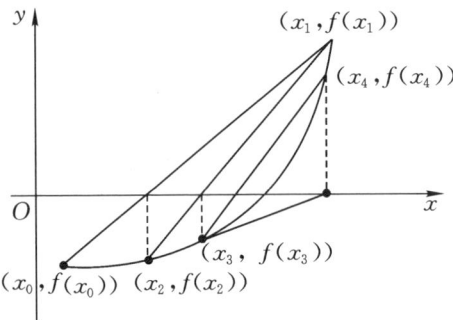

图 2-8

双点弦截法是牛顿法的一种变形,与牛顿法比较,其最大的优点是避免了求导数,但其收敛速度没有牛顿法快,其收敛阶为 $p=1.618$.

由迭代公式(2.20)可知,使用双点弦截法必须保存 $f(x_{n-1})$,也就是在两次迭代中函数在较前一个点的值,在程序框图 2-9 中用 f_{old} 表示,而在点 x_n 的函数值用 f_{new} 表示. 由于在第一次迭代中没有这样的值可用,所以必须给出方程解的两个初值 x_0 和 x_1. 在一般情形下,这两个初值可由包含方程 $f(x)=0$ 解 x^* 的区间端点提供. 为了减少运算工作量,可将双点弦截法的

迭代公式(2.20)改写为

$$x_{n+1} - x_n = -\frac{f(x_n)}{f(x_n) - f(x_{n-1})}(x_n - x_{n-1}).$$

记 $\delta_n = x_{n+1} - x_n$, 则 $x_{n+1} = x_n + \delta_n$, 于是得到改写后的双点弦截法公式

$$\delta_n = -\frac{f(x_n)}{f(x_n) - f(x_{n-1})}\delta_{n-1}, \qquad (2.21)$$

其程序框图如图 2-9 所示.

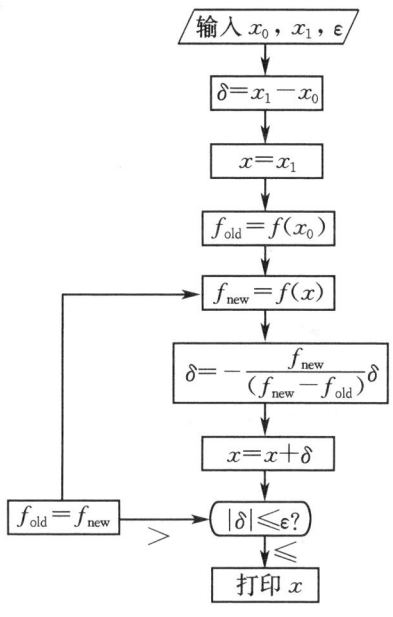

图 2-9

例 2.8 用双点弦截法求方程 $\sin x - \left(\dfrac{x}{2}\right)^2 = 0$ 的正数解.

解 设函数 $f(x) = \sin x - \left(\dfrac{x}{2}\right)^2$.

由于 $f(1) = 0.591\,471$, $f(2) = -0.090\,703$, 所以由闭区间上连续函数的性质, 在区间 $[1,2]$ 内方程有一个正根, 可取初值 $x_0 = 1$, $x_1 = 2$. 由公式 (2.21) 有

$$f(x_n) = \sin x_n - \left(\frac{x_n}{2}\right)^2,$$

$$\delta_n = -\frac{f(x_n)}{f(x_n) - f(x_{n-1})}\delta_{n-1},$$

$$x_{n+1} = x_n + \delta_n, \quad n = 0, 1, 2, \cdots.$$

计算所得结果如表 2-3 所示，所求方程解的近似值为 $x^* \approx x_6 = 1.933\,75$.

表 2-3

n	x_n	$f(x_n)$	δ_n
0	1	0.591 471	
1	2	−0.090 703	−0.132 96
2	1.867 04	0.084 981	0.064 316
3	1.931 35	0.003 167	0.002 490
4	1.933 83	−0.000 120	−0.000 091
5	1.933 75	0.000 000	0.000 001
6	1.933 75		

小　　结

本章介绍了计算机上常用的几种求非线性方程 $f(x) = 0$ 的近似解的数值方法.

在 $f(x)$ 连续且 $f(a)f(b) < 0$ 的条件下，用二分法可求得方程 $f(x) = 0$ 在区间 $[a, b]$ 内的一个实根 x^* 满足精度要求的近似值. 但二分法不能用于求偶次重根和复根，而且收敛速度较慢，这个方法常用于求精度要求不高的近似解或为迭代法提供初值.

迭代法是一种逐次逼近的方法，具有原理简单、编制程序方便等优点，但存在是否收敛和收敛速度的快慢等问题，不能盲目使用.

牛顿法是一种特殊的迭代法，用于求方程的单根时具有 2 阶收敛. 因此是一种求非线性方程解的好方法，还可以用于求重根和复根，而且可以推广到求非线性方程组的解. 使用牛顿法要注意初值的选择，而且函数本身也要求光滑.

遇到求函数的导数较复杂或者函数仅在区间 $[a, b]$ 上连续的情形，常用双点弦截法求非线性方程的数值解. 双点弦截法是对牛顿法的一种修订，不需要求函数的导数，而且两个初值容易给出，但收敛阶只有 1.618，比牛顿法的收敛阶低. 在函数仅为连续的情形下，常用双点弦截法求解.

习 题 二

1. 分析方程 $f(x) = \sin x - \dfrac{x}{2} = 0$ 正根的分布情形，并用二分法求出正根的近似值，使其误差不超过 10^{-2}.

2. 用二分法求方程 $f(x) = x^3 + 4x^2 - 10 = 0$ 在区间 $[1,2]$ 内根的近似值时，为使误差不超过 10^{-2}，需要对分多少次？

3. 已知方程 $e^x + 10x - 4 = 0$ 在 $[0,0.4]$ 内有唯一根，迭代格式 $A: x_{n+1} = \ln(4 - 10x_n)$；迭代格式 $B: x_{n+1} = \dfrac{1}{10}(4 - e^{x_n})$. 试分析这两个迭代格式的收敛性.

4. 已知方程 $x = \ln(x+2)$ 有一个正根和一个负根.
(1) 估计含根区间.
(2) 分别讨论用迭代格式 $x_{n+1} = \ln(x_n + 2)$ 求这两个根时的收敛性.
(3) 如果不收敛，请建立新的收敛迭代格式.

5. 对于方程 $3x^2 - e^x = 0$，为求最大正根与最小正根的近似值，试分别确定迭代函数 $g(x)$ 及区间 $[a,b]$，使当 $x_0 \in [a,b]$ 时，相应的迭代过程 $x_{n+1} = g(x_n)\ (n = 0,1,2,\cdots)$ 收敛到所求的根.

6. 为求方程 $f(x) = x^3 - x^2 - 1 = 0$ 在 $x_0 = 1.5$ 附近的一个根，试将方程改写为三种等价形式，建立相应的迭代公式，试分析每一种迭代公式的收敛性.

7. 设方程 $x = g(x)$ 在区间 $[a,b]$ 内有唯一根 x^*，$g'(x)$ 连续，且 $|g'(x)| \geq k > 1$，建立迭代格式
$$x_{n+1} = \dfrac{\lambda}{1+\lambda} x_n + \dfrac{1}{1+\lambda} g(x_n), \quad n = 0,1,\cdots.$$
问如何选取常数 λ，使迭代格式有尽可能高阶的局部收敛性？

8. 确定常数 p,q,r，使迭代格式
$$x_{n+1} = \varphi(x_n) = p x_n + q \dfrac{a}{x_n^2} + r \dfrac{a^2}{x_n^5}$$
局部收敛到 $x^* = \sqrt[3]{a}\ (a > 0)$，并有尽可能高的收敛阶数，请指出其阶数.

9. 设初值 x_0 充分接近 $x^* = \sqrt{a}\ (a > 0$ 为常数$)$，证明：迭代格式
$$x_{n+1} = \dfrac{x_n(x_n^2 + 3a)}{3x_n^2 + a}, \quad n = 0,1,\cdots$$

三阶收敛于 x^*，并求 $\lim\limits_{n\to\infty}\dfrac{x_{n+1}-\sqrt{a}}{(x_n-\sqrt{a})^3}$.

10. 写出求方程 $2x=\mathrm{e}^{-x}$ 在 $[0,1]$ 内根的牛顿迭代格式，并讨论为使迭代收敛，应如何选取初值.

11. 设 $x^*=c$ 是方程 $f(x)=0$ 的根，$f(x)$ 充分光滑可导. 令
$$\varphi(x)=x-p(x)f(x)-q(x)f^2(x).$$
试确定待定函数 $p(x),q(x)$，使迭代格式
$$x_{n+1}=\varphi(x_n),\quad n=0,1,\cdots$$
求方程 $f(x)=0$ 的根 $x^*=c$ 时至少有三阶局部收敛性.

12. 用牛顿法求方程 $f(x)=x^3+4x^2-10=0$ 在区间 $[1,2]$ 内的一个实根 x^* 的近似值 x_k，使 $|x_{k+1}-x_k|\leqslant 10^{-5}$.

13. 导出求立方根 $\sqrt[3]{a}$ 的牛顿迭代公式，并讨论其收敛性.

14. 设 a 为 $f(x)=0$ 的 m 重根 ($m\geqslant 2$)，证明用牛顿迭代法求其根仅为线性收敛.

15. 用双点弦截法求 $x=\mathrm{e}^{-x}$ 在 $x=0.5$ 附近的根，使其具有 4 位有效数字.

第三章 解线性代数方程组的直接法

工程计算和科学研究中的许多问题,最终归结为对线性代数方程组的求解. 由线性代数知识可知,n 阶线性代数方程组

$$\begin{cases} a_{11}x_1 + a_{12}x_2 + \cdots + a_{1n}x_n = b_1, \\ a_{21}x_1 + a_{22}x_2 + \cdots + a_{2n}x_n = b_2, \\ \cdots, \\ a_{n1}x_1 + a_{n2}x_2 + \cdots + a_{nn}x_n = b_n, \end{cases} \quad (3.1)$$

可用矩阵和向量表示为 $\boldsymbol{Ax} = \boldsymbol{b}$,其中

$$\boldsymbol{A} = \begin{pmatrix} a_{11} & a_{12} & \cdots & a_{1n} \\ a_{21} & a_{22} & \cdots & a_{2n} \\ \vdots & \vdots & & \vdots \\ a_{n1} & a_{n2} & \cdots & a_{nn} \end{pmatrix}, \quad \boldsymbol{x} = \begin{pmatrix} x_1 \\ x_2 \\ \vdots \\ x_n \end{pmatrix}, \quad \boldsymbol{b} = \begin{pmatrix} b_1 \\ b_2 \\ \vdots \\ b_n \end{pmatrix}.$$

当方程组(3.1)的系数矩阵的行列式不等于零时,方程组有唯一解:

$$\boldsymbol{x} = \boldsymbol{A}^{-1}\boldsymbol{b},$$

而且这个方程组的解可用克莱姆(Cramer)规则表示为

$$x_i = \frac{|\boldsymbol{A}_i|}{|\boldsymbol{A}|}, \quad i = 1, 2, \cdots, n,$$

其中,记号 $|\boldsymbol{A}|$ 为矩阵 $\boldsymbol{A}$ 的行列式,$|\boldsymbol{A}_i|$ 表示把行列式 $|\boldsymbol{A}|$ 中第 i 列换成右端 $\boldsymbol{b}$ 后所得到的 n 阶行列式.

但是,由克莱姆规则得到方程组(3.1)的解,需要计算 $n+1$ 个 n 阶行列式的值,大约需要 $N = n!(n^2-1)+n$ 次乘除法. 当 n 较大时,计算工作量大得惊人!因此,尽管克莱姆规则在理论上十分完美,却不适合于利用计算机来求解方程组,这就需要寻求适合于使用计算机求解的方法. 考虑到计算机本身的特点,我们需要寻求计算工作量较小、要求的存储量较小、计算过程有规律而且能保证具有一定精度的数值解法.

经过多年的研究与实践,具有上述特点的方法,归结起来大致分为两类:直接法和迭代法. 所谓**直接法**是在假定没有原始数据误差和计算过程舍入误差的情形下,经过有限次运算求出方程组准确解的方法. 所谓**迭代法**就是用某种渐近(极限)过程去逐步逼近真解,从而求出方程组具有指定精确度的近似解的方法.

本章介绍求解线性代数方程组的几种常用的直接法,并讨论方程组的性态,指出哪些方程组适合于直接法的求解.

3.1 高斯(Gauss)消去法

高斯消去法是求解线性代数方程组的一种最基本的直接法,由它改进后得到的选主元消去法是目前计算机上常用的有效方法.

高斯消去法就是逐步消去变元的系数,将原方程组 $Ax=b$ 化为系数矩阵为三角矩阵的等价方程组 $Ux=d$,然后求解系数矩阵为三角矩阵的方程组而得出原方程组解的方法. 把逐步消去变元的系数,将原方程组化为以系数矩阵为三角矩阵的等价方程组的过程称为**消元过程**;把求系数矩阵为三角矩阵的方程组解的过程称为**回代过程**. 最初求解方程组的高斯消去法也称为**顺序消去法**,它由消元过程和回代过程组成.

3.1.1 顺序消去法

1. 消元过程

考虑一般方程组(3.1),为了推导过程方便,记系数矩阵 A 的元素 a_{ij} 为 $a_{ij}^{(0)}$,右端向量 b 的元素 b_i 记为 $a_{i,n+1}^{(0)}$,于是方程组(3.1)成为

$$\begin{cases} a_{11}^{(0)}x_1+a_{12}^{(0)}x_2+\cdots+a_{1n}^{(0)}x_n=a_{1,n+1}^{(0)}, \\ a_{21}^{(0)}x_1+a_{22}^{(0)}x_2+\cdots+a_{2n}^{(0)}x_n=a_{2,n+1}^{(0)}, \\ \cdots, \\ a_{n1}^{(0)}x_1+a_{n2}^{(0)}x_2+\cdots+a_{nn}^{(0)}x_n=a_{n,n+1}^{(0)}. \end{cases}$$

假设 $a_{11}^{(0)} \neq 0$,将第1个方程乘以 $\left(-\dfrac{a_{i1}^{(0)}}{a_{11}^{(0)}}\right)$ 加到第 i 个方程($2 \leqslant i \leqslant n$),得到第1个导出方程组

$$\begin{cases} a_{11}^{(0)}x_1+a_{12}^{(0)}x_2+\cdots+a_{1n}^{(0)}x_n=a_{1,n+1}^{(0)}, \\ \phantom{a_{11}^{(0)}x_1+{}}a_{22}^{(1)}x_2+\cdots+a_{2n}^{(1)}x_n=a_{2,n+1}^{(1)}, \\ \phantom{a_{11}^{(0)}x_1+{}}\cdots, \\ \phantom{a_{11}^{(0)}x_1+{}}a_{n2}^{(1)}x_2+\cdots+a_{nn}^{(1)}x_n=a_{n,n+1}^{(1)}, \end{cases}$$

其中，
$$a_{ij}^{(1)} = a_{ij}^{(0)} - \frac{a_{i1}^{(0)}}{a_{11}^{(0)}} a_{1j}^{(0)}, \quad 2 \leqslant i \leqslant n, 2 \leqslant j \leqslant n+1.$$

由于因子 $\dfrac{a_{i1}^{(0)}}{a_{11}^{(0)}}$ 不止一次地用到，常记为 l_{i1}。

再假设 $a_{22}^{(1)} \neq 0$，由第 1 个导出方程组的第 2 个方程乘以 $\left(-\dfrac{a_{i2}^{(1)}}{a_{22}^{(1)}}\right)$ 加到第 i 个方程 ($3 \leqslant i \leqslant n$)，得第 2 个导出方程组

$$\begin{cases} a_{11}^{(0)} x_1 + a_{12}^{(0)} x_2 + a_{13}^{(0)} x_3 + \cdots + a_{1n}^{(0)} x_n = a_{1,n+1}^{(0)}, \\ \quad\quad a_{22}^{(1)} x_2 + a_{23}^{(1)} x_3 + \cdots + a_{2n}^{(1)} x_n = a_{2,n+1}^{(1)}, \\ \quad\quad\quad\quad a_{33}^{(2)} x_3 + \cdots + a_{3n}^{(2)} x_n = a_{3,n+1}^{(2)}, \\ \quad\quad\quad\quad \cdots, \\ \quad\quad\quad\quad a_{n3}^{(2)} x_3 + \cdots + a_{nn}^{(2)} x_n = a_{n,n+1}^{(2)}, \end{cases}$$

类似地，记 $l_{i2} = \dfrac{a_{i2}^{(1)}}{a_{22}^{(1)}}$，则第 2 个导出方程组的元素

$$a_{ij}^{(0)} = a_{ij}^{(1)} - \frac{a_{i2}^{(1)}}{a_{22}^{(1)}} a_{2j}^{(1)} = a_{ij}^{(1)} - l_{i2} a_{2j}^{(1)}, \quad 3 \leqslant i \leqslant n, 3 \leqslant j \leqslant n+1.$$

重复上述过程 $n-1$ 次，得到第 $n-1$ 个导出方程组

$$\begin{cases} a_{11}^{(0)} x_1 + a_{12}^{(0)} x_2 + a_{13}^{(0)} x_3 + \cdots + a_{1n}^{(0)} x_n = a_{1,n+1}^{(0)}, \\ \quad\quad a_{22}^{(1)} x_2 + a_{23}^{(1)} x_3 + \cdots + a_{2n}^{(1)} x_n = a_{2,n+1}^{(1)}, \\ \quad\quad\quad\quad a_{33}^{(2)} x_3 + \cdots + a_{3n}^{(2)} x_n = a_{3,n+1}^{(2)}, \\ \quad\quad\quad\quad \cdots, \\ \quad\quad\quad\quad a_{nn}^{(n-1)} x_n = a_{n,n+1}^{(n-1)}, \end{cases} \quad (3.2)$$

其中第 k 个导出方程组的元素的递推关系是

$$l_{ik} = \frac{a_{ik}^{(k-1)}}{a_{kk}^{(k-1)}}, \quad a_{ij}^{(k)} = a_{ij}^{(k-1)} - l_{ik} a_{kj}^{(k-1)}, \quad 1 \leqslant k \leqslant n-1,$$
$$k+1 \leqslant i \leqslant n, k+1 \leqslant j \leqslant n+1. \quad (3.3)$$

由于上述消元过程只是将原方程组的系数矩阵和右端进行初等变换，因此，第 $n-1$ 个导出方程组与原方程组等价，即通过消元过程将方程组(3.1)化成了等价的上三角形方程组(3.2)。

由第 k 个导出方程组的计算公式(3.3)，容易得到消元过程所需要的乘法和加法次数为

$$S_{11} = \sum_{k=1}^{n-1}(n-k)(n-k+1) = \frac{n}{3}(n^2-1),$$

除法次数为

$$S_{12} = \sum_{k=1}^{n-1}(n-k) = \frac{n(n-1)}{2}.$$

2. 回代过程

回代过程就是求等价三角形方程组(3.2)的解. 只要 $a_{kk}^{(k-1)} \neq 0$ ($k=1,2,\cdots,n$)，就可从最后一个方程得到 x_n 的值，再从第 $n-1$ 个方程得 x_{n-1} 的值. 在一般情形，可求得 x_i 的回代递推公式

$$\begin{cases} x_n = \dfrac{a_{n,n+1}^{(n-1)}}{a_{nn}^{(n-1)}}, \\ x_i = \dfrac{a_{i,n+1}^{(i-1)} - \sum\limits_{j=i+1}^{n} a_{ij}^{(i-1)} x_j}{a_{ii}^{(i-1)}}, \quad i = n-1, n-2, \cdots, 1. \end{cases} \quad (3.4)$$

由公式(3.4)可知，回代过程需要 n 次除法，其乘法和加法的次数同为

$$1 + 2 + \cdots + (n-1) = \frac{1}{2}n(n-1).$$

所以回代过程需 $S_{21} = \dfrac{1}{2}n(n-1)$ 次加法，$S_{22} = \dfrac{1}{2}n(n+1)$ 次乘、除法.

3. 顺序消去法的运算次数与计算步骤

由消元过程和回代过程的运算次数可知，顺序消去法的加法次数为

$$S_1 = S_{11} + S_{21} = \frac{1}{6}n(2n^2 + 3n - 5),$$

乘、除法次数为

$$S_2 = S_{11} + S_{12} + S_{22} = \frac{n}{3}(n^2 + 3n - 1).$$

消元过程在编程上机运算时，需采用三重循环，即

对于 $k = 1, 2, \cdots, n-1,$
$i = k+1, k+2, \cdots, n,$

计算 $l_{ik} = \dfrac{a_{ik}^{(k-1)}}{a_{kk}^{(k-1)}};$

对于 $j = k+1, k+2, \cdots, n+1$

计算 $a_{ij}^{(k)} = a_{ij}^{(k-1)} - l_{ik} a_{kj}^{(k-1)}.$

回代过程只需要二重循环，即

计算 $\quad x_n = \dfrac{a_{n,n+1}^{(n-1)}}{a_{nn}^{(n-1)}};$

对于 $\quad i = n-1, n-2, \cdots, 1,$
$\qquad S = 0;$

对于 $\quad j = i+1, i+2, \cdots, n,$

计算 $\quad S = S + a_{ij}^{(i-1)} x_j,$

$\qquad x_i = \dfrac{a_{i,n+1}^{(i-1)} - S}{a_{ii}^{(i-1)}}.$

4. 主元素和乘数

由顺序消去法的推导过程可知，无论是消元过程还是回代过程都不需要对未知元作真正的运算，而仅需要对方程组 $\boldsymbol{Ax} = \boldsymbol{b}$ 的系数矩阵的元素和右端项作运算. 因此，在实际运算中，总是将方程组的系数矩阵和右端合在一起，记成增广矩阵 $(\boldsymbol{A}, \boldsymbol{b})$.

由消元过程(3.3)可以看到，元素 $a_{kk}^{(k-1)}$ 起着特殊的作用. 若 $a_{kk}^{(k-1)} = 0$，则消元过程将无法进行下去，因此，我们称元素 $a_{kk}^{(k-1)}$ 为"**主元素**"，在后面的例子中用一个圆圈把它圈起来表示. 另外，在消元过程中不止一次用到数 l_{ik}，这个数称为消元过程的**乘数**，在后面的例子中将其放在增广矩阵的左下角且用虚线隔开.

例 3.1 用顺序消去法解方程组

$$\begin{cases} 2x_1 + 3x_2 + 4x_3 = 6, \\ 3x_1 + 5x_2 + 2x_3 = 5, \\ 4x_1 + 3x_2 + 30x_3 = 32. \end{cases}$$

解 我们用箭头表示消元过程.

$$(\boldsymbol{A} \vdots \boldsymbol{b}) = \begin{pmatrix} 2 & 3 & 4 & \vdots & 6 \\ 3 & 5 & 2 & \vdots & 5 \\ 4 & 3 & 30 & \vdots & 32 \end{pmatrix} \rightarrow \begin{pmatrix} ② & 3 & 4 & \vdots & 6 \\ \frac{3}{2} & \frac{1}{2} & -4 & \vdots & -4 \\ 2 & -3 & 22 & \vdots & 20 \end{pmatrix}$$

$$\rightarrow \begin{pmatrix} 2 & 3 & 4 & \vdots & 6 \\ \frac{3}{2} & ①/② & -4 & \vdots & -4 \\ 2 & -6 & -2 & \vdots & -4 \end{pmatrix}, \tag{3.5}$$

从而得上三角形方程组

$$\begin{pmatrix} 2 & 3 & 4 \\ & \frac{1}{2} & -4 \\ & & -2 \end{pmatrix} \begin{pmatrix} x_1 \\ x_2 \\ x_3 \end{pmatrix} = \begin{pmatrix} 6 \\ -4 \\ -4 \end{pmatrix}.$$

再由回代过程得其解:$x_3 = 2$,$x_2 = 8$,$x_1 = -13$.

3.1.2 主元消去法

从顺序消去法的消元过程可以看到,其不足之处是在第 k 步消元时一定要假设主元素 $a_{kk}^{(k-1)} \neq 0$,否则消元过程将无法进行下去. 另外,如果主元素 $a_{kk}^{(k-1)}$ 很小,由于计算机字长有限,必然有舍入误差等因素的影响,将使解极不准确,甚至可能造成溢出停机.

例 3.2 使用二位浮点机求下列方程组的解

$$\begin{pmatrix} 0.005 & 1 \\ 1 & 1 \end{pmatrix} \begin{pmatrix} x_1 \\ x_2 \end{pmatrix} = \begin{pmatrix} 0.5 \\ 1 \end{pmatrix},$$

此方程组的准确解为 $x_1 = \dfrac{100}{199}$,$x_2 = \dfrac{99}{199}$.

解 若用顺序消去法,主元 $a_{11} = 0.005$,在二位浮点机上运算,

$$l_{21} = \frac{10^1(0.10)}{10^{-2}(0.50)} = 10^3(0.20),$$

$$a_{22}^{(1)} = 10^1(0.10) - 10^3(0.20) = -10^3(0.20),$$

$$a_{23}^{(1)} = 10^1(0.10) - 10^3(0.20) \times 10^0(0.50) = -10^3(0.10),$$

于是得等价方程组

$$\begin{pmatrix} 10^{-2}(0.50) & 10^1(0.10) \\ & -10^3(0.20) \end{pmatrix} \begin{pmatrix} x_1 \\ x_2 \end{pmatrix} = \begin{pmatrix} 10^0(0.50) \\ -10^3(0.10) \end{pmatrix}.$$

再回代得解 $x_1 = 0$,$x_2 = 0.5$.

若将原方程组的两个方程交换顺序,得

$$\begin{pmatrix} 1 & 1 \\ 0.005 & 1 \end{pmatrix} \begin{pmatrix} x_1 \\ x_2 \end{pmatrix} = \begin{pmatrix} 1 \\ 0.5 \end{pmatrix}.$$

此时,主元素 $a_{11} = 1$,仍用二位浮点机运算有

$$\begin{bmatrix} 10^1(0.10) & 10^1(0.10) & \vdots & 10^1(0.10) \\ 10^{-2}(0.50) & 10^1(0.10) & \vdots & 10^0(0.50) \end{bmatrix} \rightarrow$$

$$\begin{bmatrix} \boxed{10^1(0.10)} & 10^1(0.10) & \vdots & 10^1(0.10) \\ 10^{-2}(0.50) & 10^1(0.10) & \vdots & 10^0(0.50) \end{bmatrix},$$

回代得 $x_2 = 0.5$，$x_1 = 0.5$.

将上述两组解与准确解进行比较，第一组解无准确度可言，而第二组解具有2位有效数字. 导致第一组解不准确的原因是在消元过程中所取的主元素很小. 此例说明，在消元过程中适当地选取主元素是十分必要的，对于一般的方程组采用高斯消去法必须使用选取主元的技巧才能获得满意的结果. 主元消去法包括列主元消去法和全主元消去法.

1. 列主元消去法

所谓**列主元消去法**就是在方程组的系数矩阵中按列选取元素绝对值的最大者作为主元素，然后交换顺序行与主元素所在行的位置，再按顺序消去法进行消元. 在列主元消去法中，未知元仍然是按顺序消去. 例如，要消去未知元 x_k 时，首先要在消元的各个方程中找出这个未知元系数中绝对值的最大者作为主元素，设是第 i_k 个方程的系数 $a_{i_k k}^{(k-1)}$，$i_k \geqslant k$；再将第 i_k 个方程与第 k 个方程交换位置，此时 $a_{i_k k}^{(k-1)}$ 处于 $a_{kk}^{(k-1)}$ 的位置，然后再按顺序消去法的公式进行消元.

例 3.3 用列主元消去法求解方程组
$$\begin{pmatrix} 3 & 1 & 6 \\ 2 & 1 & 3 \\ 1 & 1 & 1 \end{pmatrix} \begin{pmatrix} x_1 \\ x_2 \\ x_3 \end{pmatrix} = \begin{pmatrix} 2 \\ 7 \\ 4 \end{pmatrix}.$$

解 仍用箭头表示消元过程，用小圆圈标出每步选出的主元素，我们有

$$\begin{pmatrix} ③ & 1 & 6 & \vdots & 2 \\ 2 & 1 & 3 & \vdots & 7 \\ 1 & 1 & 1 & \vdots & 4 \end{pmatrix} \rightarrow \begin{pmatrix} 3 & 1 & 6 & \vdots & 2 \\ \frac{2}{3} & \frac{1}{3} & -1 & \vdots & \frac{17}{3} \\ \frac{1}{3} & ② & -1 & \vdots & \frac{10}{3} \end{pmatrix} \rightarrow \begin{pmatrix} 3 & 1 & 6 & \vdots & 2 \\ \frac{1}{3} & \frac{2}{3} & -1 & \vdots & \frac{10}{3} \\ \frac{2}{3} & \frac{1}{2} & -\frac{1}{2} & \vdots & 4 \end{pmatrix}.$$

再回代，得方程组的解：$x_3 = -8$，$x_2 = -7$，$x_1 = 19$.

2. 全主元消去法

所谓**全主元消去法**，是先从系数矩阵 A 中选出元素绝对值的最大者作为主元素，交换第1行和此主元素所在的行，然后交换第1列和此主元素所在的列，使主元素移到第1行第1列(注意：当交换列时，未知元也应作相应的交换). 一般地，在进行 $k-1$ 次消元后，准备进行第 k 次消元时，先从新矩阵后面的 $n-k+1$ 行和 $n-k+1$ 列所形成的子矩阵中选出元素绝对值的最大者 $a_{i_k j_k}^{(k-1)}$ ($i_k \geqslant k$, $j_k \geqslant k$) 作为主元素，再交换第 k 行和第 i_k 行，第 k 列和第 j_k 列(未知元也应作相应的交换)，然后再按顺序消去法进行消元.

例 3.4 用全主元消去法求解例 3.3.

解 记号同例 3.3，双箭头表示两个未知元进行交换．全主元消去法的过程如下：

$$\begin{pmatrix} 3 & 1 & ⑥ & 2 \\ 2 & 1 & 3 & 7 \\ 1 & 1 & 1 & 4 \end{pmatrix} \xrightarrow{x_1 \leftrightarrow x_3} \begin{pmatrix} ⑥ & 1 & 3 & 2 \\ 3 & 1 & 2 & 7 \\ 1 & 1 & 1 & 4 \end{pmatrix} \rightarrow \begin{pmatrix} 6 & 1 & 3 & 2 \\ \frac{1}{2} & \frac{1}{2} & \frac{1}{2} & 6 \\ \frac{1}{6} & ⑤/⑥ & \frac{1}{2} & \frac{11}{3} \end{pmatrix} \rightarrow \begin{pmatrix} 6 & 1 & 3 & 2 \\ \frac{1}{6} & \frac{5}{6} & \frac{1}{2} & \frac{11}{3} \\ \frac{1}{2} & \frac{3}{5} & \frac{1}{5} & \frac{19}{5} \end{pmatrix}.$$

再由回代过程得方程组的解：$x_1 = 19$，$x_2 = -7$，$x_3 = -8$.

一般来说，当方程组的系数矩阵 A 的行列式不等于零时，主元消去法的消元过程都能进行下去，而且能保证所需要的精确度．但全主元消去法花费在寻找绝对值为最大的元素以及交换行、列上的时间较多，在消元过程中也不能保持矩阵的某些有用的特征，编制程序也较列主元消去法复杂．因此，列主元消去法是最常用的一种方法．

用列主元消去法解线性代数方程组 $Ax = b$ 的程序框图如图 3-1 所示．

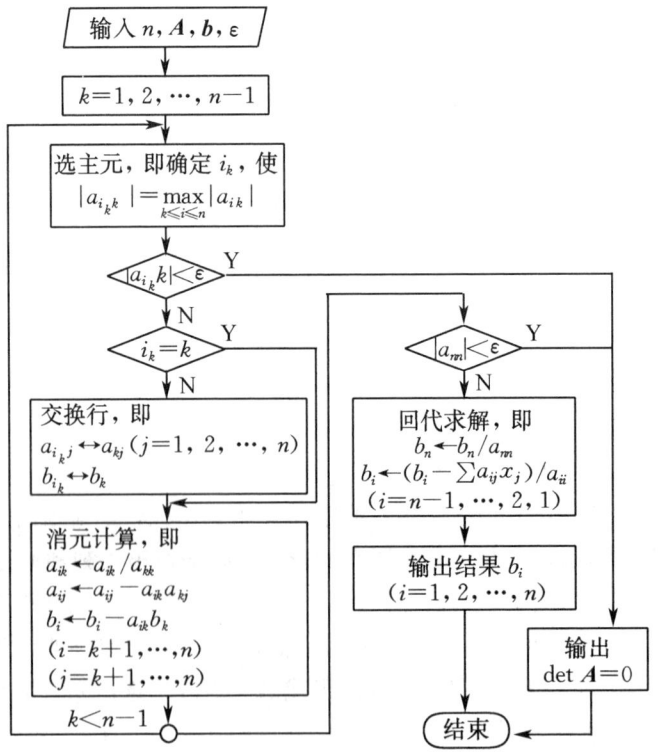

图 3-1

图 3-1 中 ε 是一个比较小的正实数,用做控制常数,当某个选出的主元或完成消元后的系数 a_{nn} 的绝对值小于 ε 时就认为 $\det(\boldsymbol{A}) \approx 0$,从而终止计算. 为了节省工作单元,框图中还用 $\boldsymbol{A}^{(k)}$ 冲掉 $\boldsymbol{A}$,$\boldsymbol{b}^{(k)}$ 冲掉 $\boldsymbol{b}$. 并注意到 $\boldsymbol{A}$ 的下三角部分存放乘数 l_{ik},回代后所得到的解 $\boldsymbol{x}$ 放在数组 $\boldsymbol{b}$ 中.

3.2 矩阵的三角分解

矩阵的三角分解就是将方程组 $\boldsymbol{A}\boldsymbol{x} = \boldsymbol{b}$ 的系数矩阵 $\boldsymbol{A}$ 分解为两个三角矩阵 $\boldsymbol{L}$ 和 $\boldsymbol{U}$ 的乘积,即 $\boldsymbol{A} = \boldsymbol{L}\boldsymbol{U}$.

本节先介绍矩阵 $\boldsymbol{A}$ 能进行三角分解的条件;然后建立矩阵的三角分解与高斯消去法的关系;最后介绍利用矩阵的三角分解求方阵 $\boldsymbol{A}$ 的行列式.

3.2.1 矩阵的杜利特尔(Doolittle)分解

定义 3.1 $m \times n$ 矩阵 $\boldsymbol{A}$ 的前 p ($1 \leqslant p \leqslant \min\{m,n\}$) 行和前 p 列相交处的 p^2 个元素组成的矩阵称为 $\boldsymbol{A}$ 的 p **阶顺序主子矩阵**,$\boldsymbol{A}$ 的 p 阶顺序主子矩阵的行列式称为 $\boldsymbol{A}$ 的 p **阶主子行列式**,简称 p **阶主子式**,记为 $\det(\boldsymbol{A}_p)$.

引理 3.1 设用 m 阶单位下三角方阵 $\boldsymbol{L}$ 左乘 $m \times n$ 矩阵 $\boldsymbol{A}$ 得矩阵 $\boldsymbol{B}$,则矩阵 $\boldsymbol{A}$ 和 $\boldsymbol{B}$ 的 p 阶主子式相等.

证 将单位下三角阵 $\boldsymbol{L}$ 和矩阵 $\boldsymbol{A}$,$\boldsymbol{B}$ 写成分块的形式:
$$\boldsymbol{L} = \begin{pmatrix} \boldsymbol{L}_{11} & \boldsymbol{O} \\ \boldsymbol{L}_{21} & \boldsymbol{L}_{22} \end{pmatrix}, \quad \boldsymbol{A} = \begin{pmatrix} \boldsymbol{A}_{11} & \boldsymbol{A}_{12} \\ \boldsymbol{A}_{21} & \boldsymbol{A}_{22} \end{pmatrix}, \quad \boldsymbol{B} = \begin{pmatrix} \boldsymbol{B}_{11} & \boldsymbol{B}_{12} \\ \boldsymbol{B}_{21} & \boldsymbol{B}_{22} \end{pmatrix},$$
其中,$\boldsymbol{L}_{11}, \boldsymbol{A}_{11}, \boldsymbol{B}_{11}$ 分别为矩阵 $\boldsymbol{L}, \boldsymbol{A}, \boldsymbol{B}$ 的 p 阶主子矩阵. 由假设 $\boldsymbol{L}\boldsymbol{A} = \boldsymbol{B}$,有
$$\begin{pmatrix} \boldsymbol{L}_{11} & \boldsymbol{O} \\ \boldsymbol{L}_{21} & \boldsymbol{L}_{22} \end{pmatrix} \begin{pmatrix} \boldsymbol{A}_{11} & \boldsymbol{A}_{12} \\ \boldsymbol{A}_{21} & \boldsymbol{A}_{22} \end{pmatrix} = \begin{pmatrix} \boldsymbol{B}_{11} & \boldsymbol{B}_{12} \\ \boldsymbol{B}_{21} & \boldsymbol{B}_{22} \end{pmatrix},$$
按照分块矩阵的乘法规则可得 $\boldsymbol{L}_{11}\boldsymbol{A}_{11} = \boldsymbol{B}_{11}$. 于是有
$$\det(\boldsymbol{B}_{11}) = \det(\boldsymbol{L}_{11}\boldsymbol{A}_{11}) = \det(\boldsymbol{L}_{11})\det(\boldsymbol{A}_{11}) = \det(\boldsymbol{A}_{11}). \blacksquare$$

定理 3.1 若矩阵 $\boldsymbol{A}$ 的各阶顺序主子式 $\det(\boldsymbol{A}_k) \neq 0$ ($k = 1, 2, \cdots, n$),则存在唯一的单位下三角阵 $\boldsymbol{L}$ 和上三角阵 $\boldsymbol{U}$,使得
$$\boldsymbol{A} = \boldsymbol{L}\boldsymbol{U}. \tag{3.6}$$

证 本定理的证明分为两步:先对方阵 $\boldsymbol{A}$ 的阶数用数学归纳法证明分解

的存在性,再证分解的唯一性.

设 A 为方程组的系数矩阵,L 为由乘数 l_{ik} 组成的单位下三角阵,U 为将方程组 $Ax = b$ 化为等价的上三角形方程组的系数矩阵,即

$$L = \begin{pmatrix} 1 & & & \\ l_{21} & 1 & & \\ \vdots & \ddots & \ddots & \\ l_{n1} & \cdots & l_{n,n-1} & 1 \end{pmatrix}, \quad U = \begin{pmatrix} a_{11}^{(0)} & a_{12}^{(0)} & \cdots & a_{1n}^{(0)} \\ & a_{22}^{(1)} & \cdots & a_{2n}^{(1)} \\ & & \ddots & \vdots \\ & & & a_{nn}^{(n-1)} \end{pmatrix}.$$

当 $k = 2$ 时,由于 $a_{11}^{(0)} \neq 0$,有

$$l_{21} = \frac{a_{21}^{(0)}}{a_{11}^{(0)}}, \quad a_{22}^{(1)} = a_{22}^{(0)} - l_{21} a_{12}^{(0)}.$$

于是可得

$$\begin{pmatrix} 1 & \\ l_{21} & 1 \end{pmatrix} \begin{pmatrix} a_{11}^{(0)} & a_{12}^{(0)} \\ & a_{22}^{(1)} \end{pmatrix} = \begin{pmatrix} a_{11}^{(0)} & a_{12}^{(0)} \\ a_{21}^{(0)} & a_{22}^{(0)} \end{pmatrix},$$

即当 $k = 2$ 时成立.

假设在定理 3.1 的条件满足时,分解对 k 阶方阵成立,下证对 $k+1$ 阶方阵也成立. 用 $\overline{A}_k$ 表示 $k+1$ 阶顺序主子阵 A_{k+1} 去掉第 1 行第 1 列后的 k 阶方阵. 由于 A_{k+1} 的各阶顺序主子式不等于零,故 $a_{11}^{(0)} \neq 0$. 以 $a_{11}^{(0)}$ 为主元将方阵 A_{k+1} 的第 1 列其余元素化为零,记使用的 k 个乘数

$$l_{i1} = \frac{a_{i1}^{(0)}}{a_{11}^{(0)}}, \quad k = 2,3,\cdots,k+1$$

组成的列向量为 $m = (l_{21}, l_{31}, \cdots, l_{k+1,1})^T$. 将 A_{k+1} 写成分块的形式:

$$A_{k+1} = \begin{pmatrix} a_{11} & r^T \\ S & \overline{A}_k \end{pmatrix},$$

其中,$S = (a_{21}, a_{31}, \cdots, a_{k+1,1})^T$,$r = (a_{12}, a_{13}, \cdots, a_{1,k+1})^T$. 用消元矩阵 $\begin{pmatrix} 1 & \\ -m & E_k \end{pmatrix}$ 左乘 A_{k+1},得

$$\begin{pmatrix} 1 & \\ -m & E_k \end{pmatrix} \begin{pmatrix} a_{11} & r^T \\ S & \overline{A}_k \end{pmatrix} = \begin{pmatrix} a_{11} & r^T \\ & B_k \end{pmatrix}, \tag{3.7}$$

其中,$B_k = -mr^T + \overline{A}_k$ 为 k 阶方阵,E_k 为 k 阶单位方阵. 由引理 3.1 知,B_k 的各阶主子式不等于零. 再由归纳法假设有 $B_k = \overline{L}_k \overline{U}_k$,$\overline{L}_k$ 为 k 阶单位下三角阵,$\overline{U}_k$ 为上三角阵.

由于消元矩阵 $\begin{pmatrix} 1 & \\ -\boldsymbol{m} & \boldsymbol{E}_k \end{pmatrix}$ 的逆矩阵为 $\begin{pmatrix} 1 & \\ \boldsymbol{m} & \boldsymbol{E}_k \end{pmatrix}$,由(3.7)有

$$\begin{aligned}
\boldsymbol{A}_{k+1} &= \begin{pmatrix} 1 & \\ \boldsymbol{m} & \boldsymbol{E}_k \end{pmatrix} \begin{pmatrix} a_{11} & \boldsymbol{r}^{\mathrm{T}} \\ & \boldsymbol{B}_k \end{pmatrix} = \begin{pmatrix} 1 & \\ \boldsymbol{m} & \boldsymbol{E}_k \end{pmatrix} \begin{pmatrix} a_{11} & \boldsymbol{r}^{\mathrm{T}} \\ & \bar{\boldsymbol{L}}_k \bar{\boldsymbol{U}}_k \end{pmatrix} \\
&= \begin{pmatrix} 1 & \\ \boldsymbol{m} & \boldsymbol{E}_k \end{pmatrix} \begin{pmatrix} 1 & \\ & \bar{\boldsymbol{L}}_k \end{pmatrix} \begin{pmatrix} a_{11} & \boldsymbol{r}^{\mathrm{T}} \\ & \bar{\boldsymbol{U}}_k \end{pmatrix} \\
&= \begin{pmatrix} 1 & \\ \boldsymbol{m} & \bar{\boldsymbol{L}}_k \end{pmatrix} \begin{pmatrix} a_{11} & \boldsymbol{r}^{\mathrm{T}} \\ & \bar{\boldsymbol{U}}_k \end{pmatrix} \\
&= \boldsymbol{L}_{k+1} \boldsymbol{U}_{k+1},
\end{aligned}$$

其中,

$$\boldsymbol{L}_{k+1} = \begin{pmatrix} 1 & \\ \boldsymbol{m} & \bar{\boldsymbol{L}}_k \end{pmatrix}, \quad \boldsymbol{U}_{k+1} = \begin{pmatrix} a_{11} & \boldsymbol{r}^{\mathrm{T}} \\ & \bar{\boldsymbol{U}}_k \end{pmatrix}$$

分别为 $k+1$ 阶单位下三角阵和上三角阵,证明了分解的存在性.

设矩阵 $\boldsymbol{A}$ 在满足定理 3.1 的条件下还有另外的三角分解,即

$$\boldsymbol{A} = \bar{\boldsymbol{L}}\,\bar{\boldsymbol{U}}, \quad \boldsymbol{A} = \boldsymbol{L}\boldsymbol{U},$$

$\bar{\boldsymbol{L}}$ 为单位下三角阵,$\bar{\boldsymbol{U}}$ 为上三角阵.于是有

$$\bar{\boldsymbol{L}}\,\bar{\boldsymbol{U}} = \boldsymbol{L}\boldsymbol{U}.$$

用 $\boldsymbol{L}^{-1}$ 和 $\bar{\boldsymbol{U}}^{-1}$ 分别左乘和右乘上式,得

$$\boldsymbol{L}^{-1}\bar{\boldsymbol{L}} = \boldsymbol{U}\bar{\boldsymbol{U}}^{-1}.$$

由于上式左端为单位下三角阵,而右端为上三角阵,因此有

$$\boldsymbol{L}^{-1}\bar{\boldsymbol{L}} = \boldsymbol{E}, \quad \boldsymbol{U}\bar{\boldsymbol{U}}^{-1} = \boldsymbol{E},$$

即 $\bar{\boldsymbol{L}} = \boldsymbol{L}, \bar{\boldsymbol{U}} = \boldsymbol{U}$. 证明了这种三角分解是唯一的. ∎

定理 3.1 是矩阵三角分解的基本定理,分解式(3.6)称为**矩阵的杜利特尔分解**,也称为**矩阵 $\boldsymbol{A}$ 的 $\boldsymbol{LU}$ 分解**. 定理 3.1 在解线性代数方程组的直接法中起着重要的作用,它是直接法的理论基础. 3.3 节将要介绍的追赶法,3.4 节将要介绍的平方根法都是以 $\boldsymbol{A}$ 的 $\boldsymbol{LU}$ 分解为基础的,只是针对特殊的矩阵,实现三角分解的具体办法不同而已.

另外,利用矩阵 $\boldsymbol{A} = \boldsymbol{LU}$ 容易计算 $\boldsymbol{A}$ 的行列式 $\det(\boldsymbol{A})$. 事实上,

$$\begin{aligned}
\det(\boldsymbol{A}) &= \det(\boldsymbol{LU}) = \det(\boldsymbol{L})\det(\boldsymbol{U}) = \det(\boldsymbol{U}) \\
&= u_{11}u_{22}\cdots u_{nn},
\end{aligned}$$

$u_{ii}(i=1,2,\cdots,n)$ 为上三角矩阵 $\boldsymbol{U}$ 对角线上的元素.

3.2.2 高斯消去法与矩阵的三角分解

对于方程组 $Ax = b$，若 A 满足定理 3.1 的条件，由 (3.6) 有 $A = LU$. 于是，方程组 $Ax = b$ 等价为
$$LUx = b.$$
令 $Ux = y$，则 $Ly = b$. 这样就把求方程组 $Ax = b$ 的解归结为求两个三角形方程组
$$Ly = b, \quad Ux = y$$
的解.

再由于
$$L^{-1}(A, b) = (U, y),$$
可知求方程组 $Ly = b$ 的解 $y = L^{-1}b$ 和对矩阵 A 进行 LU 分解时求矩阵 U 的最后一列的算法完全相同，所以求 y 和求 U 可同时进行. 因此，消元过程就是将方程组的增广矩阵 (A, b) 进行 LU 分解的过程，即
$$(A, b) = L(U, y), \tag{3.8}$$
而回代过程就是求上三角形方程组 $Ux = y$ 的解.

例如，3.1 节中的例 3.1，由 (3.5) 可知，方程组的增广矩阵 (A, b)、乘数矩阵 L 以及 U 和 y 分别为

$$(A, b) = \begin{pmatrix} 2 & 3 & 4 & \vdots & 6 \\ 3 & 5 & 2 & \vdots & 5 \\ 4 & 3 & 30 & \vdots & 32 \end{pmatrix}, \quad L = \begin{pmatrix} 1 & & \\ \frac{3}{2} & 1 & \\ 2 & -6 & 1 \end{pmatrix},$$

$$U = \begin{pmatrix} 2 & 3 & 4 \\ & \frac{1}{2} & -4 \\ & & -2 \end{pmatrix}, \quad y = \begin{pmatrix} 6 \\ -4 \\ -4 \end{pmatrix}.$$

容易验证：$(A, b) = L(U, y)$，再由 $Ux = y$ 得方程组的解：
$$x_1 = -13, \quad x_2 = 8, \quad x_3 = 2.$$

由此可知，求方程组 $Ax = b$ 的解，只需将增广矩阵 (A, b) 进行 $L, (U, y)$ 分解，再求 $Ux = y$ 即得.

3.2.3 杜利特尔分解法

设方程组 $Ax = b$ 的系数矩阵 A 的各阶主子式 $\det(A_k) \neq 0$ ($k = 1, 2, \cdots, n$)，则由定理 3.1，存在唯一的杜利特尔分解. $A = LU$，其中

$$L = \begin{pmatrix} 1 & & & \\ l_{21} & 1 & & \\ \vdots & \ddots & \ddots & \\ l_{n1} & \cdots & l_{n,n-1} & 1 \end{pmatrix}, \quad U = \begin{pmatrix} u_{11} & u_{12} & \cdots & u_{1n} \\ & u_{22} & \cdots & u_{2n} \\ & & \ddots & \vdots \\ & & & u_{nn} \end{pmatrix}.$$

杜利特尔分解法是根据系数矩阵 A 的元素直接计算 L 和 U 的元素来进行分解的方法. 它的计算顺序是：第 1 步求 U 的第 1 行和 L 的第 1 列元素，第 2 步求 U 的第 2 行和 L 的第 2 列元素，依次类推，直到求出 U 的第 n 行元素.

由矩阵的乘法规则可知，矩阵 A 的第 i 行第 j 列元素 a_{ij} 等于矩阵 L 的第 i 行（记 $l_{ii}=1$）$(l_{i1},\cdots,l_{ii},0,\cdots,0)$ 乘以矩阵 U 的第 j 列 $(u_{1j},\cdots,u_{jj},0,\cdots,0)^{\mathrm{T}}$，记 $r=\min\{i,j\}$，则有

$$a_{ij} = \sum_{p=1}^{r} l_{ip} u_{pj}, \quad i=1,2,\cdots,n, \; j=1,2,\cdots,n. \tag{3.9}$$

令 $i=1$，则 $r=1$，注意到 $l_{11}=1$，由 (3.9) 可得

$$a_{1j} = u_{1j}, \quad j=1,2,\cdots,n.$$

令 $j=1$，有 $r=1$，由 (3.9) 又可求得 l_{i1}. 于是获得了矩阵 U 的第 1 行和 L 的第 1 列的计算公式

$$\begin{cases} u_{1j} = a_{1j}, & j=1,2,\cdots,n, \\ l_{i1} = \dfrac{a_{i1}}{u_{11}}, & i=2,3,\cdots,n. \end{cases} \tag{3.10}$$

再令 $i=k$，且 $r=k$，对于 $k=2,3,\cdots,n$，由 (3.9) 有

$$a_{kj} = \sum_{p=1}^{k-1} l_{kp} u_{pj} + u_{kj}, \quad j=k,k+1,\cdots,n.$$

令 $j=k$，且 $r=k$，对于 $k=2,\cdots,n-1$，由 (3.9) 有

$$a_{ik} = \sum_{p=1}^{k-1} l_{ip} u_{pk} + l_{ik} u_{kk}, \quad i=k+1,k+2,\cdots,n.$$

由上述两式，可得计算 U 的第 k 行 ($k=2,3,\cdots,n$)、L 的第 k 列 ($k=2,3,\cdots,n-1$) 元素的公式如下：

$$\begin{cases} u_{kj} = a_{kj} - \sum_{p=1}^{k-1} l_{kp} u_{pj}, & j=k,k+1,\cdots,n, \\ l_{ik} = \dfrac{a_{ik} - \sum_{p=1}^{k-1} l_{ip} u_{pk}}{u_{kk}}, & i=k+1,k+2,\cdots,n. \end{cases} \tag{3.11}$$

综上所述，利用杜利特尔分解法求解方程组 $Ax=b$，只需在 $A=LU$ 分解的基础上，依次求解三角形方程组 $Ly=b$，$Ux=y$ 即可. 杜利特尔分解法

的计算步骤如下：

1 利用公式(3.10)和(3.11)求出 U 和 L 的元素 u_{ki} 和 l_{ik}.
2 求解单位下三角形方程组 $Ly = b$，即按公式

$$\begin{cases} y_1 = b_1, \\ y_k = b_k - \sum_{j=1}^{k-1} l_{kj} y_j, \quad k = 2, 3, \cdots, n \end{cases} \quad (3.12)$$

求出 $y_1, y_2, \cdots, y_n$.

3 求解上三角形方程组 $Ux = y$，即按公式

$$\begin{cases} x_n = \dfrac{y_n}{u_{nn}}, \\ x_k = \dfrac{y_k - \sum_{j=k+1}^{n} u_{kj} x_j}{u_{kk}}, \quad k = n-1, n-2, \cdots, 1 \end{cases} \quad (3.13)$$

可求得方程组的解 $x_n, x_{n-1}, \cdots, x_1$.

杜利特尔分解法也称为**直接三角分解法**，它的一个主要优点是：在实现 $A = LU$ 分解后，解具有相同系数矩阵的方程组 $Ax = b_i$ ($i = 1, 2, \cdots, m$)，非常方便，每解一个方程组只需用(3.12)和(3.13)解两个三角形方程组即可，大大地减少了运算工作量. 另外，矩阵 L 和 U 的元素可采用紧凑格式存放在系数矩阵 A 的相应元素的位置上，节省了存储单元. 杜利特尔分解的程序框图如图 3-2 所示，其中 L 的第 j 列和 U 的第 k 行元素的计算公式分别是

$$l_{ij} = \begin{cases} \dfrac{a_{i1}}{u_{11}}, & j = 1, \\ \dfrac{a_{ij} - \sum_{p=1}^{i-1} l_{ip} u_{pj}}{u_{jj}}, & j > 1, \end{cases}$$

$$u_{kj} = a_{kj} - \sum_{p=1}^{k-1} l_{kp} u_{pj}.$$

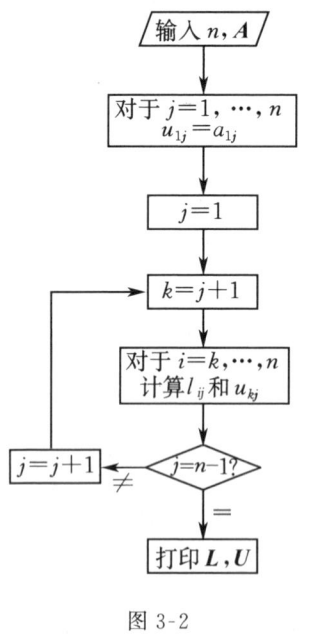

图 3-2

例 3.5 用杜利特尔分解法解 $Ax = b$，并求 $\det(A)$，其中

$$\boldsymbol{A} = \begin{pmatrix} 2 & 1 & 5 \\ 4 & 1 & 12 \\ -2 & -4 & 5 \end{pmatrix}, \quad \boldsymbol{b}_1 = \begin{pmatrix} 11 \\ 27 \\ 12 \end{pmatrix}, \quad \boldsymbol{b}_2 = \begin{pmatrix} 1 \\ 0 \\ -3 \end{pmatrix}.$$

解 按公式(3.10)计算 $\boldsymbol{U}$ 的第 1 行和 $\boldsymbol{L}$ 的第 1 列元素,有

$$u_{11} = 2, \quad u_{12} = 1, \quad u_{13} = 5;$$

$$l_{21} = \frac{a_{21}}{u_{11}} = 2, \quad l_{31} = \frac{a_{31}}{u_{11}} = -1.$$

再按公式(3.11)计算,得 $\boldsymbol{U}$ 的第 2 行、第 3 行和 $\boldsymbol{L}$ 的第 2 列元素:

$$u_{22} = a_{22} - l_{21}u_{12} = -1, \quad u_{23} = a_{23} - l_{21}u_{13} = 2,$$

$$l_{32} = \frac{a_{32} - l_{31}u_{12}}{u_{22}} = 3, \quad u_{33} = a_{33} - (l_{31}u_{13} + l_{32}u_{23}) = 4.$$

从而完成了 $\boldsymbol{A} = \boldsymbol{LU}$ 分解,

$$\boldsymbol{L} = \begin{pmatrix} 1 & & \\ 2 & 1 & \\ -1 & 3 & 1 \end{pmatrix}, \quad \boldsymbol{U} = \begin{pmatrix} 2 & 1 & 5 \\ & -1 & 2 \\ & & 4 \end{pmatrix}.$$

求解方程组 $\boldsymbol{Ly}_1 = \boldsymbol{b}_1$,得解:

$$y_{11} = 11, \quad y_{12} = 5, \quad y_{13} = 8;$$

求解方程组 $\boldsymbol{Ux}_1 = \boldsymbol{y}_1$,得解:

$$x_{13} = 2, \quad x_{12} = -1, \quad x_{11} = 1.$$

求解方程组 $\boldsymbol{Ly}_2 = \boldsymbol{b}_2$,得解:

$$y_{21} = 1, \quad y_{22} = -2, \quad y_{23} = 4;$$

求解方程组 $\boldsymbol{Ux}_2 = \boldsymbol{y}_2$,得解:

$$x_{23} = 1, \quad x_{22} = 4, \quad x_{21} = -4.$$

$\det(\boldsymbol{A}) = \det(\boldsymbol{U}) = u_{11}u_{22}u_{33} = -8.$

3.3 解三对角方程组的追赶法

设所求解的方程组为

$$\begin{cases} b_1 x_1 + c_1 x_2 = r_1, \\ a_2 x_1 + b_2 x_2 + c_2 x_3 = r_2, \\ \quad a_3 x_2 + b_3 x_3 + c_3 x_4 = r_3, \\ \quad \cdots, \\ \quad\quad a_{n-1} x_{n-2} + b_{n-1} x_{n-1} + c_{n-1} x_n = r_{n-1}, \\ \quad\quad\quad a_n x_{n-1} + b_n x_n = r_n, \end{cases} \quad (3.14)$$

用矩阵和向量可表示为 $Ax = r$，即

$$\begin{pmatrix} b_1 & c_1 & & & & \\ a_2 & b_2 & c_2 & & & \\ & a_3 & b_3 & c_3 & & \\ & & \ddots & \ddots & \ddots & \\ & & & a_{n-1} & b_{n-1} & c_{n-1} \\ & & & & a_n & b_n \end{pmatrix} \begin{pmatrix} x_1 \\ x_2 \\ x_3 \\ \vdots \\ x_{n-1} \\ x_n \end{pmatrix} = \begin{pmatrix} r_1 \\ r_2 \\ r_3 \\ \vdots \\ r_{n-1} \\ r_n \end{pmatrix}.$$

具有上述形式的方程组称为**三对角方程组**，该方程组的系数矩阵 A 称为**三对角矩阵**，简称三对角阵.

本节介绍的追赶法仅适合于三对角方程组的求解. 对于这类特殊的方程组，与其他的直接法比较，追赶法具有运算量小和存储量小的优势.

3.3.1 三对角阵能进行三角分解的条件

定理 3.2 设阶数不小于 2 的 n 阶三对角方阵 A 的元素满足条件：

(1) $c_i \neq 0$, $i = 1, 2, \cdots, n-1$;

(2) $|b_1| \geqslant |c_1|$, $|b_n| > |a_n|$, $|b_i| \geqslant |a_i| + |c_i|$, $i = 2, 3, \cdots, n-1$,

则矩阵 A 的各阶主子式不等于零.

证 对矩阵 A 的阶数用数学归纳法证明.

当 $n = 2$ 时，由条件 (1),(2) 可得

$$|\det(A_2)| = |b_1 b_2 - c_1 a_2| \geqslant |b_1||b_2| - |c_1||a_2|$$
$$\geqslant |c_1|(|b_2| - |a_2|) > 0,$$

定理 3.2 的结论成立.

设定理 3.2 对 k 阶方阵成立，用 A_{k+1} 表示方阵 A 的 $k+1$ 阶主子矩阵. 由于 $b_1 \neq 0$，以 $\left(-\dfrac{a_2}{b_1}\right)$ 乘方阵 A_{k+1} 的第 1 行加到它的第 2 行得方阵 B_{k+1}，即

$$A_{k+1} = \begin{pmatrix} b_1 & c_1 & & & & \\ a_2 & b_2 & c_2 & & & \\ & a_3 & b_3 & c_3 & & \\ & & \ddots & \ddots & \ddots & \\ & & & a_k & b_k & c_k \\ & & & & a_{k+1} & b_{k+1} \end{pmatrix} \rightarrow$$

$$\boldsymbol{B}_{k+1} = \begin{pmatrix} b_1 & c_1 & & & & & \\ & b_2 - \dfrac{a_2}{b_1}c_1 & c_2 & & & & \\ & a_3 & b_3 & c_3 & & & \\ & & \ddots & \ddots & \ddots & & \\ & & & & a_k & b_k & c_k \\ & & & & & a_{k+1} & b_{k+1} \end{pmatrix}.$$

将矩阵 $\boldsymbol{B}_{k+1}$ 去掉第 1 行和第 1 列所得到的 k 阶三对角阵记为 $\boldsymbol{B}_k$. 由于 $\boldsymbol{B}_k$ 第 2 行至 k 行与 $\boldsymbol{A}_{k+1}$ 第 3 行至 $k+1$ 行的三对角元素完全相同,故满足定理3.2 的条件. 由于 $\boldsymbol{B}_k$ 第 1 行的元素满足关系:

$$\left| b_2 - \frac{a_2 c_1}{b_1} \right| \geq |b_2| - \frac{|a_2||c_1|}{|b_1|} \geq |b_2| - |a_2| \geq |c_2|,$$

故 k 阶三对角阵 $\boldsymbol{B}_k$ 满足定理 3.2 的条件,由归纳法假设 $\boldsymbol{B}_k$ 的各阶主子式不等于零. 而

$$\det(\boldsymbol{A}_{k+1}) = \det(\boldsymbol{B}_{k+1}) = b_1 \det(\boldsymbol{B}_k),$$

故得 $\boldsymbol{A}_{k+1}$ 的各阶主子式不等于零. ∎

有了定理 3.2 就能保证用杜利特尔分解法求解方程组(3.14),但我们不采用三角分解的方法,而是从方程组(3.14)出发,直接导出求解三对角方程组的公式.

3.3.2 追赶法的递推公式

推导追赶法的基本思想是先将未知元 x_1 用 x_2 表示,x_2 用 x_3 表示,一般地将 x_k 用 x_{k+1} 表示,然后利用已给数据求出 x_n,再逐步回代直到求出 x_1.

由方程组(3.14)的第 1 个方程,将 x_1 用 x_2 表示为 $x_1 = \dfrac{r_1 - c_1 x_2}{b_1}$,记

$$u_1 = \frac{r_1}{b_1}, \quad v_1 = \frac{c_1}{b_1},$$

得

$$x_1 = u_1 - v_1 x_2.$$

将 x_1 的表达式代入(3.14)的第 2 个方程,得 $x_2 = \dfrac{r_2 - u_1 a_2 - c_2 x_3}{b_2 - v_1 a_2}$. 记

$$u_2 = \frac{r_2 - u_1 a_2}{b_2 - v_1 a_2}, \quad v_2 = \frac{c_2}{b_2 - v_1 a_2},$$

得

$$x_2 = u_2 - v_2 x_3.$$

再将 x_2 代入方程组(3.14)的第 3 个方程,一直进行下去可得一般式(其中记 $a_1 = 0, c_n = 0$):

$$\begin{cases} u_k = \dfrac{r_k - u_{k-1} a_k}{b_k - v_{k-1} a_k}, & k = 1, 2, \cdots, n, \\ v_k = \dfrac{c_k}{b_k - v_{k-1} a_k}, & k = 1, 2, \cdots, n-1, \end{cases} \qquad (3.15)$$

$$x_k = u_k - v_k x_{k+1}, \quad k = 1, 2, \cdots, n-1. \qquad (3.16)$$

将 $x_{n-1} = u_{n-1} - v_{n-1} x_n$ 代入方程组(3.14)的第 n 个方程,并解出 x_n 得

$$x_n = \frac{r_n - a_n u_{n-1}}{b_n - a_n v_{n-1}},$$

上式右端恰好是(3.15)的 u_n. 于是,可由(3.16)求三对角方程组的解 x_k,即

$$\begin{cases} x_n = u_n, \\ x_k = u_k - v_k x_{k+1}, \quad k = n-1, n-2, \cdots, 2, 1. \end{cases} \qquad (3.17)$$

我们把利用(3.15)求出 u_k 和 v_k 的过程称为求三对角方程组(3.14)解的**"追"的过程**;而把利用(3.17)求出该方程组解 x_k 的过程称为**"赶"的过程**. 通常,把利用(3.15)和(3.17)求出三对角方程组解的方法称为**追赶法**.

由(3.15)和 3.17)容易算出,追赶法的乘、除运算次数仅为 $5n-4$,加、减运算次数仅为 $3(n-1)$.

例 3.6 解线性方程组

$$\begin{pmatrix} 4 & -1 & \\ -1 & 4 & -1 \\ & -1 & 4 \end{pmatrix} \begin{pmatrix} x_1 \\ x_2 \\ x_3 \end{pmatrix} = \begin{pmatrix} 2 \\ 4 \\ 10 \end{pmatrix}.$$

解 由于方程组为三对角方程组,可用追赶法求解. 由(3.15)计算 u_k,v_k,有

$$u_1 = \frac{1}{2}, \quad v_1 = -\frac{1}{4},$$

$$u_2 = \frac{4 + \dfrac{1}{2}}{4 - \dfrac{1}{4}} = \frac{6}{5}, \quad v_2 = \frac{-1}{4 - \dfrac{1}{4}} = -\frac{4}{15},$$

$$u_3 = \frac{10 + \dfrac{6}{5}}{4 - \dfrac{4}{15}} = 3.$$

再由(3.17)得解

$$\begin{cases} x_3 = u_3 = 3, \\ x_2 = u_2 - v_2 x_3 = 2, \\ x_1 = u_1 - v_1 x_2 = 1. \end{cases}$$

3.4 平方根法和改进的平方根法

在工程技术问题中，常常需要求解系数矩阵为对称正定阵的线性代数方程组. 对于这类方程组，若利用矩阵三角分解的方法求解，就可得到一种很有效的方法，这就是平方根法.

3.4.1 平方根法的理论基础

定理 3.3 设 A 为对称正定阵，则存在唯一的三角分解
$$A = \overline{L}\,\overline{L}^{\mathrm{T}}, \tag{3.18}$$
其中 $\overline{L}$ 为下三角阵，且对角元大于零.

证 由线性代数知识可知，当矩阵 A 为对称正定时，A 的各阶主子式都大于零. 再由定理 3.1 知，存在唯一的杜利特尔分解 $A = LU$. 若以 A_p, L_p, U_p 依次表示 A, L, U 的 p 阶顺序主子阵，则有
$$\det(A_p) = \det(L_p U_p) = \det(L_p)\det(U_p)$$
$$= u_{11} u_{22} \cdots u_{pp} > 0,$$
故有 $u_{pp} > 0 \ (p = 1, 2, \cdots, n)$.

再将 U 分解为对角阵 D 和上三角阵 U_0，即

$$U = DU_0 = \begin{pmatrix} u_{11} & & & \\ & u_{22} & & \\ & & \ddots & \\ & & & u_{nn} \end{pmatrix} \begin{pmatrix} 1 & \dfrac{u_{12}}{u_{11}} & \dfrac{u_{13}}{u_{11}} & \cdots & \dfrac{u_{1n}}{u_{11}} \\ & 1 & \dfrac{u_{23}}{u_{22}} & \cdots & \dfrac{u_{2n}}{u_{22}} \\ & & \ddots & \ddots & \vdots \\ & & & 1 & \dfrac{u_{n-1,n}}{u_{n-1,n-1}} \\ & & & & 1 \end{pmatrix}.$$

由于 A 是对称阵，故有
$$A = A^{\mathrm{T}} = (LDU_0)^{\mathrm{T}} = U_0^{\mathrm{T}} DL^{\mathrm{T}}.$$
此时，U_0^{T} 为单位下三角阵，DL^{T} 为上三角阵，由定理 3.1 知三角分解是唯一的，故有 $U_0^{\mathrm{T}} = L$，即

$$A = LDL^T. \tag{3.19}$$

另外，由于 $u_{ii} > 0$，记

$$D^{\frac{1}{2}} = \begin{pmatrix} \sqrt{u_{11}} & & & \\ & \sqrt{u_{22}} & & \\ & & \ddots & \\ & & & \sqrt{u_{nn}} \end{pmatrix}, \quad \overline{L} = LD^{\frac{1}{2}},$$

则由(3.19)可得

$$A = LD^{\frac{1}{2}}D^{\frac{1}{2}}L^T = \overline{L}\,\overline{L}^T. \qquad \blacksquare$$

将对称正定阵 A 分解为 $A = \overline{L}\,\overline{L}^T$，这种分解称为**乔列斯基**(Cholesky)**分解**.

3.4.2　平方根法的计算公式与计算步骤

利用乔列斯基分解，容易求得下三角阵 $\overline{L}$ 的元素，用 $\overline{l}_{ij}$ 表示 $\overline{L}$ 的元素，且当 $i < j$ 时有 $\overline{l}_{ij} = 0$.

利用(3.18)，由矩阵乘法规则可得

$$a_{ij} = \sum_{p=1}^{j} \overline{l}_{ip}\,\overline{l}_{jp}, \quad i \geqslant j.$$

再由上式，自左向右逐列计算待定元素 $\overline{l}_{ij}$，可得其计算公式：

对于 $j = 1, 2, \cdots, n$，有

$$\overline{l}_{jj} = \left(a_{jj} - \sum_{p=1}^{j-1} \overline{l}_{jp}^{\ 2}\right)^{\frac{1}{2}}, \tag{3.20}$$

$$\overline{l}_{ij} = \frac{a_{ij} - \sum_{p=1}^{j-1} \overline{l}_{ip}\,\overline{l}_{jp}}{\overline{l}_{jj}}, \quad i = j+1, \cdots, n,\ j \neq n. \tag{3.21}$$

这里约定：当求和号 $\sum$ 的上限小于下限时，定义为零.

于是，求对称正定方程组 $Ax = b$ 的解就简化为解两个三角形方程组，即由 $Ax = b$，有 $\overline{L}\,\overline{L}^T x = b$，令 $\overline{L}^T x = y$，得 $\overline{L}y = b$.

我们把利用对称正定阵 A 的乔列斯基分解 $A = \overline{L}\,\overline{L}^T$，来求对称正定方程组 $Ax = b$ 解的方法称为**平方根法**. 其计算步骤如下：

1　对 $j = 1, 2, \cdots, n$，按(3.20)和(3.21)计算下三角阵 $\overline{L}$ 的第 j 列元素.

2　求解下三角形方程 $\overline{L}y = b$；

$$\begin{cases} y_1 = \dfrac{b_1}{\bar{l}_{11}}, \\ y_i = \dfrac{b_i - \sum\limits_{p=1}^{i-1} \bar{l}_{ip} y_p}{\bar{l}_{ii}}, \quad i = 2, 3, \cdots, n. \end{cases} \tag{3.22}$$

3 求解上三角形方程组 $\bar{L}^T x = y$，得解 x：

$$\begin{cases} x_n = \dfrac{y_n}{\bar{l}_{nn}}, \\ x_i = \dfrac{y_i - \sum\limits_{p=i+1}^{n} \bar{l}_{pi} x_p}{\bar{l}_{ii}}, \quad i = n-1, \cdots, 2, 1. \end{cases} \tag{3.23}$$

例 3.7 用平方根法解方程组

$$\begin{pmatrix} 4 & 2 & -2 \\ 2 & 2 & -3 \\ -2 & -3 & 14 \end{pmatrix} \begin{pmatrix} x_1 \\ x_2 \\ x_3 \end{pmatrix} = \begin{pmatrix} 10 \\ 5 \\ 4 \end{pmatrix}.$$

解 容易验证该方程组的系数矩阵为对称正定阵. 由公式(3.20)，(3.21)计算 $\bar{L}$ 的第 1,2,3 列的元素，得

$\bar{l}_{11} = 2, \quad \bar{l}_{21} = 1, \quad \bar{l}_{31} = -1, \quad \bar{l}_{22} = 1, \quad \bar{l}_{32} = -2, \quad \bar{l}_{33} = 3$，

故

$$\bar{L} = \begin{pmatrix} 2 & & \\ 1 & 1 & \\ -1 & -2 & 3 \end{pmatrix}.$$

利用公式(3.22)，求解方程组 $\bar{L} y = b$，得

$y_1 = 5, \quad y_2 = 0, \quad y_3 = 3.$

再利用公式(3.23)，解方程组 $\bar{L}^T x = y$，得原方程组的解为

$x_3 = 1, \quad x_2 = 2, \quad x_1 = 2.$

平方根法的乘、除二次数为 $\dfrac{n}{6}(n^2 + 9n + 2)$，比顺序消去法的数减少了一半. 由于 A 为对称阵，用计算机求解时只需存储 $\dfrac{n(n+1)}{2}$ 个元素. 因此，平方根法对于系数矩阵为对称正定的方程组是一种有效的方法，但由公式(3.20)可以看到，平方根法需要完成 n 次开方运算，有必要对其改进，从而得到改进的平方根法.

3.4.3 改进的平方根法

改进的平方根法是针对(3.20)的开方运算,为避免对角阵 $\boldsymbol{D}^{\frac{1}{2}}$ 的元素开方而构造的. 由平方根法中的分解式(3.19),即

$$\boldsymbol{A} = \boldsymbol{L}\boldsymbol{D}\boldsymbol{L}^{\mathrm{T}},$$

记

$$\boldsymbol{A} = \begin{pmatrix} a_{11} & a_{12} & \cdots & a_{1n} \\ a_{21} & a_{22} & \cdots & a_{2n} \\ \vdots & \vdots & & \vdots \\ a_{n1} & a_{n2} & \cdots & a_{nn} \end{pmatrix}, \quad \boldsymbol{L} = \begin{pmatrix} l_{11} & & & \\ l_{21} & l_{22} & & \\ \vdots & \vdots & \ddots & \\ l_{n1} & l_{n2} & \cdots & l_{nn} \end{pmatrix},$$

$$\boldsymbol{D} = \begin{pmatrix} d_1 & & & \\ & d_2 & & \\ & & \ddots & \\ & & & d_n \end{pmatrix},$$

其中 $l_{ii} = 1 \ (i = 1, 2, \cdots, n)$,由矩阵的乘法可得

$$a_{ij} = \sum_{k=1}^{j} l_{ik} l_{jk} d_k, \quad j \leqslant i.$$

当 $j = i$ 时,由上式可得矩阵 $\boldsymbol{D}$ 的元素:

$$d_i = a_{ii} - \sum_{k=1}^{i-1} l_{ik}^2 d_k, \quad i = 1, 2, \cdots, n; \tag{3.24}$$

当 $j < i$ 时,有

$$a_{ij} = \sum_{k=1}^{j-1} l_{ik} l_{jk} d_k + l_{ij} l_{jj} d_j,$$

可得矩阵 $\boldsymbol{L}$ 的元素:

$$l_{ij} = \frac{a_{ij} - \sum_{k=1}^{j-1} l_{ik} l_{jk} d_k}{d_j}. \tag{3.25}$$

综上所述,将矩阵 $\boldsymbol{A}$ 分解为单位下三角阵 $\boldsymbol{L}$ 和对角矩阵 $\boldsymbol{D}$ 的程序计算步骤如下:

计算 $\quad d_1 = a_{11}, l_{21} = \dfrac{a_{21}}{d_1}$;

对于 $\quad p = 2, 3, \cdots, n-1,$

计算 $d_p = a_{pp} - \sum_{k=1}^{p-1} l_{pk}{}^2 d_k,$

$i = p+1;$

对于 $j = 1, 2, \cdots, i-1,$

计算 $l_{ij} = \dfrac{a_{ij} - \sum_{k=1}^{j-1} l_{ik} l_{jk} d_k}{d_j};$

$d_n = a_{nn} - \sum_{k=1}^{n-1} l_{pk}{}^2 d_k.$

再由 $\boldsymbol{Ax} = \boldsymbol{b}, \boldsymbol{A} = \boldsymbol{LDL}^{\mathrm{T}}$,可得等价方程组

$$\begin{cases} \boldsymbol{Ly} = \boldsymbol{b}, \\ \boldsymbol{L}^{\mathrm{T}} \boldsymbol{x} = \boldsymbol{D}^{-1} \boldsymbol{y}, \end{cases}$$

其求解公式为

$$y_i = b_i - \sum_{k=1}^{i-1} l_{ik} y_k, \quad i = 1, 2, \cdots, n, \tag{3.26}$$

$$x_i = \dfrac{y_i}{d_i} - \sum_{k=i+1}^{n} l_{ki} x_k, \quad i = n, n-1, \cdots, 1. \tag{3.27}$$

我们把利用公式(3.24),(3.25)和(3.26),(3.27)求对称正定方程组解的方法称为**改进的平方根法**.容易算出改进的平方根法,乘除运算次数仍约为 $\dfrac{n^3}{6}$,但减少了开方运算,是求解对称正定方程组一种很有效的方法.

例 3.8 用改进的平方根法求解例 3.7.

解 由于

$$\boldsymbol{A} = \begin{pmatrix} 4 & 2 & -2 \\ 2 & 2 & -3 \\ -2 & -3 & 14 \end{pmatrix}, \quad \boldsymbol{b} = \begin{pmatrix} 10 \\ 5 \\ 4 \end{pmatrix}.$$

相继用公式(3.24),(3.25)可得 $\boldsymbol{D}, \boldsymbol{L}$ 的元素分别为

$$d_1 = a_{11} = 4, \quad l_{21} = \dfrac{a_{21}}{d_1} = \dfrac{1}{2}, \quad d_2 = a_{22} - l_{21}{}^2 d_1 = 1,$$

$$l_{31} = \dfrac{a_{31}}{d_1} = -\dfrac{1}{2}, \quad l_{32} = \dfrac{a_{32} - l_{31} l_{21} d_1}{d_2} = -2,$$

$$d_3 = a_{33} - l_{31}{}^2 d_1 - l_{32}{}^2 d_2 = 9.$$

故矩阵 $\boldsymbol{L}$ 和 $\boldsymbol{D}$ 分别为

$$L = \begin{pmatrix} 1 & & \\ \frac{1}{2} & 1 & \\ -\frac{1}{2} & -2 & 1 \end{pmatrix}, \quad D = \begin{pmatrix} 4 & & \\ & 1 & \\ & & 9 \end{pmatrix}.$$

分别用公式(3.26),(3.27)求解 $Ly = b, L^T x = D^{-1} y$,得

$$y_1 = 10, \quad y_2 = 0, \quad y_3 = 9; \quad x_3 = 1, \quad x_2 = 2, \quad x_1 = 2.$$

3.5 线性代数方程组的性态

前面介绍的直接法是在假定原始数据无误差和数值运算无舍入误差的情形下,通过有限步求方程组准确解的方法.但是,对于用计算机求解方程组 $Ax = b$,这种假设几乎是不可能的,通常都是在系数矩阵 A 有误差 δA,或右端项 b 有误差 δb 的情形下,求出方程组

$$(A + \delta A)x = (b + \delta b)$$

的近似解 $\hat{x}$. 这就需要讨论方程组本身在 A 和 b 有误差时对解的影响,即方程组的性态. 要讨论近似解与准确解在系数矩阵和右端向量有误差时解向量误差的大小,就需要对向量和矩阵的大小进行度量,即引进向量范数和矩阵范数的概念. 本节先介绍向量范数和矩阵范数,然后利用范数对方程组的性态进行分析.

3.5.1 向量范数

定义 3.2 设向量 $x \in \mathbf{R}^n$,称对应于 x 且满足下列三个条件的实数为 x 的范数(或模),记为 $\|x\|$:

(1) 当 $x \neq \mathbf{0}$ 时,$\|x\| > 0$;当且仅当 $x = \mathbf{0}$ 时,$\|x\| = 0$.

(2) 对任意实数 c 及实向量 x 有 $\|cx\| = |c| \|x\|$.

(3) 对任意实向量 x, y 有
$$\|x + y\| \leqslant \|x\| + \|y\|.$$

容易验证,对于向量 $x \in \mathbf{R}^n$,由向量的分量定义的以下三个非负实数的确是向量范数:

$$\|x\|_\infty = \max\{|x_1|, |x_2|, \cdots, |x_n|\} \quad (\text{无穷范数}),$$

$$\|x\|_1 = |x_1| + |x_2| + \cdots + |x_n| \quad (1\text{-范数}),$$

$$\|x\|_2 = (x_1^2 + x_2^2 + \cdots + x_n^2)^{\frac{1}{2}} \quad (2\text{-范数}).$$

例如，验证实数 $\|x\|_2$ 满足向量范数的三个条件.

当 $x \neq \mathbf{0}$ 时，数 $\|x\|_2 > 0$；当且仅当 $x = \mathbf{0}$ 时，数 $\|x\|_2 = 0$，即数 $\|x\|_2$ 满足条件(1).

用实数 c 乘以向量 x 有 $cx = (cx_1, cx_2, \cdots, cx_n)^T$，故有

$$\|cx\|_2 = [(cx_1)^2 + (cx_2)^2 + \cdots + (cx_n)^2]^{\frac{1}{2}} = |c| \|x\|_2,$$

满足向量范数的条件(2).

设 $x \in \mathbf{R}^n$，$y \in \mathbf{R}^n$，由线性代数中的柯西-许瓦兹(Cauchy-Schwarz)不等式

$$\langle x, y \rangle^2 \leqslant \langle x, x \rangle \cdot \langle y, y \rangle, \tag{3.28}$$

(这里符号 $\langle x, y \rangle$ 表示向量 x 和 y 的内积) 有

$$\begin{aligned}
\|x+y\|_2^2 &= \langle x+y, x+y \rangle \\
&= \langle x, x \rangle + 2\langle x, y \rangle + \langle y, y \rangle \\
&\leqslant \|x\|_2^2 + 2\|x\|_2 \|y\|_2 + \|y\|_2^2 \\
&= (\|x\|_2 + \|y\|_2)^2,
\end{aligned}$$

所以，$\|x+y\|_2 \leqslant \|x\|_2 + \|y\|_2$，即非负实数 $\|x\|_2$ 为对应于向量 x 的一种范数，称为 **2-范数**. 另外两种范数的验证类似.

上面三种范数是向量空间 $\mathbf{R}^n$ 中的常用范数，因此称为 $\mathbf{R}^n$ 中的**基本范数**.

定义 3.3 设 $\|x\|_t$，$\|x\|_s$ 是 $\mathbf{R}^n$ 中向量 x 的任意两种范数. 若存在正数 m 和 M 使得对一切非零向量 x 恒有

$$m\|x\|_s \leqslant \|x\|_t \leqslant M\|x\|_s,$$

则称范数 $\|x\|_s$ 与 $\|x\|_t$ **等价**.

容易验证三种基本向量范数满足以下关系式：

$$\|x\|_2 \leqslant \|x\|_1 \leqslant \sqrt{n} \|x\|_2, \tag{3.29}$$

$$\|x\|_\infty \leqslant \|x\|_1 \leqslant n \|x\|_\infty, \tag{3.30}$$

$$\|x\|_\infty \leqslant \|x\|_2 \leqslant \sqrt{n} \|x\|_\infty. \tag{3.31}$$

我们利用向量范数的定义和柯西-许瓦兹不等式(3.28)证明关系式(3.29)，其余关系式的证明留作练习.

事实上，设 $x = (x_1, x_2, \cdots, x_n)^T$，$y = (1, 1, \cdots, 1)^T$，$z = (|x_1|, |x_2|, \cdots, |x_n|)^T$，由(3.28)，有

$$|\langle y, z \rangle| \leqslant \langle y, y \rangle^{\frac{1}{2}} \cdot \langle z, z \rangle^{\frac{1}{2}},$$

由内积的定义，有

$$\|x\|_1 \leqslant \sqrt{n}\|x\|_2.$$

另外,由于

$$\left(\sum_{i=1}^n |x_i|\right)^2 \geqslant \sum_{i=1}^n |x_i|^2,$$

所以又有 $\|x\|_2 \leqslant \|x\|_1$.

综上所述,证得关系式(3.29).

由定义 3.3 可知,关系式(3.29),(3.30),(3.31) 表明 $\mathbf{R}^n$ 中的三种基本向量范数是等价的. 事实上,可以证明向量空间 $\mathbf{R}^n$ 中的任意两种范数都是等价的.

3.5.2 矩阵范数

定义 3.4 设 A 为 n 阶方阵,$x \in \mathbf{R}^n$,由

$$\|A\| = \max_{x \neq 0} \frac{\|Ax\|}{\|x\|} \tag{3.32}$$

所定义的实数称为矩阵 A 的**范数**.

由(3.32)定义的矩阵范数,是向量空间 $\mathbf{R}^n$ 中两个向量范数 $\|Ax\|$ 与 $\|x\|$ 之比,当 $x \in \mathbf{R}^n$ 时取最大值所得到的实数. 因此也称为**由向量范数导出的矩阵范数**,且(3.32)可等价地表示为

$$\|A\| = \max_{\|x\|=1} \|Ax\|. \tag{3.33}$$

事实上,由向量范数的定义 3.2 和(3.32),有

$$\|A\| = \max_{x \neq 0} \left\| A \frac{x}{\|x\|} \right\|,$$

令 $y = \dfrac{x}{\|x\|}$,则 $\|y\| = 1$,上式成为

$$\|A\| = \max_{\|y\|=1} \|Ay\|,$$

即为(3.33).

由矩阵范数的定义 3.4,容易得到 n 阶方阵 A 的范数具有下列性质:

性质 1 当 $A \neq O$ 时,$\|A\| > 0$;当且仅当 $A = O$ 时,$\|A\| = 0$.

性质 2 设 c 为实数,则 $\|cA\| = |c| \|A\|$.

性质 3 对于 $A, B \in \mathbf{R}^{n \times n}$,有 $\|A + B\| \leqslant \|A\| + \|B\|$.

性质 4 对于 $x \in \mathbf{R}^n$,有 $\|Ax\| \leqslant \|A\| \|x\|$.

性质 5 对于 $A, B \in \mathbf{R}^{n \times n}$，有 $\|AB\| \leqslant \|A\| \|B\|$.

这些性质由向量范数和矩阵范数的定义很容易得到，下面仅证性质 4 和性质 5.

证 由 (3.32)，有
$$\|A\| = \max_{x \neq 0} \frac{\|Ax\|}{\|x\|} \geqslant \frac{\|Ax\|}{\|x\|},$$

移除作乘得
$$\|A\| \|x\| \geqslant \|Ax\|,$$

证明了性质 4. 由 (3.32)，并利用性质 4，有
$$\|AB\| = \max_{x \neq 0} \frac{\|ABx\|}{\|x\|} \leqslant \max_{x \neq 0} \frac{\|A\| \|Bx\|}{\|x\|} = \|A\| \|B\|,$$

证明了性质 5. ∎

由 (3.32) 可以看到，用矩阵范数的定义求矩阵的范数几乎是不可能的. 那么如何求矩阵的范数呢？定理 3.4 给出了用矩阵的元素直接计算矩阵范数的方法.

定理 3.4 设 $x \in \mathbf{R}^n$，A 为 n 阶方阵，则有

(1) $\|A\|_\infty = \max_{1 \leqslant i \leqslant n} \sum_{j=1}^{n} |a_{ij}|$; (3.34)

(2) $\|A\|_1 = \max_{1 \leqslant j \leqslant n} \sum_{i=1}^{n} |a_{ij}|$; (3.35)

(3) $\|A\|_2 = $ (方阵 $A^\mathrm{T} A$ 的最大特征值)$^{\frac{1}{2}}$. (3.36)

证* 先证 (1). 采用矩阵范数的等价定义 (3.33). 设 $\mu = \max\limits_{1 \leqslant i \leqslant n} \sum\limits_{j=1}^{n} |a_{ij}|$ 且 $\|x\|_\infty = 1$，由矩阵与向量的乘法有
$$Ax = \left(\sum_{j=1}^{n} a_{1j} x_j, \sum_{j=1}^{n} a_{2j} x_j, \cdots, \sum_{j=1}^{n} a_{nj} x_j \right)^\mathrm{T}.$$

由向量范数的定义 3.2 和不等式性质可得
$$\|Ax\|_\infty = \max_{1 \leqslant i \leqslant n} \left| \sum_{j=1}^{n} a_{ij} x_j \right| \leqslant \max_{1 \leqslant i \leqslant n} \sum_{j=1}^{n} |a_{ij}| |x_j|$$
$$\leqslant \left(\max_{1 \leqslant i \leqslant n} \sum_{j=1}^{n} |a_{ij}| \right) \left(\max_{1 \leqslant j \leqslant n} |x_j| \right)$$
$$= \mu \|x\|_\infty,$$

所以

$$\|A\|_\infty = \max_{\|x\|_\infty=1} \|Ax\|_\infty \leqslant \mu. \tag{3.37}$$

另外,设方阵 A 的第 k 行元素的绝对值之和等于 μ,即

$$\sum_{j=1}^n |a_{kj}| = \max_{1\leqslant i\leqslant n} \sum_{j=1}^n |a_{ij}| = \mu.$$

构造向量 z:当 $a_{kj} \geqslant 0$ 时,z 的第 j 个分量等于 1;当 $a_{kj} < 0$ 时,z 的第 j 个分量等于 -1. 由此可知 $\|z\|_\infty = 1$,而

$$\|Az\|_\infty = \sum_{j=1}^n |a_{kj}| = \mu.$$

上式说明,不等式(3.37)当取向量 x 为 z 时,等号成立,因此有 $\|A\|_\infty = \mu$,证明了(3.34).

类似地可证明(3.35). 下面证明(3.36).

由线性代数知识可知,矩阵 $A^{\mathrm{T}}A$ 为对称半正定阵,且对于 $x \in \mathbf{R}^n$,有

$$\|Ax\|_2^2 = \langle Ax, Ax\rangle = \langle A^{\mathrm{T}}Ax, x\rangle \geqslant 0.$$

设 $A^{\mathrm{T}}A$ 的特征值为 $\lambda_1 \geqslant \lambda_2 \geqslant \cdots \geqslant \lambda_n \geqslant 0$,相应的特征向量为 $e_1, e_2, \cdots, e_n$,即有

$$Ae_i = \lambda_i e_i, \quad i = 1, 2, \cdots, n,$$

且这些特征向量两两正交,故有

$$\langle e_i, e_j\rangle = \begin{cases} 1, & i = j, \\ 0, & i \neq j. \end{cases}$$

设 $x \in G = \{x \mid \|x\|_2 = 1\}$,由于 $e_1, e_2, \cdots, e_n$ 为 $\mathbf{R}^n$ 中的一组正交基,从而有

$$x = x_1 e_1 + x_2 e_2 + \cdots + x_n e_n,$$

故有

$$A^{\mathrm{T}}Ax = \lambda_1 x_1 e_1 + \lambda_2 x_2 e_2 + \cdots + \lambda_n x_n e_n.$$

于是

$$\|Ax\|_2^2 = \langle A^{\mathrm{T}}Ax, x\rangle = \sum_{i=1}^n \lambda_i x_i^2 \leqslant \lambda_1 \|x\|_2^2.$$

由矩阵范数的定义,有

$$\|A\|_2 = \max_{\|x\|_2=1} \|Ax\|_2 \leqslant \sqrt{\lambda_1}. \tag{3.38}$$

特别地,当 $x = e_1$ 时,有

$$\frac{\|Ae_1\|_2}{\|e_1\|_2} = \sqrt{\lambda_1},$$

即不等式(3.38)中的等号成立,故有

$$\|A\|_2 = \max_{\|x\|_2=1} \|Ax\|_2 = \sqrt{\lambda_1}.$$

即证明了(3.36).

定义 3.5 设 λ_i 是方阵 B 的任一特征值，实数

$$\rho(B) = \max_{1 \leqslant i \leqslant n} |\lambda_i|$$

称为方阵 B 的**谱半径**.

由定义 3.5，有 $\|A\|_2 = \sqrt{\rho(A^T A)}$，既然 $\|A\|_2$ 为 $A^T A$ 的谱半径的开方，通常称 $\|A\|_2$ 为矩阵 A 的**谱范数**. 又由于 $\|A\|_\infty (\|A\|_1)$ 等于 A 的每一行(列)元素的绝对值之和中的最大者，故称 $\|A\|_\infty$ 为矩阵 A 的**行范数**，$\|A\|_1$ 称为矩阵 A 的**列范数**.

例 3.9 设 $A = \begin{pmatrix} 1 & -2 \\ -3 & 4 \end{pmatrix}$，求 A 的三种范数.

解 $\|A\|_\infty = \max\{1+2, 3+4\} = 7$，以及

$$\|A\|_1 = \max\{1+3, 2+4\} = 6.$$

由于 $A^T A = \begin{pmatrix} 10 & -14 \\ -14 & 20 \end{pmatrix}$，故有

$$|\lambda E - A^T A| = \begin{vmatrix} \lambda - 10 & 14 \\ 14 & \lambda - 20 \end{vmatrix} = \lambda^2 - 30\lambda + 4 = 0,$$

$$\lambda_{1,2} = 15 \pm \sqrt{221}, \quad \rho(A^T A) = 15 + \sqrt{221},$$

所以

$$\|A\|_2 = \sqrt{15 + \sqrt{221}} \approx 5.46.$$

3.5.3 线性代数方程组的性态

例 3.10 讨论方程组 $Ax = b$ 的右端有误差时对方程组解的影响，其中，

$$A = \begin{pmatrix} \frac{1}{2} & \frac{1}{3} & \frac{1}{4} \\ \frac{1}{3} & \frac{1}{4} & \frac{1}{5} \\ \frac{1}{4} & \frac{1}{5} & \frac{1}{6} \end{pmatrix}, \quad x = \begin{pmatrix} x_1 \\ x_2 \\ x_3 \end{pmatrix}, \quad b = \begin{pmatrix} b_1 \\ b_2 \\ b_3 \end{pmatrix}.$$

解 通过不带舍入误差的直接计算，可得该方程组的精确解为

$$\begin{cases} x_1 = 72b_1 - 240b_2 + 180b_3, \\ x_2 = -240b_1 + 900b_2 - 720b_3, \\ x_3 = 180b_1 - 720b_2 + 600b_3. \end{cases} \quad (3.39)$$

设右端项 b 的每个分量产生了 ε 的误差,即
$$\hat{b} = (b_1 + \varepsilon, b_2 - \varepsilon, b_3 + \varepsilon)^T.$$

将 $\hat{b}$ 代入(3.39),容易得到方程组 $A\hat{x} = \hat{b}$ 的解,再与方程组 $Ax = b$ 的解 (3.39) 相减,可得解的误差向量:
$$\delta x = \hat{x} - x = (492\varepsilon, -1\,860\varepsilon, 1\,500\varepsilon)^T.$$

由例 3.10 可以看到,当方程组的右端项只不过发生 $|\varepsilon|$ 的误差时,解向量的分量所产生的误差却高于 $|\varepsilon|$ 的 1 860 倍。像这种右端向量 b 或系数矩阵 A 的微小变化就引起方程组 $Ax = b$ 的解发生很大变化的方程组称为**"病态"方程组**. 对于这样的方程组, 本章介绍的直接法在用计算机实现时都会失败. 因此, 有必要对方程组的性态进行研究.

我们用 δA 表示由系数矩阵 A 的元素的误差所组成的矩阵, 用 δb 和 δx 分别表示右端元素的误差和解的误差所组成的向量.

本段将介绍当 A 有扰动 δA 和 b 有扰动 δb 时, 方程组 $Ax = b$ 解的相对误差 $\dfrac{\|\delta x\|}{\|x\|}$ 与 A 的相对误差 $\dfrac{\|\delta A\|}{\|A\|}$ 和 b 的相对误差 $\dfrac{\|\delta b\|}{\|b\|}$ 之间的关系.

引理 3.2 设方阵 B 的某种范数 $\|B\| < 1$, 则 $E \pm B$ 非奇异且
$$\|(E \pm B)^{-1}\| \leqslant \frac{1}{1 - \|B\|}. \tag{3.40}$$

证 采用反证法. 设 $E \pm B$ 是奇异方阵, 则存在非零向量 x, 是齐次方程组 $(E \pm B)x = 0$ 的解, 故有
$$x = \mp Bx.$$
对上式两边取范数, 由矩阵范数的性质 4 可得
$$\|x\| = \|Bx\| \leqslant \|B\|\|x\|.$$
由于 $\|x\| > 0$, 故得 $\|B\| \geqslant 1$, 与引理 3.2 的假设矛盾, 所以 $E \pm B$ 非奇异, 且存在逆矩阵 $(E \pm B)^{-1}$.

又由于 $(E \pm B)^{-1}(E \pm B) = E$, 故有
$$(E \pm B)^{-1} = E \mp (E \pm B)^{-1}B,$$
所以
$$\|(E \pm B)^{-1}\| \leqslant 1 + \|(E \pm B)^{-1}\|\|B\|.$$
由假定 $1 - \|B\| > 0$, 将上式移项即得(3.40). ∎

推论 若 A 为非奇异方阵, 且 $\|A^{-1}\|\|\delta A\| < 1$, 则方阵 $A + \delta A$ 非奇异.

证 因为

$$\|A^{-1}\delta A\| \leqslant \|A^{-1}\|\|\delta A\| < 1,$$

由引理 3.2 得 $E+A^{-1}\delta A$ 是非奇异方阵，即

$$\det(E+A^{-1}\delta A) \neq 0.$$

再由 A 非奇异可知

$$A+\delta A = A(E+A^{-1}\delta A).$$

两边取行列式，有

$$\det(A+\delta A) = \det(A)\det(E+A^{-1}\delta A) \neq 0,$$

即 $A+\delta A$ 为非奇异方阵，证得推论．

定理 3.5 设 A 为非奇异方阵且 $Ax = b \neq 0$．

（1）若

$$(A+\delta A)(x+\delta x) = b, \tag{3.41}$$

则当 $\|A^{-1}\|\|\delta A\| < 1$ 时，有

$$\frac{\|\delta x\|}{\|x\|} \leqslant \frac{\|A\|\|A^{-1}\|\frac{\|\delta A\|}{\|A\|}}{1-\|A\|\|A^{-1}\|\frac{\|\delta A\|}{\|A\|}}. \tag{3.42}$$

（2）若 $A(x+\delta x) = b+\delta b$，则

$$\frac{\|\delta x\|}{\|x\|} \leqslant \|A\|\|A^{-1}\|\frac{\|\delta b\|}{\|b\|}. \tag{3.43}$$

（3）若 $(A+\delta A)(x+\delta x) = b+\delta b$，则当 $\|A^{-1}\|\|\delta A\| < 1$ 时，有

$$\frac{\|\delta x\|}{\|x\|} \leqslant \frac{\|A\|\|A^{-1}\|}{1-\{\|A\|\|A^{-1}\|\}\frac{\|\delta A\|}{\|A\|}}\left(\frac{\|\delta b\|}{\|b\|}+\frac{\|\delta A\|}{\|A\|}\right).$$

$$\tag{3.44}$$

证* 仅给出(3.42)的证明，(3.43)，(3.44)的证明类似．

对于情形(1)，由推论可知，方程 $A+\delta A$ 非奇异，因此扰动方程组(3.41)存在唯一解．将方程组(3.41)与 $Ax=b$ 相减，得 $A\cdot\delta x = -\delta A(x+\delta x)$，即

$$\delta x = -A^{-1}\cdot\delta A\cdot x - A^{-1}\cdot\delta A\cdot\delta x.$$

对上式两边取范数，并由矩阵范数的性质 4、性质 5 可得

$$\|\delta x\| \leqslant \|A^{-1}\|\|\delta A\|\|x\| + \|A^{-1}\|\|\delta A\|\|\delta x\|.$$

由假定，$1-\|A^{-1}\|\|\delta A\| > 0$，合并同类项得

$$\frac{\|\delta x\|}{\|x\|} \leqslant \frac{\|A^{-1}\|\|\delta A\|}{1-\|A^{-1}\|\|\delta A\|} = \frac{\|A\|\|A^{-1}\|\frac{\|\delta A\|}{\|A\|}}{1-\|A\|\|A^{-1}\|\frac{\|\delta A\|}{\|A\|}}.$$

证明了(3.42).

定理 3.5 实际上给出了当系数矩阵 A 有扰动 δA 和 b 有扰动 δb 时所引起的方程组 $Ax = b$ 解的相对误差的上界. 由(3.42),(3.43),(3.44)可清楚地看到,若与系数矩阵 A 有关的正数 $\|A\|\|A^{-1}\|$ 很大,则当方程组的系数矩阵和右端有相对误差 $\dfrac{\|\delta A\|}{\|A\|}$ 和 $\dfrac{\|\delta b\|}{\|b\|}$ 时,方程组的解将产生相当大的相对误差 $\dfrac{\|\delta x\|}{\|x\|}$. 因此,量 $\|A\|\|A^{-1}\|$ 实际上刻画了方程组的解对原始数据误差的灵敏程度,即刻画了方程组的性态.

定义 3.6 设 A 为非奇异方阵,称数 $\|A\|\|A^{-1}\|$ 为矩阵 A 的**条件数**,记为 $\mathrm{Cond}(A)$,即

$$\mathrm{Cond}(A) = \|A\|\|A^{-1}\|.$$

容易验证条件数具有下列性质:

性质 6 $\mathrm{Cond}(A) \geqslant 1$.

性质 7 对任意常数 $c \neq 0$,有 $\mathrm{Cond}(cA) = \mathrm{Cond}(A)$.

性质 8 设对角阵 $D = \mathrm{diag}(d_1, d_2, \cdots, d_n)$ 非奇异,则

$$\mathrm{Cond}(D) = \frac{\max\limits_{1 \leqslant i \leqslant n} |d_i|}{\min\limits_{1 \leqslant i \leqslant n} |d_i|}.$$

定义 3.7 设 A 是非奇异方阵. 若 $\mathrm{Cond}(A) \gg 1$,则称方程组 $Ax = b$ 为"**病态**"方程组;若 $\mathrm{Cond}(A)$ 相对较小,则称方程组为"**良态**"方程组.

方程组的性态反映了方程组本身的特性. 对于病态方程组,由于计算机字长有限,在运算时会产生误差,用直接法求解将不能得到比较准确的结果. 因此,需要事先对方程组的性态进行分析和判断.

例 3.11 计算例 3.10 中系数矩阵 A 的条件数.

解 由(3.39)可知,例 3.10 中方程组的系数矩阵 A 及其逆矩阵分别为

$$A = \begin{pmatrix} \dfrac{1}{2} & \dfrac{1}{3} & \dfrac{1}{4} \\ \dfrac{1}{3} & \dfrac{1}{4} & \dfrac{1}{5} \\ \dfrac{1}{4} & \dfrac{1}{5} & \dfrac{1}{6} \end{pmatrix}, \quad A^{-1} = \begin{pmatrix} 72 & -240 & 180 \\ -240 & 900 & -720 \\ 180 & -720 & 600 \end{pmatrix}.$$

由定义 3.6 有

$$\operatorname{Cond}(\boldsymbol{A})_\infty = \|\boldsymbol{A}\|_\infty \|\boldsymbol{A}^{-1}\|_\infty$$
$$= \left(\frac{1}{2} + \frac{1}{3} + \frac{1}{4}\right)(240 + 900 + 720)$$
$$= 2\,015.$$

由此可知，例 3.10 中的方程组是病态的，这就是为什么当右端向量的分量有 $|\varepsilon|$ 误差时，会引起解有那样大误差的原因，此类方程组不能用本章介绍的直接法求解．

⌘ 小 结 ⌘

本章介绍了在电子计算机上求解线性代数方程组的几种常用的直接法．

在直接法中最简单的是顺序消去法．列主元消去法由于在消元过程中引进了选主元的技巧，减少了误差对计算结果的影响，因此是一种数值运算较稳定的常用方法．杜利特尔分解法是顺序消去法的变形，若采用"双精度"计算，可获得高于顺序消去法的结果．追赶法和平方根法都是稳定的算法，在工程计算中被广泛应用，它们都是 $\boldsymbol{A} = \boldsymbol{LU}$ 分解的结果．追赶法仅适用于系数矩阵为对角占优的三对角方程组，平方根法仅适用于系数矩阵为对称正定的情形，它们都具有计算量小、存储量也小的优点．

本章在引进向量范数和矩阵范数后，分析了方程组的初始数据在用直接法求解时，误差对方程组解的影响，介绍了条件数的概念以及条件数在判断方程组性态时的应用．范数的有关概念在第四章判断迭代法收敛性时，还将发挥它的重要作用．

▶▶▶ 习 题 三

1. 在 4 位浮点机上分别用顺序消去法和列主元消去法求解方程组
$$\begin{cases} 0.001x_1 + 2.0x_2 + 3.0x_3 = 1, \\ -1.0x_1 + 3.712x_2 + 4.623x_3 = 2, \\ -2.0x_1 + 1.072x_2 + 5.643x_3 = 3, \end{cases}$$
并将所得结果与具有 4 位有效数字的准确解
$$\boldsymbol{x}^* = (-0.490\,4, -0.051\,04, 0.367\,5)^\mathrm{T}$$
进行比较．

2. 用顺序消去法、列主元消去法、全主元消去法求解方程组：

$$\begin{pmatrix} 2 & 3 & 5 \\ 3 & 4 & 7 \\ 1 & 3 & 3 \end{pmatrix} \begin{pmatrix} x_1 \\ x_2 \\ x_3 \end{pmatrix} = \begin{pmatrix} 5 \\ 6 \\ 5 \end{pmatrix}.$$

3. 对矩阵

$$A = \begin{pmatrix} 2 & -1 & -1 \\ 1 & 2 & 0 \\ 1 & 0 & 3 \end{pmatrix}$$

进行 LU 和 LDU_0 分解($L(U_0)$ 分别为单位下(上)三角矩阵,D 为对角阵).

4. 用杜利特尔分解法求解方程组 $Ax = b$,并求行列式 $|A|$ 的值,其中

$$A = \begin{pmatrix} 2 & 1 & -1 \\ 4 & 3 & 0 \\ 6 & 7 & 9 \end{pmatrix}, \quad b = \begin{bmatrix} 6 \\ 15 \\ 34 \end{bmatrix}.$$

5. 用杜利特尔分解法求解下列方程组

$$\begin{pmatrix} 2 & 1 & 1 \\ 8 & 2 & 5 \\ -6 & 1 & -2 \end{pmatrix} \begin{pmatrix} x_1 \\ x_2 \\ x_3 \end{pmatrix} = \begin{pmatrix} 10 \\ 41 \\ -23 \end{pmatrix}.$$

6. 分析下列三个矩阵能否作杜利特尔分解,若能分解,分解式是否唯一?

$$A = \begin{pmatrix} 2 & 1 & 2 \\ -4 & 1 & -3 \\ -6 & -15 & -6 \end{pmatrix}, \quad B = \begin{pmatrix} 1 & 1 & 1 \\ 2 & 2 & 1 \\ 3 & 3 & 1 \end{pmatrix}, \quad C = \begin{pmatrix} 1 & 2 & 3 \\ 2 & 4 & 1 \\ 4 & 6 & 7 \end{pmatrix}.$$

7. 用追赶法求解方程组:

$$\begin{pmatrix} 2 & -1 & & \\ -1 & 2 & -1 & \\ & -1 & 2 & -1 \\ & & -1 & 2 \end{pmatrix} \begin{pmatrix} x_1 \\ x_2 \\ x_3 \\ x_4 \end{pmatrix} = \begin{pmatrix} 0 \\ 0 \\ 0 \\ 5 \end{pmatrix}.$$

8. 画出用追赶法求解三对角方程组的程序框图.

9. 用平方根法和改进的平方根法求解方程组:

$$\begin{cases} 4x_1 + 2x_2 - 2x_3 = 10, \\ 2x_1 + 2x_2 - 3x_3 = 5, \\ -2x_1 - 3x_2 + 14x_3 = 4. \end{cases}$$

10. 设

$$A = \begin{pmatrix} 2 & -4 \\ 1 & -3 \end{pmatrix}, \quad x = \begin{pmatrix} 1 \\ -2 \end{pmatrix},$$

求 $\|x\|_p (p=1,2,\infty)$ 和 $\|A\|_p (p=1,2,\infty)$.

11. 设 $x = (1,-2,3)^T$, $y = (0,2,3)^T$, 计算 x 和 y 的三种基本范数.

12. 设矩阵 A 非奇异, 求证:
$$\|A^{-1}\| \geqslant \frac{1}{\|A\|}.$$

13. 设矩阵 $A = \begin{pmatrix} 1 & 2 \\ 1 & 3 \end{pmatrix}$, 求 A 的谱半径 $\rho(A)$ 及条件数 $\text{Cond}(A)_\infty$.

14. 若矩阵
$$A = \begin{pmatrix} 2a & a & 0 \\ 0 & a & 0 \\ 0 & 0 & a \end{pmatrix},$$

证明: 对任意实数 $a \neq 0$, 方程组 $Ax = b$ 都是非病态的(范数取 $\|A\|_\infty$).

15. 设 A 为任意 n 阶方阵, 证明: $\rho(A) \leqslant \|A\|$.

16. 证明:

(1) $\text{Cond}(A) \geqslant 1$;

(2) 对于正交矩阵 A, 有 $\text{Cond}(A)_2 = 1$.

17. 设 $A = \begin{pmatrix} 3 & 1.011 \\ 6 & 1.995 \end{pmatrix}$, 计算条件数 $\text{Cond}(A)_1, \text{Cond}(A)_\infty$.

18. 分析方程组
$$\begin{cases} 7.0x_1 + 6.99x_2 = 34.97, \\ 4.0x_1 + 4.0x_2 = 20 \end{cases}$$

的性态.

19. 证明(3.30)和(3.31).

第四章 解线性代数方程组的迭代法

第三章介绍的直接法,由于运算过程中的误差积累等原因,在实际应用中仅对阶数不很高的线性代数方程组有效,而对于阶数很高且系数矩阵稀疏的线性代数方程组,迭代法将具有明显的优势.

迭代法是用某种极限过程去逐步地逼近准确解,从而求出方程组具有指定精确度的近似解的方法. 本章仅介绍三种基本的迭代方法,并讨论这些迭代方法收敛的条件.

4.1 三种基本的迭代方法

4.1.1 雅可比(Jacobi) 迭代法

为了书写的方便,仅以 3 阶方程组为例导出其迭代公式,然后推广到一般的 n 阶方程组。

对于 3 阶方程组

$$\begin{cases} a_{11}x_1 + a_{12}x_2 + a_{13}x_3 = b_1, \\ a_{21}x_1 + a_{22}x_2 + a_{23}x_3 = b_2, \\ a_{31}x_1 + a_{32}x_2 + a_{33}x_3 = b_3, \end{cases} \quad (4.1)$$

在假定 $a_{ii} \neq 0\ (i=1,2,3)$ 时可改写为

$$\begin{cases} x_1 = \dfrac{1}{a_{11}}(b_1 \phantom{-a_{21}x_1} - a_{12}x_2 - a_{13}x_3), \\ x_2 = \dfrac{1}{a_{22}}(b_2 - a_{21}x_1 \phantom{-a_{12}x_2} - a_{23}x_3), \\ x_3 = \dfrac{1}{a_{33}}(b_3 - a_{31}x_1 - a_{32}x_2 \phantom{-a_{13}x_3}). \end{cases} \quad (4.2)$$

设方程组(4.1)的准确解为向量 $\boldsymbol{x}^* = (x_1^*, x_2^*, x_3^*)^{\mathrm{T}}$,任取一个向量 $\boldsymbol{x}^{(0)} = (x_1^{(0)}, x_2^{(0)}, x_3^{(0)})^{\mathrm{T}}$ 作为 $\boldsymbol{x}^*$ 的初始近似,将 $\boldsymbol{x}^{(0)}$ 代入(4.2)的右端,求

出的结果记为 $\boldsymbol{x}^{(1)} = (x_1^{(1)}, x_2^{(1)}, x_3^{(1)})^{\mathrm{T}}$，称为**1次近似**. 一般地，在求出了第 m 次近似 $\boldsymbol{x}^{(m)} = (x_1^{(m)}, x_2^{(m)}, x_3^{(m)})^{\mathrm{T}}$ 后，再代入(4.2)的右端可得第 $m+1$ 次近似 $\boldsymbol{x}^{(m+1)}$：

$$\begin{cases} x_1^{(m+1)} = \dfrac{1}{a_{11}}(b_1 - a_{12}x_2^{(m)} - a_{13}x_3^{(m)}), \\ x_2^{(m+1)} = \dfrac{1}{a_{22}}(b_2 - a_{21}x_1^{(m)} - a_{23}x_3^{(m)}), \\ x_3^{(m+1)} = \dfrac{1}{a_{33}}(b_3 - a_{31}x_1^{(m)} - a_{32}x_2^{(m)}). \end{cases} \quad (4.3)$$

(4.3)就是求解方程组(4.1)的**雅可比迭代公式**.

对于 n 阶方程组 $\boldsymbol{Ax} = \boldsymbol{b}$，假定系数矩阵 $\boldsymbol{A}$ 的对角元 $a_{ii} \neq 0$ ($i = 1, 2, \cdots, n$)，类似于(4.3)的推导，可得雅可比迭代格式为

$$\begin{cases} \text{给出初值 } \boldsymbol{x}^{(0)} = (x_1^{(0)}, x_2^{(0)}, \cdots, x_n^{(0)})^{\mathrm{T}}, \\ x_i^{(m+1)} = \dfrac{1}{a_{ii}}\Big(b_i - \sum_{j=1}^{i-1} a_{ij}x_j^{(m)} - \sum_{j=i+1}^{n} a_{ij}x_j^{(m)}\Big) \\ \qquad (i = 1, 2, \cdots, n; \; m = 0, 1, 2, \cdots). \end{cases} \quad (4.4)$$

记 $\boldsymbol{D} = \mathrm{diag}(a_{11}, a_{22}, \cdots, a_{nn})$ 为方程组 $\boldsymbol{Ax} = \boldsymbol{b}$ 的系数矩阵 $\boldsymbol{A}$ 的对角元组成的对角阵，$-\boldsymbol{L}$ 和 $-\boldsymbol{U}$ 分别为由 $\boldsymbol{A}$ 的元素组成的严格下三角阵和严格上三角阵，即

$$-\boldsymbol{L} = \begin{pmatrix} 0 & & & & \\ a_{21} & 0 & & & \\ a_{31} & a_{32} & 0 & & \\ \vdots & \vdots & \ddots & \ddots & \\ a_{n1} & a_{n2} & \cdots & a_{n,n-1} & 0 \end{pmatrix},$$

$$-\boldsymbol{U} = \begin{pmatrix} 0 & a_{12} & a_{13} & \cdots & a_{1n} \\ & 0 & a_{23} & \cdots & a_{2n} \\ & & \ddots & \ddots & \vdots \\ & & & 0 & a_{n-1,n} \\ & & & & 0 \end{pmatrix},$$

则系数矩阵 $\boldsymbol{A}$ 可分解为三个简单矩阵的代数和，即

$$\boldsymbol{A} = \boldsymbol{D} - \boldsymbol{L} - \boldsymbol{U}. \quad (4.5)$$

将(4.4)进行改写，有

$$a_{ii}x_i^{(m+1)} = b_i - \sum_{j=1}^{i-1} a_{ij}x_j^{(m)} - \sum_{j=i+1}^{n} a_{ij}x_j^{(m)},$$
$$i = 1, 2, \cdots, n; \; m = 0, 1, 2, \cdots. \quad (4.6)$$

记向量 $x^{(m)} = (x_1^{(m)}, x_2^{(m)}, \cdots, x_n^{(m)})^T$，则(4.6)的左、右两端分别是向量 $Dx^{(m+1)}$ 和向量 $b + Lx^{(m)} + Ux^{(m)}$ 的第 i 个分量，从而(4.6)可用矩阵表示为

$$Dx^{(m+1)} = b + (L + U)x^{(m)}.$$

假定 $a_{ii} \neq 0$ ($i = 1, 2, \cdots, n$) 时，D 可逆，故得到雅可比迭代公式(4.4)的矩阵形式

$$x^{(m+1)} = B_J x^{(m)} + f_J, \quad m = 0, 1, \cdots, \tag{4.7}$$

其中，$B_J = D^{-1}(L + U)$ 称为**雅可比迭代矩阵**，$f_J = D^{-1}b$。

由(4.7)可知，从某一初始近似向量 $x^{(0)}$ 出发，一步一步地进行迭代，就得到了向量序列 $x^{(0)}, x^{(1)}, \cdots, x^{(m)}, \cdots$。

定义 4.1 如果向量序列 $x^{(0)}, x^{(1)}, \cdots, x^{(m)}, \cdots$ 中的向量的每个分量，当 $m \to \infty$ 时都趋于向量 x^* 的对应分量，则称 x^* 是该向量序列的**极限**，记为

$$\lim_{m \to \infty} x^{(m)} = x^*.$$

在一定条件下(见4.2节)，对任意初始向量 $x^{(0)}$，按迭代公式(4.4)求出的向量序列的极限存在且等于方程组的解。这种用迭代格式(4.4)求线性代数方程组近似解的方法称为**雅可比迭代法**，也称为**简单迭代法**。

4.1.2 高斯-赛德尔(Gauss-Seidel) 迭代法

由雅可比迭代格式(4.4)可以看到，在计算机上用该法求方程组 $Ax = b$ 的解时，$x^{(m)}$ 的分量必须保存到 $x^{(m+1)}$ 的分量全部算出之后才不再需要，因此雅可比迭代法又称为**整体迭代法**。

如果在 3 阶方程组(4.1)的迭代公式(4.3)中，每算出 $x^{(m+1)}$ 的一个分量便在其右端立即用新算出的分量代替 $x^{(m)}$ 的对应分量，则得另一种迭代公式：

$$\begin{cases} x_1^{(m+1)} = \dfrac{1}{a_{11}}(b_1 - a_{12}x_2^{(m)} - a_{13}x_3^{(m)}), \\ x_2^{(m+1)} = \dfrac{1}{a_{22}}(b_2 - a_{21}x_1^{(m+1)} - a_{23}x_3^{(m)}), \\ x_3^{(m+1)} = \dfrac{1}{a_{33}}(b_3 - a_{31}x_1^{(m+1)} - a_{32}x_2^{(m+1)}). \end{cases}$$

对于 n 阶方程组 $Ax = b$，其相应于(4.4)的迭代格式为

$$x_i^{(m+1)} = \frac{1}{a_{ii}}\left(b_i - \sum_{j=1}^{i-1} a_{ij}x_j^{(m+1)} - \sum_{j=i+1}^{n} a_{ij}x_j^{(m)}\right)$$
$$(i = 1, 2, \cdots, n; \, m = 0, 1, 2, \cdots), \tag{4.8}$$

在给定初始近似向量 $x^{(0)}$ 后，用迭代公式(4.8)求线性代数方程组 $Ax = b$ 解

的方法称为**高斯-赛德尔迭代法**,简称 **G-S 迭代法**.

利用 A 的分解式(4.5),类似于雅可比迭代法的推导方法,(4.8)可用矩阵和向量表示为
$$Dx^{(m+1)} = b + Lx^{(m+1)} + Ux^{(m)},$$
即
$$x^{(m+1)} = (D-L)^{-1}Ux^{(m)} + (D-L)^{-1}b.$$
于是又得到了与雅可比迭代法的矩阵形式(4.7)类似的形式
$$x^{(m+1)} = B_G x^{(m)} + f_G, \tag{4.9}$$
其中,$B_G = (D-L)^{-1}U$ 称为**高斯-赛德尔迭代法的迭代矩阵**,
$$f_G = (D-L)^{-1}b.$$

例 4.1 用雅可比迭代法和高斯-赛德尔迭代法求解方程组
$$\begin{pmatrix} 9 & -1 & -1 \\ -1 & 8 & 0 \\ -1 & 0 & 9 \end{pmatrix} \begin{pmatrix} x_1 \\ x_2 \\ x_3 \end{pmatrix} = \begin{pmatrix} 7 \\ 7 \\ 8 \end{pmatrix}.$$

解 两种方法都取初始近似向量 $x^{(0)} = (0,0,0)^T$.
雅可比迭代法的迭代格式为
$$x_1^{(0)} = 0, \quad x_2^{(0)} = 0, \quad x_3^{(0)} = 0,$$
$$\begin{cases} x_1^{(m+1)} = \dfrac{1}{9}(7 + x_2^{(m)} + x_3^{(m)}), \\ x_2^{(m+1)} = \dfrac{1}{8}(7 + x_1^{(m)}), \qquad m = 0,1,2,\cdots. \\ x_3^{(m+1)} = \dfrac{1}{9}(8 + x_1^{(m)}), \end{cases}$$

由上述公式逐次迭代得近似解如表 4-1 所示.

表 4-1

m	0	1	2	3	4	5
$x_1^{(m)}$	0	0.777 8	0.973 8	0.994 2	0.999 3	0.999 8
$x_2^{(m)}$	0	0.875 0	0.972 2	0.996 7	0.999 3	0.999 9
$x_3^{(m)}$	0	0.888 9	0.975 3	0.997 1	0.999 9	0.999 9

高斯-赛德尔迭代法的迭代格式为
$$x_1^{(0)} = 0, \quad x_2^{(0)} = 0, \quad x_3^{(0)} = 0,$$

$$\begin{cases} x_1^{(m+1)} = \dfrac{1}{9}(7 + x_2^{(m)} + x_3^{(m)}), \\ x_2^{(m+1)} = \dfrac{1}{8}(7 + x_1^{(m+1)}), \quad\quad m = 0,1,2,\cdots. \\ x_3^{(m+1)} = \dfrac{1}{9}(8 + x_1^{(m+1)}), \end{cases}$$

由上述公式逐次迭代得近似解如表 4-2 所示.

表 4-2

m	0	1	2	3	4
$x_1^{(m)}$	0	0.777 8	0.994 2	0.999 8	1.000
$x_2^{(m)}$	0	0.972 2	0.999 3	1.000	1.000
$x_3^{(m)}$	0	0.975 3	0.999 3	1.000	1.000

例 4.1 的方程组的准确解为 $x^* = (1,1,1)^\mathrm{T}$, 由表 4-1 和表 4-2 可以看到, 高斯-赛德尔迭代法的收敛速度快于雅可比迭代法. 这个结论在两种迭代法都收敛时, 对一般情形也成立.

雅可比迭代法和高斯-赛德尔迭代法的程序框图如图 4-1 和图 4-2 所示.

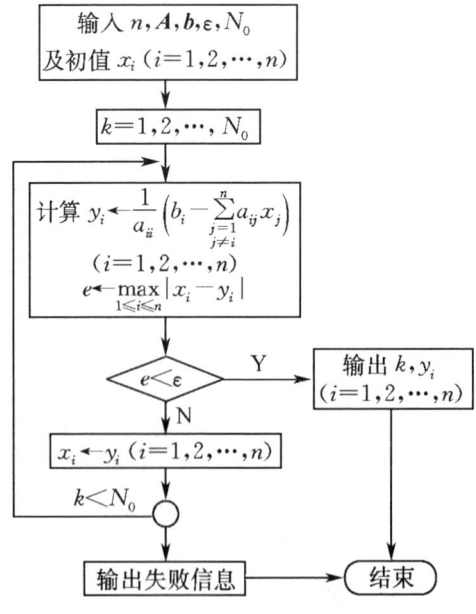

图 4-1

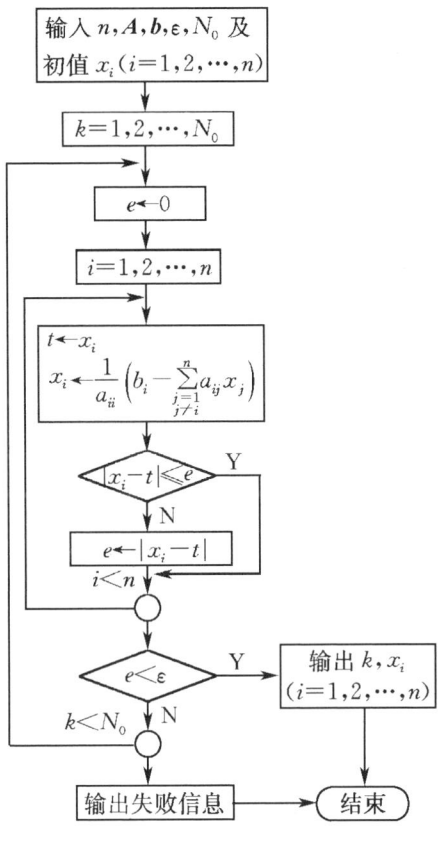

图 4-2

图 4-1 和图 4-2 中，$e = \|x^{(k)} - x^{(k-1)}\|_\infty$；$\varepsilon$ 为允许的误差精度，当 $e < \varepsilon$ 时计算终止；N_0 为最大迭代次数；t 用于暂时存放 x_i 的旧值，以便计算 $x_i^{(k)} - x_i^{(k-1)}$.

4.1.3 超松弛迭代法（SOR 方法）

对高斯-赛德尔迭代法进一步改进，可得逐次超松弛迭代法（Successive Over Relaxation Method），简称 SOR 方法.

假设方程组 $Ax = b$ 的系数矩阵 A 的主对角元 $a_{ii} \neq 0$ ($i = 1, 2, \cdots, n$). 若第 m 次向量迭代已经完成，记第 m 次迭代的第 i 个分量为 $x_i^{(m)}$；第 $m+1$ 次向量迭代 $x^{(m+1)}$ 的前 $i-1$ 个分量已经算出，由 G-S 迭代法算出的第 i 个分量记为 $\hat{x}_i^{(m+1)}$，则有

$$\hat{x}_i^{(m+1)} = \frac{1}{a_{ii}}\left(b_i - \sum_{j=1}^{i-1} a_{ij} x_j^{(m+1)} - \sum_{j=i+1}^{n} a_{ij} x_j^{(m)}\right).$$

通过引进加权因子 ω，将 $x_i^{(m)}$ 和 $\hat{x}_i^{(m+1)}$ 进行加权组合作为第 $m+1$ 次迭代 $\boldsymbol{x}^{(m+1)}$ 的第 i 个分量，就得到了松弛迭代法的迭代公式：

$$\begin{aligned} x_i^{(m+1)} &= (1-\omega) x_i^{(m)} + \omega \hat{x}_i^{(m+1)} \\ &= x_i^{(m)} + \frac{\omega}{a_{ii}}\left(b_i - \sum_{j=1}^{i-1} a_{ij} x_j^{(m+1)} - \sum_{j=i}^{n} a_{ij} x_j^{(m)}\right) \\ &\quad (i=1,2,\cdots,n; m=0,1,2,\cdots). \end{aligned} \tag{4.10}$$

用迭代公式(4.10)求方程组 $\boldsymbol{Ax=b}$ 解的方法称为**带有松弛因子 ω 的松弛迭代法**；当 $\omega>1$ 时称为**超松弛迭代法(SOR 方法)**；当 $\omega<1$ 时称为**低松弛迭代法**；当 $\omega=1$ 时，(4.10) 就是(4.8)，即 G-S 迭代法．

将(4.10)改写成

$$a_{ii} x_i^{(m+1)} = (1-\omega) a_{ii} x_i^{(m)} + \omega\left(b_i - \sum_{j=1}^{i-1} a_{ij} x_j^{(m+1)} - \sum_{j=i+1}^{n} a_{ij} x_j^{(m)}\right)$$

$$(i=1,2,\cdots,n; m=0,1,2,\cdots),$$

仍用分解式(4.5)，即 $\boldsymbol{A=D-L-U}$，则上式的左、右两边分别是向量 $\boldsymbol{Dx}^{(m+1)}$ 与向量

$$(1-\omega)\boldsymbol{Dx}^{(m)} + \omega\boldsymbol{b} + \omega\boldsymbol{Lx}^{(m+1)} + \omega\boldsymbol{Ux}^{(m)}$$

的第 i 个分量，故有

$$\boldsymbol{Dx}^{(m+1)} = (1-\omega)\boldsymbol{Dx}^{(m)} + \omega\boldsymbol{Lx}^{(m+1)} + \omega\boldsymbol{Ux}^{(m)} + \omega\boldsymbol{b},$$

即

$$\boldsymbol{x}^{(m+1)} = (\boldsymbol{D}-\omega\boldsymbol{L})^{-1}((1-\omega)\boldsymbol{D}+\omega\boldsymbol{U})\boldsymbol{x}^{(m)} + \omega(\boldsymbol{D}-\omega\boldsymbol{L})^{-1}\boldsymbol{b}.$$

于是可得 SOR 方法的矩阵形式

$$\boldsymbol{x}^{(m+1)} = \boldsymbol{B}_\omega \boldsymbol{x}^{(m)} + \boldsymbol{f}_\omega, \tag{4.11}$$

其中，

$$\boldsymbol{B}_\omega = (\boldsymbol{D}-\omega\boldsymbol{L})^{-1}((1-\omega)\boldsymbol{D}+\omega\boldsymbol{U})$$

称为 **SOR 方法的迭代矩阵**，$\boldsymbol{f}_\omega = \omega(\boldsymbol{D}-\omega\boldsymbol{L})^{-1}\boldsymbol{b}$．

SOR 方法的程序框图如图 4-3 所示．图中的 $\boldsymbol{x}$ 开始为解向量的初始近似 $\boldsymbol{x}^{(0)}$，然后存放近似解 $\boldsymbol{x}^{(m)}$，最后存放解的结果．松弛因子 ω 一般用试错法选择，经验表明 $\omega=1.3$ 左右较好．

例 4.2 用 SOR 方法求解方程组

$$\begin{pmatrix} 4 & -2 & -4 \\ -2 & 17 & 10 \\ -4 & 10 & 9 \end{pmatrix} \begin{pmatrix} x_1 \\ x_2 \\ x_3 \end{pmatrix} = \begin{pmatrix} 10 \\ 3 \\ -7 \end{pmatrix}.$$

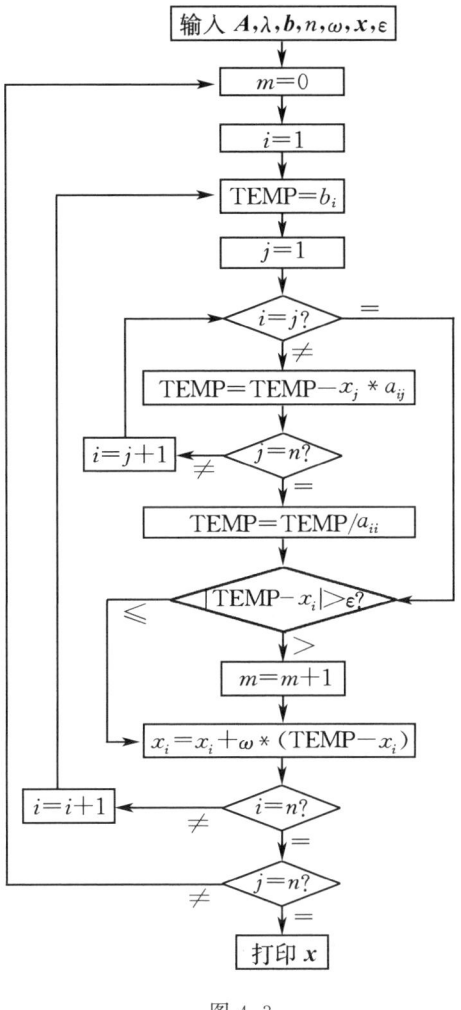

图 4-3

解 由迭代公式(4.10),得迭代格式
$$x_1^{(0)} = 0, \quad x_2^{(0)} = 0, \quad x_3^{(0)} = 0,$$
$$\begin{cases} x_1^{(m+1)} = x_1^{(m)} + \dfrac{\omega}{4}(10 - 4x_1^{(m)} + 2x_2^{(m)} + 4x_3^{(m)}), \\ x_2^{(m+1)} = x_2^{(m)} + \dfrac{\omega}{17}(3 + 2x_1^{(m+1)} - 17x_2^{(m)} - 10x_3^{(m)}), \\ x_3^{(m+1)} = x_3^{(m)} + \dfrac{\omega}{9}(-7 + 4x_1^{(m+1)} - 10x_2^{(m+1)} - 9x_3^{(m)}), \end{cases}$$
$$m = 0, 1, 2, \cdots.$$

取 $\omega = 1.46$,计算结果如表 4-3 所示.

表 4-3

m	0	1	2	3	⋯	20
$x_1^{(m)}$	0	3.65	2.321 669	2.566 140	⋯	1.999 998
$x_2^{(m)}$	0	0.884 588 3	0.423 093 9	0.694 826 0	⋯	1.000 001
$x_3^{(m)}$	0	−0.202 109 8	−0.222 432 1	−0.495 259 4	⋯	−1.000 003

例 4.2 中方程组的准确解 $\boldsymbol{x}^* = (2, 1, -1)^{\mathrm{T}}$. 由表 4-3 可以看到,经过 20 次迭代已具有 6 位有效数字. 若采用 G-S 方法 ($\omega = 1$),要达到 6 位有效数字,需要迭代 110 次. 可见,若选择到好的松弛因子,SOR 方法的收敛速度比 G-S 方法快得多.

4.2 迭代法的收敛条件

4.1 节介绍了求解 n 阶方程组 $\boldsymbol{Ax} = \boldsymbol{b}$ 的三种迭代法. 当 $a_{ii} \neq 0$ ($i = 1, 2, \cdots, n$) 时,方程组 $\boldsymbol{Ax} = \boldsymbol{b}$ 可化为等价的方程组

$$\boldsymbol{x} = \boldsymbol{Bx} + \boldsymbol{f}, \tag{4.12}$$

对于雅可比迭代法、G-S 迭代法和 SOR 方法,由 (4.6),(4.9) 和 (4.11) 可知,迭代矩阵 $\boldsymbol{B}$ 分别为 $\boldsymbol{B}_{\mathrm{J}}, \boldsymbol{B}_{\mathrm{G}}$ 和 $\boldsymbol{B}_{\omega}$,$\boldsymbol{f}$ 类似. 对于任何初始向量 $\boldsymbol{x}^{(0)}$,其统一的迭代形式为

$$\boldsymbol{x}^{(m+1)} = \boldsymbol{Bx}^{(m)} + \boldsymbol{f}. \tag{4.13}$$

4.2.1 迭代法收敛的概念

定义 4.2 设 $\boldsymbol{x}^*$ 是方程组 $\boldsymbol{Ax} = \boldsymbol{b}$ 的解. 对于给定的初始向量 $\boldsymbol{x}^{(0)}$,若由某种迭代方法产生的向量序列 $\boldsymbol{x}^{(0)}, \boldsymbol{x}^{(1)}, \cdots, \boldsymbol{x}^{(m)}, \cdots$,有 $\lim\limits_{m \to \infty} \boldsymbol{x}^{(m)} = \boldsymbol{x}^*$,则称该方法**收敛**,否则称该方法**发散**.

若用符号 "⇔" 表示等价,则容易验证:

$$\lim_{m \to \infty} \boldsymbol{x}^{(m)} = \boldsymbol{x}^* \Leftrightarrow \lim_{m \to \infty} \|\boldsymbol{x}^{(m)} - \boldsymbol{x}^*\| = 0.$$

事实上,由于

$$\lim_{m \to \infty} \boldsymbol{x}^{(m)} = \boldsymbol{x}^* \Leftrightarrow \lim_{m \to \infty}(x_i^{(m)} - x_i^*) = 0 \ (i = 1, 2, \cdots, n)$$

$$\Leftrightarrow \lim_{m \to \infty} \max_{1 \leqslant i \leqslant n} |x_i^{(m)} - x_i^*| = 0$$

$$\Leftrightarrow \lim_{m \to \infty} \|\boldsymbol{x}^{(m)} - \boldsymbol{x}^*\|_\infty = 0.$$

再由 $\mathbf{R}^n$ 中向量范数的等价性,有
$$\lim_{m\to\infty} \boldsymbol{x}^{(m)} = \boldsymbol{x}^* \Leftrightarrow \lim_{m\to\infty} \|\boldsymbol{x}^{(m)} - \boldsymbol{x}^*\| = 0.$$

4.2.2 迭代法收敛的判定定理

定理4.1 若迭代过程 $\boldsymbol{x}^{(m+1)} = \boldsymbol{B}\boldsymbol{x}^{(m)} + \boldsymbol{f}$ 中的迭代矩阵 $\boldsymbol{B}$ 的某种范数 $\|\boldsymbol{B}\|_p = q < 1$,则对任意的初始向量 $\boldsymbol{x}^{(0)}$,该迭代过程收敛于方程组 $\boldsymbol{x} = \boldsymbol{B}\boldsymbol{x} + \boldsymbol{f}$ 的唯一解 $\boldsymbol{x}^*$,且有估计式

(1) $\|\boldsymbol{x}^* - \boldsymbol{x}^{(m)}\|_p \leqslant \dfrac{1}{1-q} \|\boldsymbol{x}^{(m+1)} - \boldsymbol{x}^{(m)}\|_p$; (4.14)

(2) $\|\boldsymbol{x}^* - \boldsymbol{x}^{(m)}\|_p \leqslant \dfrac{q^m}{1-q} \|\boldsymbol{x}^{(1)} - \boldsymbol{x}^{(0)}\|_p$. (4.15)

证 由引理3.2可知,当 $\|\boldsymbol{B}\|_p < 1$ 时,方阵 $\boldsymbol{E} - \boldsymbol{B}$ 非奇异,所以方程组 $(\boldsymbol{E} - \boldsymbol{B})\boldsymbol{x} = \boldsymbol{f}$ 的解存在且唯一,设解为 $\boldsymbol{x}^*$,即
$$\boldsymbol{x}^* = \boldsymbol{B}\boldsymbol{x}^* + \boldsymbol{f}.$$
将上式与迭代式(4.13)相减,得
$$\boldsymbol{x}^* - \boldsymbol{x}^{(m+1)} = \boldsymbol{B}(\boldsymbol{x}^* - \boldsymbol{x}^{(m)}).$$
对上式取范数,得
$$\|\boldsymbol{x}^* - \boldsymbol{x}^{(m+1)}\|_p \leqslant \|\boldsymbol{B}\|_p \|\boldsymbol{x}^* - \boldsymbol{x}^{(m)}\|_p = q\|\boldsymbol{x}^* - \boldsymbol{x}^{(m)}\|_p, \quad (4.16)$$
从而可得
$$0 \leqslant \|\boldsymbol{x}^* - \boldsymbol{x}^{(m)}\|_p \leqslant q^m \|\boldsymbol{x}^* - \boldsymbol{x}^{(0)}\|_p.$$
由于 $0 < q < 1$,故有
$$\lim_{m\to\infty} \|\boldsymbol{x}^* - \boldsymbol{x}^{(m)}\|_p = 0,$$
证明了迭代过程收敛.

由不等式(4.16)和向量范数的定义,有
$$\begin{aligned}\|\boldsymbol{x}^* - \boldsymbol{x}^{(m)}\|_p &= \|\boldsymbol{x}^* - \boldsymbol{x}^{(m+1)} + \boldsymbol{x}^{(m+1)} - \boldsymbol{x}^{(m)}\|_p \\ &\leqslant \|\boldsymbol{x}^* - \boldsymbol{x}^{(m+1)}\|_p + \|\boldsymbol{x}^{(m+1)} - \boldsymbol{x}^{(m)}\|_p \\ &\leqslant q\|\boldsymbol{x}^* - \boldsymbol{x}^{(m)}\|_p + \|\boldsymbol{x}^{(m+1)} - \boldsymbol{x}^{(m)}\|_p,\end{aligned}$$
移项即得估计式(4.14).

由于
$$\begin{aligned}\|\boldsymbol{x}^{(m+1)} - \boldsymbol{x}^{(m)}\|_p &= \|\boldsymbol{B}\boldsymbol{x}^{(m)} + \boldsymbol{f} - \boldsymbol{B}\boldsymbol{x}^{(m-1)} - \boldsymbol{f}\|_p \\ &\leqslant \|\boldsymbol{B}\|_p \|\boldsymbol{x}^{(m)} - \boldsymbol{x}^{(m-1)}\|_p \\ &= q\|\boldsymbol{x}^{(m)} - \boldsymbol{x}^{(m-1)}\|_p,\end{aligned}$$

m 次地应用上式可得

$$\|x^{(m+1)} - x^{(m)}\|_p \leqslant q^m \|x^{(1)} - x^{(0)}\|_p,$$

将上式代入(4.14),即得(4.15).

例 4.3 写出用雅可比迭代法和 G-S 迭代法解线性方程组

$$\begin{cases} 3x_1 + x_2 = 5, \\ x_1 + 2x_2 = 5 \end{cases}$$

收敛的迭代格式.

解 对系数矩阵 A 进行分解,

$$A = \begin{pmatrix} 3 & 1 \\ 1 & 2 \end{pmatrix}, \quad D = \begin{pmatrix} 3 & \\ & 2 \end{pmatrix}, \quad L = \begin{pmatrix} 0 & \\ -1 & 0 \end{pmatrix}, \quad U = \begin{pmatrix} 0 & -1 \\ & 0 \end{pmatrix}.$$

于是

$$B_J = D^{-1}(L+U) = \begin{pmatrix} 0 & -\frac{1}{3} \\ -\frac{1}{2} & 0 \end{pmatrix},$$

$$B_G = (D-L)^{-1}U = \begin{pmatrix} 0 & -\frac{1}{3} \\ 0 & \frac{1}{6} \end{pmatrix}.$$

故得 $\|B_J\|_\infty = \frac{1}{2} < 1$,$\|B_G\|_\infty = \frac{1}{3} < 1$. 因此,用雅可比迭代法和 G-S 迭代法求解该方程组都收敛.

雅可比迭代法收敛的迭代格式为

$$x_1^{(0)} = 0, \quad x_2^{(0)} = 0,$$

$$\begin{cases} x_1^{(m+1)} = \frac{5}{3} - \frac{1}{3} x_2^{(m)}, \\ x_2^{(m+1)} = \frac{5}{2} - \frac{1}{2} x_1^{(m)}, \end{cases} \quad m = 0, 1, 2, \cdots.$$

G-S 迭代法收敛的迭代格式为

$$x_1^{(0)} = 0, \quad x_2^{(0)} = 0,$$

$$\begin{cases} x_1^{(m+1)} = \frac{5}{3} - \frac{1}{3} x_2^{(m)}, \\ x_2^{(m+1)} = \frac{5}{2} - \frac{1}{2} x_1^{(m+1)}, \end{cases} \quad m = 0, 1, 2, \cdots.$$

定理 4.1 给出了用迭代矩阵 B 的某种范数小于 1 来判断迭代法收敛的一个充分条件. 从误差估计式(4.14)可以看到,在计算机上确定迭代过程结

束，只需用相邻两次迭代之差的某种范数 $\|x^{(m+1)} - x^{(m)}\|_p \leqslant \varepsilon$ 来控制即可.

定义 4.3 如果方阵 A 的每一行中不在对角线上的所有元素的绝对值之和小于同一行中主对角元的绝对值，即

$$\sum_{j=1}^{i-1} |a_{ij}| + \sum_{j=i+1}^{n} |a_{ij}| < |a_{ii}| \quad (i=1,2,\cdots,n), \tag{4.17}$$

则称方阵 A 按行严格对角占优. 类似地，也有按列严格对角占优. 但要注意，在(4.17)中，只有当不等号对所有 i 都成立时，才称其为严格对角占优.

例如，下列矩阵 A 只是对角占优，不是严格对角占优：

$$A = \begin{pmatrix} 1 & \frac{1}{2} & \frac{1}{2} \\ \frac{1}{2} & 1 & \frac{1}{2} \\ \frac{1}{2} & \frac{1}{2} & 1 \end{pmatrix}.$$

定理 4.2 若方程组 $Ax = b$ 的系数矩阵 A 按行（列）严格对角占优，则雅可比迭代法和 G-S 迭代法收敛.

证 先证雅可比迭代法收敛. 计算雅可比迭代法的迭代矩阵 B_J 的行范数并利用矩阵 A 按行严格对角占优定义的(4.17)，有

$$\|B_J\|_\infty = \|D^{-1}(L+U)\|_\infty = \max_{1 \leqslant i \leqslant 1} \left\{ \sum_{j=1}^{i-1} \frac{|a_{ij}|}{|a_{ii}|} + \sum_{j=i+1}^{n} \frac{|a_{ij}|}{|a_{ii}|} \right\} < 1.$$

由引理 3.2 和定理 4.1 知，方程组 $Ax = b$ 存在唯一解 x^* 且用雅可比迭代法求解收敛.

下证* G-S 迭代法收敛. 考虑 $B_G = (D-L)^{-1}U$ 的行范数，设 $\|x\|_\infty = 1$，构造向量 $y = B_G x$. 由矩阵范数的定义(3.33)，有

$$\|B_G\|_\infty = \max_{\|x\|_\infty = 1} \|B_G x\|_\infty = \max_{\|x\|_\infty = 1} \|y\|_\infty. \tag{4.18}$$

再由

$$y = B_G x = (D-L)^{-1} U x,$$

可得向量 y 的表达式：

$$(D-L)y = Ux, \quad y = D^{-1} L y + D^{-1} U x. \tag{4.19}$$

设向量 y 在第 k 个分量的绝对值为最大，由无穷范数的定义有 $\|y\|_\infty = |y_k|$. 由(4.19)可知，第 k 个方程的表达式为

$$y_k = \sum_{j=1}^{k-1} \left(-\frac{a_{kj}}{a_{kk}}\right) y_j + \sum_{j=k+1}^{n} \left(-\frac{a_{kj}}{a_{kk}}\right) x_j.$$

对上式两边取绝对值，有

$$|y_k| \leq \sum_{j=1}^{k-1} \frac{|a_{kj}|}{|a_{kk}|}|y_j| + \sum_{j=k+1}^{n} \frac{|a_{kj}|}{|a_{kk}|}|x_j|.$$

再由无穷范数的定义，有

$$\|\boldsymbol{y}\|_\infty \leq \sum_{j=1}^{k-1} \frac{|a_{kj}|}{|a_{kk}|}\|\boldsymbol{y}\|_\infty + \sum_{j=k+1}^{n} \frac{|a_{kj}|}{|a_{kk}|}\|\boldsymbol{x}\|_\infty. \quad (4.20)$$

记

$$r_k = \sum_{j=1}^{k-1} \frac{|a_{kj}|}{|a_{kk}|}, \quad s_k = \sum_{j=k+1}^{n} \frac{|a_{kj}|}{|a_{kk}|},$$

由于 $\boldsymbol{A}$ 严格对角占优，故有

$$0 < r_k + s_k < 1, \quad 0 < r_k < 1, \quad 0 < s_k < 1, \quad 0 < \frac{s_k}{1-r_k} < 1.$$

于是，由 (4.18) 和 (4.20) 可得

$$\|\boldsymbol{B}_G\|_\infty = \max_{\|\boldsymbol{x}\|_\infty=1} \|\boldsymbol{y}\|_\infty \leq \frac{s_k}{1-r_k} < 1.$$

由定理 4.1，G-S 迭代法收敛. ■

有了定理 4.2，对于某些方程组，可直接用系数矩阵来判定使用雅可比迭代法和 G-S 迭代法求解收敛. 重新考查例 4.3，由于系数矩阵

$$\boldsymbol{A} = \begin{pmatrix} 3 & 1 \\ 1 & 2 \end{pmatrix},$$

可知矩阵 $\boldsymbol{A}$ 按行严格对角占优. 因此，由定理 4.2，采用雅可比迭代法和 G-S 迭代法求解例 4.3 的方程组收敛.

定理 4.1 和定理 4.2 都只是判定迭代法收敛的充分条件，下面利用矩阵的谱半径给出判定迭代法收敛的必要充分条件. 首先不加证明地给出引理 4.1（参考文献 [1]，p. 102 引理 4）.

引理 4.1 设 $\boldsymbol{B}$ 为 n 阶方阵. 任给一个正数 ε，在 $\mathbf{R}^n$ 中一定存在某种向量范数 $\|\cdot\|_p$，使得由此导出的矩阵范数 $\|\boldsymbol{B}\|_p$ 满足

$$\|\boldsymbol{B}\|_p \leq \rho(\boldsymbol{B}) + \varepsilon. \quad (4.21)$$

定理 4.3 对于任意的初始向量 $\boldsymbol{x}^{(0)}$，由迭代过程 (4.13) 即

$$\boldsymbol{x}^{(m+1)} = \boldsymbol{B}\boldsymbol{x}^{(m)} + \boldsymbol{f}$$

产生的向量序列 $\boldsymbol{x}^{(0)}, \boldsymbol{x}^{(1)}, \cdots, \boldsymbol{x}^{(m)}, \cdots$ 收敛的必要充分条件是谱半径

$$\rho(\boldsymbol{B}) < 1.$$

证[*]　必要性. 设对任意初始近似向量 $x^{(0)}$，由迭代过程(4.13)产生的向量序列收敛，不妨设其极限为向量 x^*，即 $\lim\limits_{m \to \infty} x^{(m)} = x^*$. 将迭代过程 (4.13) 两边取极限，有

$$x^* = Bx^* + f, \quad (4.22)$$

故向量 x^* 是方程组 $x = Bx + f$ 的解. 将迭代过程

$$x^{(m)} = Bx^{(m-1)} + f$$

与(4.22)相减，得

$$x^* - x^{(m)} = B(x^* - x^{(m-1)}) = B^2(x^* - x^{(m-2)}) = \cdots$$
$$= B^m(x^* - x^{(0)}). \quad (4.23)$$

设 λ 为矩阵 B 的任一特征值，由于 $x^{(0)}$ 的任意性，可取 $x^* - x^{(0)}$ 为矩阵 B 相应于特征值 λ 的特征向量，故有

$$B(x^* - x^{(0)}) = \lambda(x^* - x^{(0)}).$$

从而有

$$B^2(x^* - x^{(0)}) = \lambda^2(x^* - x^{(0)}),$$
$$\cdots,$$
$$B^m(x^* - x^{(0)}) = \lambda^m(x^* - x^{(0)}).$$

将上式代入(4.23)，得

$$x^* - x^{(m)} = \lambda^m(x^* - x^{(0)}).$$

两边取范数，有

$$\|x^* - x^{(m)}\| = |\lambda|^m \|x^* - x^{(0)}\|.$$

由于 $\lim\limits_{m \to \infty} \|x^* - x^{(m)}\| = 0$，且 $\|x^* - x^{(0)}\| \neq 0$，故

$$\lim_{m \to \infty} |\lambda|^m = 0.$$

由此可见，$|\lambda| < 1$，而 λ 是 B 的任一特征值，由谱半径定义 3.5 知 $\rho(B) < 1$. 证得必要性.

充分性. 设 $\rho(B) < 1$，由于 $\rho(B)$ 是一个确定的正实数，则存在正数 ε 使得

$$\rho(B) + \varepsilon < 1.$$

由引理 4.1，对于这个 ε，必有某种范数

$$\|B\|_p \leqslant \rho(B) + \varepsilon < 1.$$

再由定理 4.1，对应的迭代法收敛. 证明了充分性. ∎

例 4.4　写出用雅可比迭代法求解方程组

$$\begin{cases} \dfrac{1}{2}x_1 + x_2 = -\dfrac{1}{2}, \\ x_1 + \dfrac{1}{2}x_2 = \dfrac{1}{2} \end{cases}$$

一定收敛的迭代格式.

解 将方程组的系数矩阵 A 进行分解,

$$A = \begin{pmatrix} \frac{1}{2} & 1 \\ 1 & \frac{1}{2} \end{pmatrix} = \begin{pmatrix} \frac{1}{2} & \\ & \frac{1}{2} \end{pmatrix} - \begin{pmatrix} 0 & \\ -1 & 0 \end{pmatrix} - \begin{pmatrix} 0 & -1 \\ & 0 \end{pmatrix},$$

分解矩阵 D, L, U 分别为

$$D = \begin{pmatrix} \frac{1}{2} & \\ & \frac{1}{2} \end{pmatrix}, \quad L = \begin{pmatrix} 0 & \\ -1 & 0 \end{pmatrix}, \quad U = \begin{pmatrix} 0 & -1 \\ & 0 \end{pmatrix}.$$

故得雅可比迭代法的迭代矩阵

$$B_J = D^{-1}(L+U) = \begin{pmatrix} 0 & -2 \\ -2 & 0 \end{pmatrix}.$$

由于

$$|\lambda E - B_J| = \begin{vmatrix} \lambda & 2 \\ 2 & \lambda \end{vmatrix} = \lambda^2 - 4 = 0,$$

求得 B_J 的特征值 $\lambda_1 = 2, \lambda_2 = -2$,所以 $\rho(B_J) = 2 > 1$.

由定理 4.3,直接对所给出的方程组写出雅可比迭代法的迭代格式不收敛.

若将原方程组的两个方程交换,得新的等价方程组

$$\begin{cases} x_1 + \dfrac{1}{2} x_2 = \dfrac{1}{2}, \\ \dfrac{1}{2} x_1 + x_2 = -\dfrac{1}{2}. \end{cases}$$

由于新方程组的系数矩阵

$$\overline{A} = \begin{pmatrix} 1 & \dfrac{1}{2} \\ \dfrac{1}{2} & 1 \end{pmatrix}$$

按行严格对角占优,采用雅可比迭代法求解收敛,故其收敛的迭代格式为

$$x_1^{(0)} = 0, \quad x_2^{(0)} = 0,$$

$$\begin{cases} x_1^{(m+1)} = -\dfrac{1}{2} x_2^{(m)} + \dfrac{1}{2}, \\ x_2^{(m+1)} = -\dfrac{1}{2} x_1^{(m)} - \dfrac{1}{2}, \end{cases} \quad m = 0, 1, 2, \cdots.$$

此例说明,先对方程组等价变形,再由相应的迭代法求解,有可能改变

其收敛状态.

例 4.5 讨论方程组
$$\begin{pmatrix} 2 & -1 & 1 \\ 2 & 2 & 2 \\ -1 & -1 & 2 \end{pmatrix} \begin{pmatrix} x_1 \\ x_2 \\ x_3 \end{pmatrix} = \begin{pmatrix} b_1 \\ b_2 \\ b_3 \end{pmatrix}$$

Jacobi 迭代及 G-S 迭代的收敛性,并写出 G-S 迭代格式.

解 将系数矩阵 A 分解为 $A = D - L - U$,其中

$$D = \begin{pmatrix} 2 & 0 & 0 \\ 0 & 2 & 0 \\ 0 & 0 & 2 \end{pmatrix}, \quad L = \begin{pmatrix} 0 & 0 & 0 \\ -2 & 0 & 0 \\ 1 & 1 & 0 \end{pmatrix}, \quad U = \begin{pmatrix} 0 & 1 & -1 \\ 0 & 0 & -2 \\ 0 & 0 & 0 \end{pmatrix}.$$

Jacobi 迭代法的迭代矩阵

$$B_J = D^{-1}(L+U) = \begin{pmatrix} 0 & \frac{1}{2} & -\frac{1}{2} \\ -1 & 0 & -1 \\ \frac{1}{2} & \frac{1}{2} & 0 \end{pmatrix}.$$

于是

$$|\lambda E - B_J| = \begin{vmatrix} \lambda & -\frac{1}{2} & \frac{1}{2} \\ 1 & \lambda & 1 \\ -\frac{1}{2} & -\frac{1}{2} & \lambda \end{vmatrix} = \lambda^3 + \frac{5}{4}\lambda.$$

由 $|\lambda E - B_J| = 0$ 得到 B_J 的特征值 $\lambda_1 = 0$,$\lambda_{2,3} = \pm\frac{\sqrt{5}}{2}$,谱半径 $\rho(B_J) = \frac{\sqrt{5}}{2} > 1$,所以 Jacobi 迭代格式不收敛.

G-S 迭代法迭代矩阵

$$B_G = (D-L)^{-1}U = \begin{pmatrix} 2 & 0 & 0 \\ 2 & 2 & 0 \\ -1 & -1 & 2 \end{pmatrix}^{-1} \begin{pmatrix} 0 & 1 & -1 \\ 0 & 0 & -2 \\ 0 & 0 & 0 \end{pmatrix}$$

$$= \begin{pmatrix} 0 & \frac{1}{2} & -\frac{1}{2} \\ 0 & -\frac{1}{2} & -\frac{1}{2} \\ 0 & 0 & -\frac{1}{2} \end{pmatrix}.$$

于是

$$|\lambda \boldsymbol{E} - \boldsymbol{B}_G| = \begin{vmatrix} \lambda & -\dfrac{1}{2} & \dfrac{1}{2} \\ 0 & \lambda + \dfrac{1}{2} & \dfrac{1}{2} \\ 0 & 0 & \lambda + \dfrac{1}{2} \end{vmatrix} = \lambda \left(\lambda + \dfrac{1}{2}\right)^2.$$

由 $|\lambda \boldsymbol{E} - \boldsymbol{B}_G| = 0$ 得 $\lambda_1 = 0$,$\lambda_2 = -\dfrac{1}{2}$,$\lambda_3 = -\dfrac{1}{2}$,谱半径 $\rho(\boldsymbol{B}_G) = \dfrac{1}{2} < 1$,所以 G-S 迭代格式是收敛的. G-S 迭代格式如下:

$$\begin{cases} x_1^{(m+1)} = \dfrac{1}{2}(b_1 + x_2^{(m)} - x_3^{(m)}), \\ x_2^{(m+1)} = \dfrac{1}{2}(b_2 - x_1^{(m+1)} - x_3^{(m)}), \\ x_3^{(m+1)} = \dfrac{1}{2}(b_3 + x_1^{(m+1)} + x_2^{(m+1)}). \end{cases}$$

例 4.6 设方程组 $\boldsymbol{Ax} = \boldsymbol{b}$ 的系数矩阵 $\boldsymbol{A} = (a_{ij})_{n \times n}$,$a_{ii} \neq 0$,$i = 1, 2, \cdots, n$. 证明:

(1) Jacobi 迭代法收敛的充分必要条件是

$$\begin{vmatrix} \lambda a_{11} & a_{12} & \cdots & a_{1n} \\ a_{21} & \lambda a_{22} & \cdots & a_{2n} \\ \vdots & \vdots & & \vdots \\ a_{n1} & a_{n2} & \cdots & \lambda a_{nn} \end{vmatrix} = 0$$

的根的模 $|\lambda| < 1$;

(2) G-S 迭代法收敛的充分必要条件是

$$\begin{vmatrix} \lambda a_{11} & a_{12} & \cdots & a_{1n} \\ \lambda a_{21} & \lambda a_{22} & \cdots & a_{2n} \\ \vdots & \vdots & & \vdots \\ \lambda a_{n1} & \lambda a_{n2} & \cdots & \lambda a_{nn} \end{vmatrix} = 0$$

的根的模 $|\lambda| < 1$.

证 (1) 由于 Jacobi 迭代矩阵 $\boldsymbol{B}_J = \boldsymbol{D}^{-1}(\boldsymbol{L} + \boldsymbol{U})$,于是

$$|\lambda \boldsymbol{E} - \boldsymbol{B}_J| = |\lambda \boldsymbol{E} - \boldsymbol{D}^{-1}(\boldsymbol{L} + \boldsymbol{U})| = |\boldsymbol{D}^{-1}(\lambda \boldsymbol{D} - (\boldsymbol{L} + \boldsymbol{U}))|$$
$$= |\boldsymbol{D}^{-1}| |\lambda \boldsymbol{D} - (\boldsymbol{L} + \boldsymbol{U})|$$
$$= |\boldsymbol{D}^{-1}| \begin{vmatrix} \lambda a_{11} & a_{12} & \cdots & a_{1n} \\ a_{21} & \lambda a_{22} & \cdots & a_{2n} \\ \vdots & \vdots & & \vdots \\ a_{n1} & a_{n2} & \cdots & \lambda a_{nn} \end{vmatrix}.$$

由于行列式 $|\boldsymbol{D}^{-1}| \neq 0$,根据定理 4.3 知,Jacobi 迭代法收敛的充分必要条件是行列式 $|\lambda \boldsymbol{D} - (\boldsymbol{L} + \boldsymbol{U})| = 0$ 的根的模 $|\lambda| < 1$。

(2) 与(1)的证明类似。G-S 迭代法的迭代矩阵 $\boldsymbol{B}_G = (\boldsymbol{D} - \boldsymbol{L})^{-1}\boldsymbol{U}$,于是

$$|\lambda \boldsymbol{E} - \boldsymbol{B}_G| = |\lambda \boldsymbol{E} - (\boldsymbol{D} - \boldsymbol{L})^{-1}\boldsymbol{U}|$$
$$= |(\boldsymbol{D} - \boldsymbol{L})^{-1}| \cdot |\lambda(\boldsymbol{D} - \boldsymbol{L}) - \boldsymbol{U}|.$$

由于行列式 $|(\boldsymbol{D} - \boldsymbol{L})^{-1}| \neq 0$,故迭代矩阵 $\boldsymbol{B}_G$ 的特征值与

$$|\lambda(\boldsymbol{D} - \boldsymbol{L}) - \boldsymbol{U}| = 0$$

的根相同。由定理 4.3 知,G-S 迭代法收敛的充分必要条件是 $|\lambda(\boldsymbol{D} - \boldsymbol{L}) - \boldsymbol{U}| = 0$ 的根的模 $|\lambda| < 1$。

用例 4.6 给出的两个充分必要条件来分析 Jacobi 迭代及 G-S 迭代的敛散性,比用定理 4.3 简单。因为若用定理 4.3,则必须先求出迭代矩阵,再求其特征值,比较繁琐。故常用例 4.6 的结论来研究 Jacobi 迭代法及 G-S 迭代法的敛散性。

利用定理 4.3 可以证明松弛迭代法收敛的一个充分条件。

定理 4.4 设方程组 $\boldsymbol{A}\boldsymbol{x} = \boldsymbol{b}$ 的系数矩阵 $\boldsymbol{A}$ 为实对称正定阵,且 $0 < \omega < 2$,则松弛迭代法收敛。

证* 设 λ 和 $\boldsymbol{y}$ 分别是松弛迭代法(即(4.11))的迭代矩阵

$$\boldsymbol{B}_\omega = (\boldsymbol{D} - \omega\boldsymbol{L})^{-1}((1 - \omega)\boldsymbol{D} + \omega\boldsymbol{U})$$

的任一特征值及其相应的特征向量,故有

$$((1-\omega)\boldsymbol{D} + \omega\boldsymbol{U})\boldsymbol{y} = \lambda(\boldsymbol{D} - \omega\boldsymbol{L})\boldsymbol{y}.$$

用 $\boldsymbol{y}$ 的共轭转置 $\overline{\boldsymbol{y}}^T$ 左乘上式两边,得

$$(1-\omega)\overline{\boldsymbol{y}}^T\boldsymbol{D}\boldsymbol{y} + \omega\overline{\boldsymbol{y}}^T\boldsymbol{U}\boldsymbol{y} = \lambda(\overline{\boldsymbol{y}}^T\boldsymbol{D}\boldsymbol{y} - \omega\overline{\boldsymbol{y}}^T\boldsymbol{L}\boldsymbol{y}). \tag{4.24}$$

记数

$$\overline{\boldsymbol{y}}^T\boldsymbol{L}\boldsymbol{y} = \alpha + \beta\mathrm{i} \quad (\mathrm{i} = \sqrt{-1}).$$

由于 $\boldsymbol{A}$ 为实对称阵,故有 $\boldsymbol{U} = \boldsymbol{L}^T$。对上式共轭转置,有

$$\overline{\boldsymbol{y}}^T\boldsymbol{U}\boldsymbol{y} = \overline{\boldsymbol{y}}^T\boldsymbol{L}^T\boldsymbol{y} = \alpha - \beta\mathrm{i}.$$

由于 $\boldsymbol{A}$ 是对称正定阵,因而 $\boldsymbol{D}$ 也是对称正定阵,记数

$$\sigma = \overline{\boldsymbol{y}}^T\boldsymbol{D}\boldsymbol{y},$$

于是有 $\sigma > 0$,

$$0 < \overline{\boldsymbol{y}}^T\boldsymbol{A}\boldsymbol{y} = \overline{\boldsymbol{y}}^T(\boldsymbol{D} - \boldsymbol{L} - \boldsymbol{U})\boldsymbol{y} = \overline{\boldsymbol{y}}^T\boldsymbol{D}\boldsymbol{y} - \overline{\boldsymbol{y}}^T(\boldsymbol{L} + \boldsymbol{U})\boldsymbol{y} = \sigma - 2\alpha.$$

当 $0 < \omega < 2$ 时,由上式可得

$$\sigma - \omega\alpha > \sigma - 2\alpha > 0. \tag{4.25}$$

将与(4.24)有关的上述各数代入(4.24),得

$$(1-\omega)\sigma + \omega(\alpha - \beta i) = \lambda(\sigma - \omega\alpha - \omega\beta i).$$

由(4.25)知 $\sigma - \omega\alpha - \omega\beta i \neq 0$,故由上式得

$$\lambda = \frac{((1-\omega)\sigma + \omega\alpha) - \omega\beta i}{(\sigma - \omega\alpha) - \omega\beta i}.$$

将上式两边取模并平方,得

$$|\lambda|^2 = \frac{((1-\omega)\sigma + \omega\alpha)^2 + \omega^2\beta^2}{(\sigma - \omega\alpha)^2 + \omega^2\beta^2}. \tag{4.26}$$

当 $0 < \omega < 2$ 时,由(4.25)有

$$((1-\omega)\sigma + \omega\alpha)^2 - (\sigma - \omega\alpha)^2 = -\omega\sigma(\sigma - 2\alpha)(2-\omega) < 0,$$

由(4.26)得 $|\lambda|^2 < 1$,再由 λ 的任意性得 $\rho(\boldsymbol{B}_\omega) < 1$. 由定理 4.3 知,松弛迭代法当 $0 < \omega < 2$ 时收敛. ∎

说明:

(1) 由于当 $\omega = 1$ 时,松弛迭代法就是高斯-赛德尔迭代法,因此,定理 4.4 的结论对 G-S 迭代法也成立,即当方程组的系数矩阵对称正定时,G-S 迭代法也收敛.

(2) 尽管定理 4.4 证明了当 $0 < \omega < 2$ 时结论成立,但常用的是 $1 < \omega < 2$ 的情形,因此,常将定理 4.4 的条件称为 **SOR 方法的收敛条件**. 当然,这仅是充分条件.

例 4.7 讨论例 4.2 中的方程组用 SOR 方法求解的收敛性.

解 在例 4.2 中,方程组的系数矩阵为

$$\boldsymbol{A} = \begin{pmatrix} 4 & -2 & -4 \\ -2 & 17 & 10 \\ -4 & 10 & 9 \end{pmatrix}.$$

由于

$$\det(\boldsymbol{A}_1) = 4 > 0, \quad \det(\boldsymbol{A}_2) = 4 \times 17 - 4 = 64 > 0,$$
$$\det(\boldsymbol{A}) = 2 > 0,$$

故 $\boldsymbol{A}$ 为对称正定阵. 由定理 4.4 知,当 $1 < \omega < 2$ 时用 SOR 方法求解收敛. SOR 方法收敛的迭代格式和计算结果见例 4.2.

小 结

迭代法是利用计算机求解方程组的常用方法. 特别是对大型稀疏矩阵方程组,即系数矩阵中零元素占多数的那种方程组,具有占用内存少、编制程

序简单、容易上机实现等明显优点.

本章介绍了三种常用的迭代法,尽管高斯-赛德尔迭代法是对雅可比迭代法的一种改进,但由于两种迭代法的迭代矩阵不同,因此有些方程组用雅可比迭代法求解收敛,而用 G-S 迭代法求解发散,或者存在相反的情形(见本章习题 3). 松弛迭代法是一种应用极为广泛的方法,特别是 SOR 方法,当松弛因子 ω 选择得好时,比 G-S 迭代法快得多.

本章还介绍了检验三种常用方法收敛的 4 个定理,定理 4.1、定理 4.2、定理 4.4 只是充分条件,定理 4.3 是必要充分条件;定理 4.1、定理 4.3 是针对迭代矩阵 B 而言,而定理 4.2 和定理 4.4 是直接用系数矩阵 A 检验,对于系数矩阵具有某种特性的方程组比较方便.

习 题 四

1. 分别用雅可比迭代法和 G-S 迭代法求解下列方程组. 取初始向量 $x^{(0)} = (0,0,0)^T$,要求
$$\|x^{(m+1)} - x^{(m)}\|_\infty \leq \frac{1}{2} \times 10^{-3}.$$

(1) $\begin{cases} 2x_1 + x_2 = 1, \\ x_1 - 4x_2 = 5; \end{cases}$

(2) $\begin{cases} 5x_1 - 2x_2 + x_3 = 4, \\ x_1 + 5x_2 - 3x_3 = 2, \\ 2x_1 + x_2 - 5x_3 = -11. \end{cases}$

2. 用 SOR 方法求解方程组
$$\begin{cases} 4x_1 + 3x_2 = 16, \\ 3x_1 + 4x_2 - x_3 = 20, \\ -x_2 + 4x_3 = -12, \end{cases}$$

取松弛因子 $\omega = 1.24$,要求
$$\|x^{(m+1)} - x^{(m)}\|_\infty \leq \frac{1}{2} \times 10^{-4}.$$

3. 写出下列方程组的 Jacobi 迭代格式及 G-S 迭代格式,并分别讨论迭代的收敛性:

(1) $\begin{cases} 10x_1 - x_2 = 9, \\ -x_1 + 10x_2 - 2x_3 = -5, \\ -2x_2 + 5x_3 = 12; \end{cases}$

(2) $\begin{cases} x_1 + 2x_2 - 2x_3 = 1, \\ x_1 + x_2 + x_3 = -1, \\ 2x_1 + 2x_2 + x_3 = 0. \end{cases}$

4. 试对下列方程组作等价变形后，建立收敛的迭代格式：

(1) $\begin{cases} 2x_1 - 3x_2 + 10x_3 = 3, \\ -x_1 + 4x_2 + 2x_3 = 20, \\ 5x_1 + 2x_2 + x_3 = -12; \end{cases}$

(2) $\begin{cases} x_1 + 6x_2 - 2x_3 = 1, \\ 3x_1 - 2x_2 + 5x_3 = 2, \\ 4x_1 + x_2 + 3x_3 = 3. \end{cases}$

5. 请写出用雅可比迭代法和 G-S 迭代法求解下列方程组收敛的迭代格式：

(1) $\begin{pmatrix} 7 & 1 & 2 \\ 2 & 8 & 2 \\ 2 & 2 & 9 \end{pmatrix} \begin{pmatrix} x_1 \\ x_2 \\ x_3 \end{pmatrix} = \begin{pmatrix} 10 \\ 8 \\ 6 \end{pmatrix};$

(2) $\begin{pmatrix} x_1 \\ x_2 \\ x_3 \end{pmatrix} = \begin{pmatrix} 0.1 & 0.02 & -0.04 \\ -0.2 & 0.06 & 0.1 \\ 0.05 & 0.1 & 0.03 \end{pmatrix} \begin{pmatrix} x_1 \\ x_2 \\ x_3 \end{pmatrix} + \begin{pmatrix} 1 \\ 0 \\ 0 \end{pmatrix}.$

6. 试问方程组

$$\begin{cases} 10x_1 - 2x_2 = 9, \\ -2x_2 + 10x_2 - 3x_3 = -6, \\ -3x_2 + 4x_3 = 8 \end{cases}$$

用哪些迭代法求解收敛？若收敛，请写出其收敛的迭代格式．

7. 设方程组

$$\begin{pmatrix} a_{11} & a_{12} \\ a_{21} & a_{22} \end{pmatrix} \begin{pmatrix} x_1 \\ x_2 \end{pmatrix} = \begin{pmatrix} b_1 \\ b_2 \end{pmatrix},$$

其中 $a_{11}a_{22} \neq 0$，分别写出其 Jacobi 迭代及 G-S 迭代格式，并证明这两种迭代同时收敛或同时发散．

8. 设方程组

$$\begin{pmatrix} 10 & a & 0 \\ b & 10 & b \\ 0 & a & 5 \end{pmatrix} \begin{pmatrix} x_1 \\ x_2 \\ x_3 \end{pmatrix} = \begin{pmatrix} c_1 \\ c_2 \\ c_3 \end{pmatrix},$$

且其系数矩阵的行列式 $|A| \neq 0$.

(1) 分别写出 Jacobi 迭代、G-S 迭代及松弛迭代格式.

(2) 导出 Jacobi 迭代及 G-S 迭代收敛的充分必要条件.

9. 设线性方程组 $Ax = b$ 的系数矩阵为

$$A = \begin{pmatrix} a & 1 & 3 \\ 1 & a & 2 \\ -3 & 2 & a \end{pmatrix}.$$

试求能使 Jacobi 迭代格式收敛的 a 的取值范围.

10. 设 $A = \begin{pmatrix} 1 & a & a \\ a & 1 & a \\ a & a & 1 \end{pmatrix}$,线性方程组为 $Ax = b$. 证明:

(1) Jacobi 迭代收敛的充分必要条件是 $-\frac{1}{2} < a < \frac{1}{2}$;

(2) G-S 迭代格式收敛的充分条件是 $-\frac{1}{2} < a < 1$.

11. 给定方程组 $Ax = b$,其中

$$A = \begin{pmatrix} 3 & 2 \\ 1 & 2 \end{pmatrix}, \quad b = \begin{pmatrix} -2 \\ 5 \end{pmatrix},$$

建立迭代格式

$$x^{(m+1)} = x^{(m)} + \alpha(Ax^{(m)} - b), \quad m = 0, 1, \cdots.$$

问常数 α 在什么范围内取值时迭代格式收敛?

12. 考虑方程组 $Hx = b$,其中系数矩阵 H 是如下 $n \times n$ Hilbert 矩阵:

$$H = (h_{ij})_{n \times n}, \quad h_{ij} = \frac{1}{i+j-1}, \quad i, j = 1, 2, \cdots, n.$$

假设由准确解 $x^* = (1, 1, \cdots, 1)^T \in \mathbf{R}^n$ 确定向量 b.

(1) 选取 $n = 6$,计算条件数 $\mathrm{Cond}(H)_\infty$,再用 G-S 迭代法求方程组的解,并与准确解进行比较(取 5 位小数计算).

(2) 逐步增大 $n (n = 8, 10, \cdots)$,重复(1)的计算,比较结果,结果说明什么?

第五章 插值与拟合

事物的运动变化规律常常用函数 $y=f(x)$ 来描述. 但在实际问题中, 大多数情形下 $y=f(x)$ 的准确表达式是不知道的, 我们只能通过试验观测的方法得到函数的一些值. 比如为了研究某天的气温 T 随时间 t 的变化规律 $T=f(t)$, 我们每隔一定的时间间隔测一次气温值 $f(t_i)$ $(i=0,1,\cdots,n)$. 将这些数据在平面坐标系中标出, 则这些点大致刻画出了该天气温的变化, 但 $f(t)$ 的准确表达式还是未知. 我们可用一个较简单的便于计算的函数 $T=P(t)$ (比如多项式) 来近似表示未知函数 $T=f(t)$, 要求使其满足
$$P(t_i)=f(t_i),\quad i=0,1,\cdots,n.$$
另一种情形是, 有时 $y=f(x)$ 的准确表达式是已知的, 但较复杂, 我们也需用一个简单函数来近似地代替 $f(x)$. 像这种用简单函数近似表示复杂函数或未知函数一组值的问题就是插值与拟合问题, 它是数值计算中的最基本内容. 插值与拟合无论对工程实际应用还是对数值计算本身的理论和方法都是极其重要的.

5.1 插值的基本概念

5.1.1 插值问题

设 $y=f(x)$ 在 $[a,b]$ 上有定义, $a\leqslant x_0<x_1<\cdots<x_n\leqslant b$, 且已知它在 x_i 处的函数值 $y_i=f(x_i)$ $(i=0,1,\cdots,n)$, 即已知函数值表

x_i	x_0	x_1	x_2	$\cdots$	x_n
y_i	y_0	y_1	y_2	$\cdots$	y_n

选取较简单的函数 $y=P(x)$ 来近似表示 $y=f(x)$, 使得满足条件
$$P(x_i)=f(x_i)\quad(i=0,1,\cdots,n),\tag{5.1}$$
则 $P(x)$ 称为**插值函数**, $f(x)$ 称为**被插值函数**, $x_0,x_1,\cdots,x_n$ 称为**插值节点**,

而(5.1)称为**插值条件**.

插值函数 $P(x)$ 通常在某种函数类中选取,比如多项式函数类,或者分段多项式函数类,或三角函数类等. 最简单最便于计算的是选取 $P(x)$ 为不超过 n 次的多项式,即选取

$$P_n(x) = a_0 + a_1 x + a_2 x^2 + \cdots + a_n x^n, \qquad (5.2)$$

使得满足插值条件

$$P_n(x_i) = y_i, \quad i = 0, 1, \cdots, n,$$

这样的问题称为 n **次多项式插值问题**,$y = P_n(x)$ 称为 $y = f(x)$ 的 n **次插值多项式**.

n 次多项式插值问题在几何上有明确意义,就是过平面上已知的 $n+1$ 个互异点 (x_i, y_i) $(i = 0, 1, \cdots, n)$,作一条次数不超过 n 次的多项式曲线.

5.1.2 插值多项式的存在唯一性

对于 n 次插值多项式问题,必须解决如下问题:

(1) 满足插值条件 $P_n(x_i) = y_i$ $(i = 0, 1, \cdots, n)$ 的多项式 $P_n(x)$ 是否存在?如果存在,是否唯一?

(2) 用 $P_n(x)$ 近似表示 $f(x)$,误差如何?

(3) 怎样求出插值多项式 $P_n(x)$?

这些问题将依次讨论.

定理 5.1 插值多项式 $P_n(x)$ 存在且唯一.

证 设给定了 $y = f(x)$ 在 $[a,b]$ 上的 $n+1$ 个互异点处的值 $y_i = f(x_i)$ $(i = 0, 1, \cdots, n)$,$P_n(x) = a_0 + a_1 x + \cdots + a_n x^n$. 将插值条件 $P_n(x_i) = y_i$ 代入多项式 $P_n(x)$,得到

$$\begin{cases} a_0 + a_1 x_0 + a_2 x_0^2 + \cdots + a_n x_0^n = y_0, \\ a_0 + a_1 x_1 + a_2 x_1^2 + \cdots + a_n x_1^n = y_1, \\ \cdots, \\ a_0 + a_1 x_n + a_2 x_n^2 + \cdots + a_n x_n^n = y_n. \end{cases} \qquad (5.3)$$

线性方程组(5.3)含 $n+1$ 个方程、$n+1$ 个未知数 $a_0, a_1, \cdots, a_n$. 其系数行列式是范德蒙(Vandermonde)行列式

$$V = \begin{vmatrix} 1 & x_0 & x_0^2 & \cdots & x_0^n \\ 1 & x_1 & x_1^2 & \cdots & x_1^n \\ \vdots & \vdots & \vdots & & \vdots \\ 1 & x_n & x_n^2 & \cdots & x_n^n \end{vmatrix} = \prod_{0 \leqslant j < i \leqslant n} (x_i - x_j).$$

由于 $x_0,x_1,\cdots,x_n$ 互异，所以 $V\neq 0$，根据线性方程组的克莱姆(Cramer)法则，方程组(5.3)存在唯一的解 $a_0,a_1,\cdots,a_n$. 因此插值多项式 $P_n(x)$ 存在并且唯一.

定理 5.1 在几何上表示通过平面上给定的 $n+1$ 个互异点 (x_i,y_i) ($i=0,1,\cdots,n$)，可唯一作一条次数不超过 n 次的多项式曲线 $y=P_n(x)$. 通常情形，$y=P_n(x)$ 的次数为 n 次，有时 $P_n(x)$ 退化为低于 n 次的多项式. 比如当给定的 $n+1$ ($n>1$) 个互异点在一条直线上时，通过这些点的 $P_n(x)$ 就退化为一次多项式.

定理 5.1 不仅解决了 $y=P_n(x)$ 的存在及唯一性问题，而且还给出了如何求 $y=P_n(x)$ 的方法，这就是通过求解方程组(5.3)得到 $P_n(x)$ 的 $n+1$ 个系数，从而确定出 $P_n(x)$. 显然这种求解方程组(5.3)的方法相当麻烦. 研究数值计算问题有一个特点，就是构造各种算法，要使之计算更容易，误差更小，成为实际中行之有效的方法. 后面将介绍两种构造 $P_n(x)$ 的简便方法.

定理 5.1 也指出了插值多项式 $P_n(x)$ 是唯一的. 这就表明无论用什么方法构造出的多项式 $P_n(x)$，只要满足插值条件，它们就是同一个多项式. 应当注意，如果不限定多项式的次数，满足插值条件的多项式则不唯一. 例如，任取多项式 $\varphi(x)$，则多项式

$$g(x)=P_n(x)+\varphi(x)(x-x_0)^{k_0}(x-x_1)^{k_1}\cdots(x-x_n)^{k_n},$$

其中，$k_0,k_1,\cdots,k_n$ 为任意正整数，也满足插值条件.

5.1.3 插值余项

在 $[a,b]$ 上用 $P_n(x)$ 近似表示 $f(x)$，在插值节点 x_i 处是没有误差的，即

$$f(x_i)=P_n(x_i),\quad i=0,1,\cdots,n.$$

但在其他点 x 处，一般 $f(x)$ 与 $P_n(x)$ 不相等(如图 5-1).

记

$$R_n(x)=f(x)-P_n(x), \quad (5.4)$$

称 $R_n(x)$ 为插值多项式的**余项**或**截断误差**.

引入记号

$$\omega_{n+1}(x)=(x-x_0)(x-x_1)\cdots(x-x_n), \quad (5.5)$$

则有下面插值余项的估计定理.

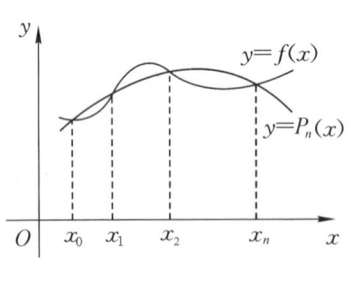

图 5-1

定理 5.2　设 $f(x)$ 在 $[a,b]$ 上 $n+1$ 阶导数存在，则插值多项式(5.2)的余项为

$$R_n(x) = \frac{f^{(n+1)}(\xi)}{(n+1)!}\omega_{n+1}(x), \tag{5.6}$$

其中，$\xi \in (a,b)$ 且依赖于 x，而 $x \in [a,b]$．

证　当 $x = x_i\ (i=0,1,\cdots,n)$ 时，
$$R_n(x_i) = f(x_i) - P_n(x_i) = 0,$$
而 $\omega_{n+1}(x_i) = 0$，所以(5.6)成立．

当 $x \neq x_i$ 时，作辅助函数

$$\varphi(t) = f(t) - P_n(t) - \frac{f(x) - P_n(x)}{\omega_{n+1}(x)}\omega_{n+1}(t),$$

则 $\varphi(t)$ 在 $t \in [a,b]$ 上 $n+1$ 阶可导．容易验证 $t = x, x_0, x_1, \cdots, x_n$ 是 $\varphi(t)$ 的 $n+2$ 个互不相同的零点．根据罗尔(Rolle)定理，在 $\varphi(t)$ 的每两个零点之间至少存在一个 $\varphi'(t)$ 的零点，因此 $\varphi'(t)$ 在 (a,b) 内至少有 $n+1$ 个互异零点．反复对 $\varphi'(t), \varphi''(t), \cdots, \varphi^{(n)}(t)$ 用罗尔定理，得到 $\varphi''(t)$ 至少有 n 个零点，$\varphi'''(t)$ 至少有 $n-1$ 个零点 $\cdots\cdots \varphi^{(n+1)}(t)$ 至少有一个零点，即至少存在一点 $\xi \in (a,b)$，使 $\varphi^{(n+1)}(\xi) = 0$．由于

$$\frac{\mathrm{d}^{n+1}}{\mathrm{d}t^{n+1}}P_n(t) = 0, \quad \frac{\mathrm{d}^{n+1}}{\mathrm{d}t^{n+1}}\omega_{n+1}(t) = (n+1)!,$$

因此

$$\varphi^{(n+1)}(\xi) = f^{(n+1)}(\xi) - \frac{f(x) - P_n(x)}{\omega_{n+1}(x)} \cdot (n+1)! = 0.$$

所以 $R_n(x) = f(x) - P_n(x) = \dfrac{f^{(n+1)}(\xi)}{(n+1)!}\omega_{n+1}(x)$．∎

在实际插值问题中，由于 ξ 一般不知道，且实际插值中的 $f(x)$ 一般较复杂或者未知，因此用余项公式(5.6)求误差是较困难的，只能对其进行估计．若
$$|f^{(n+1)}(x)| \leqslant M, \quad x \in [a,b],$$
则有余项估计式

$$|R_n(x)| \leqslant \frac{M}{(n+1)!}|(x-x_0)(x-x_1)\cdots(x-x_n)|. \tag{5.7}$$

5.2　拉格朗日(Lagrange)插值

5.2.1　拉格朗日插值基函数

对于给定的 $n+1$ 个互异节点 $x_0, x_1, \cdots, x_n$，为了构造求解 n 次多项式插

值问题的可行算法，我们首先考虑一个简单的 n 次多项式插值问题.

已知 $y = f(x)$ 的如下函数值表：

$$
\begin{array}{c|ccccccc}
x_k & x_0 & x_1 & \cdots & x_{i-1} & x_i & x_{i+1} & \cdots & x_n \\
\hline
y_k & 0 & 0 & \cdots & 0 & 1 & 0 & \cdots & 0
\end{array}
\tag{5.8}
$$

求满足插值条件 $l_i(x_j) = y_j$ $(j = 0, 1, \cdots, n)$ 的 n 次插值多项式 $l_i(x)$.

对此问题，根据(5.8)知，所要求的 $l_i(x)$ 必须满足如下两点：

（ⅰ） $l_i(x)$ 是 n 次多项式.

（ⅱ） $l_i(x_j) = \delta_{ij}$ $(j = 0, 1, \cdots, n)$, $\tag{5.9}$

其中, $\delta_{ij} = \begin{cases} 1, & i = j, \\ 0, & i \neq j. \end{cases}$

我们不采用求解方程组(5.3)的方法来求解 $l_i(x)$，而是根据 $l_i(x)$ 必须满足(5.9)这一特点来构造 $l_i(x)$. 由(5.9)知，$x_0, x_1, \cdots, x_{i-1}, x_{i+1}, \cdots, x_n$ 是 $l_i(x)$ 的 n 个互异零点，且 $l_i(x)$ 为 n 次多项式，所以

$$l_i(x) = \alpha(x - x_0)(x - x_1)\cdots(x - x_{i-1})(x - x_{i+1})\cdots(x - x_n),$$

其中 α 是待定常数. 又由于 $l_i(x_i) = 1$，所以有

$$\alpha = \frac{1}{(x_i - x_0)(x_i - x_1)\cdots(x_i - x_{i-1})(x_i - x_{i+1})\cdots(x_i - x_n)}.$$

因此

$$
\begin{aligned}
l_i(x) &= \frac{(x - x_0)(x - x_1)\cdots(x - x_{i-1})(x - x_{i+1})\cdots(x - x_n)}{(x_i - x_0)(x_i - x_1)\cdots(x_i - x_{i-1})(x_i - x_{i+1})\cdots(x_i - x_n)} \\
&= \prod_{\substack{k=0 \\ k \neq i}}^{n} \frac{x - x_k}{x_i - x_k}.
\end{aligned}
\tag{5.10}
$$

形如(5.10)的函数 $l_0(x), l_1(x), \cdots, l_n(x)$ 称为以 $x_0, x_1, \cdots, x_n$ 为节点的**拉格朗日插值基多项式**，它们都是 n 次多项式且满足(5.9).

5.2.2 拉格朗日插值多项式

设用试验或观测方法得到函数 $y = f(x)$ 的如下函数值表：

$$
\begin{array}{c|cccc}
x_i & x_0 & x_1 & \cdots & x_n \\
\hline
y_i & y_0 & y_1 & \cdots & y_n
\end{array}
\tag{5.11}
$$

其中, $y_i = f(x_i)$ $(i = 0, 1, \cdots, n)$. 我们用插值基函数 $l_i(x)$ $(i = 0, 1, \cdots, n)$ 的线性组合来构造满足(5.11)的插值多项式，令

$$L_n(x) = y_0 l_0(x) + y_1 l_1(x) + \cdots + y_n l_n(x). \tag{5.12}$$

由于基函数 $l_i(x)$ $(i=0,1,\cdots,n)$ 都是 n 次多项式,且 $l_i(x_j)=\delta_{ij}$,因此 $L_n(x)$ 是次数不超过 n 次的多项式,且满足
$$L_n(x_i)=y_i,\quad i=0,1,\cdots,n.$$
这表明(5.12)就是满足插值条件(5.11)的多项式插值函数,它是插值基函数的线性组合. 由插值多项式的存在唯一性知,将 $L_n(x)$ 化简成 n 次多项式标准形式(5.2)后,与用求解方程组(5.3)而得的插值多项式是相同的. 称形如(5.12)的插值多项式 $L_n(x)$ 为**拉格朗日插值多项式**.

当 $n=1$ 时,一次插值多项式(也称**线性插值**)为 $L_1(x)=y_0 l_0(x)+y_1 l_1(x)$,即
$$L_1(x)=y_0\frac{x-x_1}{x_0-x_1}+y_1\frac{x-x_0}{x_1-x_0}. \tag{5.13}$$
在几何上,线性插值就是过两点 $(x_0,y_0),(x_1,y_1)$ 的直线方程. 当 $n=2$ 时,二次插值多项式(也称**抛物线插值**)为
$$\begin{aligned}L_2(x)&=\sum_{i=0}^{2}y_i l_i(x)\\&=y_0\frac{(x-x_1)(x-x_2)}{(x_0-x_1)(x_0-x_2)}+y_1\frac{(x-x_0)(x-x_2)}{(x_1-x_0)(x_1-x_2)}\\&\quad+y_2\frac{(x-x_0)(x-x_1)}{(x_2-x_0)(x_2-x_1)}.\end{aligned} \tag{5.14}$$
(5.14)在几何上即表示过三点 $(x_0,y_0),(x_1,y_1),(x_2,y_2)$ 的抛物线.

例 5.1 已知 $y=f(x)=\ln(1+x)$ 的值如下:

x_i	1	2	3
y_i	0.7	1.1	1.4

(1) 求拉格朗日插值多项式 $L_2(x)$.

(2) 求 $L_2(2.5)$.

(3) 求插值余项 $R_2(x)$ 并估计 $R_2(x)$.

解 (1) 由拉格朗日插值公式(5.12)及(5.10),得
$$\begin{aligned}L_2(x)&=y_0 l_0(x)+y_1 l_1(x)+y_2 l_2(x)\\&=0.7\cdot\frac{(x-2)(x-3)}{(1-2)(1-3)}+1.1\cdot\frac{(x-1)(x-3)}{(2-1)(2-3)}\\&\quad+1.4\cdot\frac{(x-1)(x-2)}{(3-1)(3-2)}\\&=-0.05x^2+0.55x+0.2.\end{aligned}$$

(2) 将 $x=2.5$ 代入上式,得 $L_2(2.5)=1.2625$,因此

$$f(2.5) \approx L_2(2.5) = 1.262\,5.$$

(3) 由 $f(x) = \ln(1+x)$，求出 $f'''(x) = \dfrac{2}{(1+x)^3}$，从而

$$\max_{1 \leqslant x \leqslant 3} |f'''(x)| = \frac{1}{4}.$$

由插值余项公式(5.6)及估计式(5.7)，有

$$R_2(x) = \frac{f'''(\xi)}{3!}(x-1)(x-2)(x-3)$$

$$= \frac{2}{3!(1+\xi)^3}(x-1)(x-2)(x-3), \quad \xi \in (1,3).$$

从而

$$|R_2(x)| \leqslant \frac{1}{24}|(x-1)(x-2)(x-3)|.$$

例 5.2 证明拉格朗日插值基函数具有如下性质：

$$l_0(x) + l_1(x) + \cdots + l_n(x) \equiv 1.$$

证 设 $L_n(x) = l_0(x) + l_1(x) + \cdots + l_n(x)$，即

$$L_n(x) = 1 \cdot l_0(x) + 1 \cdot l_1(x) + \cdots + 1 \cdot l_n(x),$$

这表明 $y_0 = y_1 = \cdots = y_n = 1$，因此上式可看做 $f(x) \equiv 1$ 的 n 次拉格朗日插值多项式. 由于 $f^{(n+1)}(x) \equiv 0$，因此

$$R_n(x) = f(x) - L_n(x) = \frac{f^{(n+1)}(\xi)}{(n+1)!}\omega_{n+1}(x) \equiv 0.$$

所以 $L_n(x) \equiv f(x)$，即 $L_n(x) \equiv 1$.

下面将基函数 $l_i(x)$ 的形式(5.10)进行改写.

由于 $\omega_{n+1}(x) = \prod\limits_{j=0}^{n}(x-x_j)$，故

$$\ln \omega_{n+1}(x) = \sum_{j=0}^{n} \ln(x-x_j).$$

两边对 x 求导，得 $\dfrac{\omega'_{n+1}(x)}{\omega_{n+1}(x)} = \sum\limits_{j=0}^{n}\dfrac{1}{x-x_j}$. 于是

$$\omega'_{n+1}(x) = \sum_{j=0}^{n}\frac{\omega_{n+1}(x)}{x-x_j} = \sum_{j=0}^{n}(x-x_0)\cdots(x-x_{j-1})(x-x_{j+1})\cdots(x-x_n),$$

故

$$\omega'_{n+1}(x_i) = (x_i-x_0)\cdots(x_i-x_{i-1})(x_i-x_{i+1})\cdots(x_i-x_n).$$

从而(5.10)可写为

$$l_i(x) = \frac{\omega_{n+1}(x)}{(x-x_i)\omega'_{n+1}(x_i)}. \tag{5.15}$$

于是拉格朗日插值多项式(5.12)可写为

$$L_n(x) = \sum_{i=0}^{n} \frac{\omega_{n+1}(x)}{(x-x_i)\omega'_{n+1}(x_i)} y_i. \qquad (5.16)$$

(5.15)的形式便于理论分析,(5.10)的形式便于计算.

下面我们给出拉格朗日插值的计算框图,如图 5-2 所示.

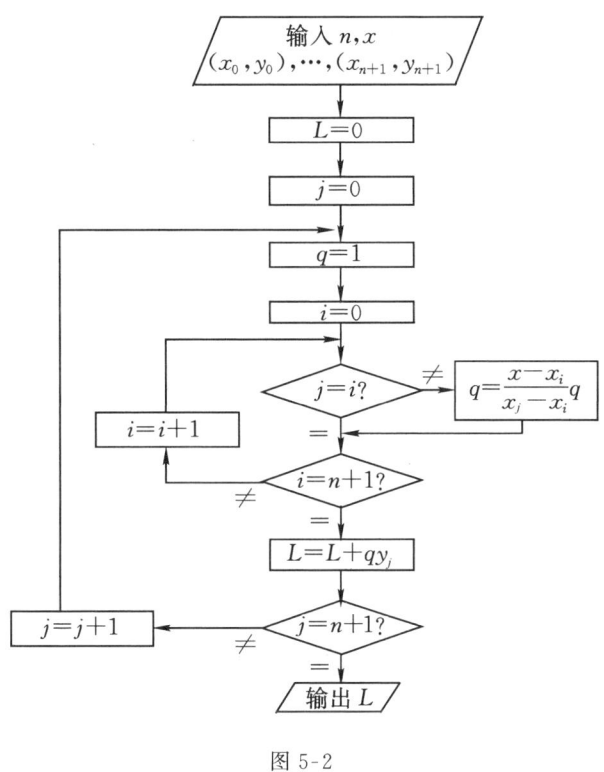

图 5-2

5.3 牛顿插值

5.3.1 差商及性质

定义 5.1 设 $x_0, x_1, x_2, \cdots$ 为一组互不相同的点,$y = f(x)$ 在这些点的值为已知. 称 $\dfrac{f(x_i) - f(x_j)}{x_i - x_j}$ $(i \neq j)$ 为 $f(x)$ 关于点 x_i, x_j 的**一阶差商**,记为 $f[x_i, x_j]$,即

$$f[x_i,x_j] = \frac{f(x_i)-f(x_j)}{x_i-x_j}.$$

一阶差商在几何上表示过曲线 $y=f(x)$ 上两点 $(x_i,f(x_i))$, $(x_j,f(x_j))$ 的割线的斜率.

与高阶导数定义类似,称一阶差商的差商

$$f[x_i,x_j,x_k] = \frac{f[x_i,x_j]-f[x_j,x_k]}{x_i-x_k}$$

为 $f(x)$ 关于点 x_i,x_j,x_k 的**二阶差商**. 一般地,$k-1$ 阶差商的差商

$$f[x_0,x_1,\cdots,x_{k-1},x_k] = \frac{f[x_0,x_1,\cdots,x_{k-1}]-f[x_1,x_2,\cdots,x_k]}{x_0-x_k}$$

称为 $f(x)$ 关于点 $x_0,x_1,\cdots,x_k$ 的 k **阶差商**.

特别定义 $f(x)$ 在 x_i 处的**零阶差商** $f[x_i]=f(x_i)$. 下面简单介绍差商的几个性质.

性质1(差商与函数值的关系) k 阶差商 $f[x_0,x_1,\cdots,x_k]$ 可表示成 $f(x_0)$,$f(x_1),\cdots,f(x_k)$ 的线性组合

$$f[x_0,x_1,\cdots,x_k] = \sum_{i=0}^{k} \frac{f(x_i)}{\omega'_{k+1}(x_i)}, \qquad (5.17)$$

其中,$\omega'_{k+1}(x_i) = \prod_{\substack{j=0 \\ j \neq i}}^{k}(x_i-x_j)$.

在此我们只验证 $k=1,2$ 时的情形. $k=1$ 时,(5.17) 显然成立. $k=2$ 时,

$$\begin{aligned}
f[x_0,x_1,x_2] &= \frac{f[x_0,x_1]-f[x_1,x_2]}{x_0-x_2} \\
&= \frac{1}{x_0-x_2}\left(\frac{f(x_0)-f(x_1)}{x_0-x_1} - \frac{f(x_1)-f(x_2)}{x_1-x_2}\right) \\
&= \frac{f(x_0)}{(x_0-x_1)(x_0-x_2)} + \frac{f(x_1)}{(x_1-x_0)(x_1-x_2)} \\
&\quad + \frac{f(x_2)}{(x_2-x_0)(x_2-x_1)}.
\end{aligned}$$

一般情形可用归纳法证明,只是表达式复杂,在此省略.

性质2(差商的对称性) 差商 $f[x_0,x_1,\cdots,x_k]$ 与节点 $x_0,x_1,\cdots,x_k$ 的顺序无关,如 $f[x_i,x_j,x_k] = f[x_i,x_k,x_j] = f[x_k,x_j,x_i]$.

性质2由性质1可直接得到.

性质3(差商与导数的关系) 设 $f(x)$ 在包含 $k+1$ 个互异节点 $x_0, x_1, \cdots, x_k$ 的区间 $[a,b]$ 上可导,则

$$f[x_0, x_1, \cdots, x_k] = \frac{f^{(k)}(\xi)}{k!}, \quad \xi \in (a,b). \tag{5.18}$$

性质4(多项式的差商) 设 $f(x)$ 为 n 次多项式,则其一阶差商 $f[x, x_i]$ 是 x 的 $n-1$ 次多项式.

事实上,若 $f(x)$ 为 n 次多项式,则 $f(x) - f(x_i)$ 也是 n 次多项式. 由于 $x = x_i$ 是 $f(x) - f(x_i)$ 的零点,于是有

$$f(x) - f(x_i) = (x - x_i) P_{n-1}(x),$$

其中,$P_{n-1}(x)$ 为 $n-1$ 次多项式. 所以

$$f[x, x_i] = \frac{f(x) - f(x_i)}{x - x_i} = P_{n-1}(x).$$

因此 $f[x, x_i]$ 为 $n-1$ 次多项式.

各阶差商可按差商表(见表 5-1)计算.

表 5-1 差 商 表

x_i	$f(x_i)$	一阶差商	二阶差商	三阶差商	……
x_0	$f(x_0)$				
x_1	$f(x_1)$	$f[x_0, x_1]$			
x_2	$f(x_2)$	$f[x_1, x_2]$	$f[x_0, x_1, x_2]$		
x_3	$f(x_3)$	$f[x_2, x_3]$	$f[x_1, x_2, x_3]$	$f[x_0, x_1, x_2, x_3]$	
x_4	$f(x_4)$	$f[x_3, x_4]$	$f[x_2, x_3, x_4]$	$f[x_1, x_2, x_3, x_4]$	
⋮	⋮	⋮	⋮	⋮	

5.3.2 牛顿插值多项式

考虑 $f(x)$ 关于节点 $x, x_0, x_1, \cdots, x_n$ 的各阶差商 $f[x, x_0], f[x, x_0, x_1],$ $\cdots, f[x, x_0, \cdots, x_n]$,由各阶差商的定义,依次可得

$$f(x) = f(x_0) + f[x, x_0](x - x_0),$$
$$f[x, x_0] = f[x_0, x_1] + f[x, x_0, x_1](x - x_1),$$
$$f[x, x_0, x_1] = f[x_0, x_1, x_2] + f[x, x_0, x_1, x_2](x - x_2),$$
$$\cdots,$$
$$f[x, x_0, \cdots, x_{n-1}] = f[x_0, x_1, \cdots, x_n] + f[x, x_0, \cdots, x_n](x - x_n).$$

将以上各式依次由下往上代入，得到

$$f(x) = f(x_0) + f[x_0,x_1](x-x_0)$$
$$+ f[x_0,x_1,x_2](x-x_0)(x-x_1) + \cdots$$
$$+ f[x_0,x_1,\cdots,x_n](x-x_0)(x-x_1)\cdots(x-x_{n-1})$$
$$+ f[x,x_0,x_1,\cdots,x_n](x-x_0)(x-x_1)\cdots(x-x_n). \quad (5.19)$$

记

$$N_n(x) = f(x_0) + f[x_0,x_1](x-x_0)$$
$$+ f[x_0,x_1,x_2](x-x_0)(x-x_1) + \cdots$$
$$+ f[x_0,x_1,\cdots,x_n](x-x_0)(x-x_1)\cdots(x-x_{n-1}), \quad (5.20)$$

$$R_n(x) = f[x,x_0,x_1,\cdots,x_n]\omega_{n+1}(x), \quad (5.21)$$

则(5.19)可写为

$$f(x) = N_n(x) + R_n(x). \quad (5.22)$$

显然 $N_n(x)$ 为次数不超过 n 的多项式，且有

$$R_n(x_i) = f[x_i,x_0,\cdots,x_n]\omega_{n+1}(x_i) = 0, \quad i=0,1,\cdots,n.$$

即

$$N_n(x_i) = f(x_i), \quad i=0,1,\cdots,n.$$

这表明 $N_n(x)$ 为 $f(x)$ 关于节点 $x_0,x_1,\cdots,x_n$ 的插值多项式. 称 $N_n(x)$ 为**牛顿插值多项式**，且(5.21)中的 $R_n(x)$ 就是牛顿插值余项.

由于插值多项式是唯一的，所以对于同一插值条件，牛顿插值多项式(5.20)与拉格朗日插值多项式(5.16)只是形式不同而已. 它们是同一多项式，也就是 $N_n(x) = L_n(x)$，即

$$f(x_0) + f[x_0,x_1](x-x_0) + \cdots$$
$$+ f[x_0,x_1,\cdots,x_n](x-x_0)(x-x_1)\cdots(x-x_{n-1})$$
$$= \sum_{i=0}^{n} \frac{\omega_{n+1}(x)}{(x-x_i)\omega'_{n+1}(x_i)} y_i.$$

比较两边 x^n 的系数，得到

$$f[x_0,x_1,\cdots,x_n] = \sum_{i=0}^{n} \frac{y_i}{\omega'_{n+1}(x_i)}.$$

这就是差商的性质1，显然这比根据定义证明差商性质1要简单.

除了插值多项式相同外，牛顿插值余项与拉格朗日插值余项也应相同，即

$$R_n(x) = \frac{f^{(n+1)}(\xi)}{(n+1)!}\omega_{n+1}(x) = f[x,x_0,x_1,\cdots,x_n]\omega_{n+1}(x).$$

因此有

$$f[x,x_0,x_1,\cdots,x_n] = \frac{f^{(n+1)}(\xi)}{(n+1)!} \quad (\xi \text{ 介于 } x,x_0,\cdots,x_n \text{ 之间}).$$

这就是差商性质 3.

拉格朗日插值与牛顿插值优缺点比较：拉格朗日插值形式简单，便于计算，但是当增加插值节点时，原先所作的计算没有利用价值，需从头再计算．牛顿插值虽然要先计算差商表，但它有一个突出优点，就是当新增加一个插值节点 x_{n+1} 时，只需在原插值多项式后面再增加一项，即有递推式

$$N_{n+1}(x) = N_n(x) + f[x_0, x_1, \cdots, x_{n+1}](x-x_0)(x-x_1)\cdots(x-x_n),$$

原有的计算结果能充分利用．

另外，从(5.20)可看出，牛顿插值 $N_n(x)$ 可看做多项式族

$$1, x-x_0, \cdots, (x-x_0)(x-x_1)\cdots(x-x_{n-1})$$

的线性组合，其系数就是差商表 5-1 中从左上到右下的对角线上的各阶差商值．

例 5.3 某天气温函数 $y=f(x)$ 的一组观测数据如表 5-2 所示．试求气温函数的近似函数 $N_3(x)$，并求 $N_3(12.5)$．

表 5-2

时间 x_i(时)	10	11	12	13
气温 y_i(℃)	20	22	28	26

解 根据已知数据先构造差商表如表 5-3 所示．

表 5-3

x_i	$f(x_i)$	一阶差商	二阶差商	三阶差商
10	20			
11	22	2		
12	28	6	2	
13	26	-2	-4	-2

将差商表中斜对角线上的这些差商值代入公式，得到

$$N_3(x) = 20 + 2(x-10) + 2(x-10)(x-11) - 2(x-10)(x-11)(x-12).$$

整理得

$$N_3(x) = -2x^3 + 68x^2 - 764x + 2860.$$

将 $x=12.5$ 代入上式，得 $N(12.5) = 28.75$．

5.4 差分与等距节点插值

给定 $n+1$ 个节点 $x_0 < x_1 < \cdots < x_n$，假设
$$x_i - x_{i-1} = h, \quad i = 1, 2, \cdots, n,$$
则这些节点称为**等距节点**，$h > 0$ 称为**步长**，这时节点可表示为
$$x_i = x_0 + ih, \quad i = 0, 1, \cdots, n.$$
在节点为等距这一特殊情形下，前面介绍的用差商表示的牛顿插值公式仍然成立，但是通过引入差分概念，牛顿插值公式可以表示成更简洁的形式.

5.4.1 差分及性质

定义 5.2 设 $y = f(x)$ 在等距节点 $x_i = x_0 + ih$ ($i = 0, 1, \cdots, n$) 处的值 $y_i = f(x_i)$ 为已知，分别称

$$\Delta y_i = y_{i+1} - y_i, \tag{5.23}$$

$$\nabla y_i = y_i - y_{i-1} \tag{5.24}$$

为函数 $y = f(x)$ 在点 x_i 处以 h 为步长的**一阶向前差分**和**一阶向后差分**.

与高阶差商定义类似，称 k 阶差分的差分为 $k+1$ **阶差分**，比如二阶向前差分和二阶向后差分分别为

$$\Delta^2 y_i = \Delta(\Delta y_i) = \Delta(y_{i+1} - y_i) = \Delta y_{i+1} - \Delta y_i$$
$$= y_{i+2} - 2y_{i+1} + y_i,$$
$$\nabla^2 y_i = \nabla(\nabla y_i) = \nabla(y_i - y_{i-1}) = \nabla y_i - \nabla y_{i-1}$$
$$= y_i - 2y_{i-1} + y_{i-2}.$$

计算各阶差分可按差分表 5-4 进行.

表 5-4　　　　　　　　　　　向前差分表

x_i	$y_i = f(x_i)$	Δy_i	$\Delta^2 y_i$	$\Delta^3 y_i$	$\cdots$	$\Delta^n y_i$
x_0	y_0					
x_1	y_1	Δy_0				
x_2	y_2	Δy_1	$\Delta^2 y_0$			
x_3	y_3	Δy_2	$\Delta^2 y_1$	$\Delta^3 y_0$		
$\vdots$	$\vdots$	$\vdots$	$\vdots$	$\vdots$	$\ddots$	
x_n	y_n	Δy_{n-1}	$\Delta^2 y_{n-2}$	$\Delta^3 y_{n-3}$	$\cdots$	$\Delta^n y_0$

计算向后差分与表 5-4 类似.

差分具有如下性质:

性质 1（差分与函数值的关系） 各阶差分均可表示为函数值 $y_j = f(x_j)$ 的线性组合:

$$\Delta^m y_i = \sum_{j=0}^{m} (-1)^j \binom{m}{j} y_{i-j+m}, \quad (5.25)$$

$$\nabla^m y_i = \sum_{j=0}^{m} (-1)^{m-j} \binom{m}{j} y_{i+j-m}, \quad (5.26)$$

其中，$\binom{m}{j} = C_m^j = \dfrac{m!}{j!(m-j)!}$.

性质 2（前差与后差的关系）

$$\nabla^m y_i = \Delta^m y_{i-m}. \quad (5.27)$$

性质 3（差分与差商的关系）

$$f[x_i, x_{i+1}, \cdots, x_{i+m}] = \frac{1}{m!} \frac{1}{h^m} \Delta^m y_i, \quad (5.28)$$

$$f[x_i, x_{i-1}, \cdots, x_{i-m}] = \frac{1}{m!} \frac{1}{h^m} \nabla^m y_i. \quad (5.29)$$

性质 4（差分与导数的关系） 设 $f(x)$ 有 m 阶导数，则有关系式

$$\begin{aligned}\Delta^m y_i &= m! h^m f[x_i, x_{i+1}, \cdots, x_{i+m}] \\ &= h^m f^{(m)}(\xi), \quad x_i < \xi < x_{i+m}.\end{aligned} \quad (5.30)$$

5.4.2 等距节点的牛顿插值

1. 牛顿向前插值公式

设给定等距插值节点 $x_i = x_0 + ih$ $(i=0,1,\cdots,n)$. 令 $x = x_0 + th$，则当 $x_0 \leqslant x \leqslant x_1$ 时，$0 \leqslant t \leqslant 1$，

$$\begin{aligned}\omega_{i+1}(x) &= (x-x_0)(x-x_1)\cdots(x-x_i) \\ &= t(t-1)(t-2)\cdots(t-i) h^{i+1}.\end{aligned} \quad (5.31)$$

将 (5.31) 及 (5.28) 代入牛顿插值公式 (5.20)，得到

$$\begin{aligned}N_n(x) &= N_n(x_0 + th) \\ &= y_0 + t \Delta y_0 + \frac{t(t-1)}{2!} \Delta^2 y_0 + \cdots + \frac{t(t-1)\cdots(t-n+1)}{n!} \Delta^n y_0.\end{aligned}$$

$$(5.32)$$

此公式称为**牛顿向前插值公式**,其中所用差分值是向前差分表 5-4 中斜对角线上的值.

2. 牛顿向后插值公式

首先将(5.20)改写为按节点 $x_n, x_{n-1}, \cdots, x_0$ 的次序排列的牛顿插值公式,即

$$N_n(x) = f(x_n) + f[x_n, x_{n-1}](x - x_n) + \cdots$$
$$+ f[x_n, x_{n-1}, \cdots, x_0](x - x_n)(x - x_{n-1})\cdots(x - x_1). \quad (5.33)$$

当节点 $x_i = x_0 + ih\ (i = 0, 1, \cdots, n)\ (h > 0)$ 为等距时,令 $x = x_n - th$,则当 $x_{n-1} \leqslant x \leqslant x_n$ 时 $0 \leqslant t \leqslant 1$,且有

$$(x - x_n)(x - x_{n-1})\cdots(x - x_{n-i}) = (-1)^{i+1} t(t-1)\cdots(t-i) h^{i+1}. \quad (5.34)$$

将(5.34)及(5.29)代入(5.33),得

$$N_n(x) = N_n(x_n - th)$$
$$= y_n - t\nabla y_n + (-1)^2 \frac{t(t-1)}{2!} \nabla^2 y_n + \cdots$$
$$+ (-1)^n \frac{t(t-1)\cdots(t-n+1)}{n!} \nabla^n y_n. \quad (5.35)$$

(5.35)称为**牛顿向后插值公式**. 用此公式需先构造向后差分表.

在等距插值计算时,若要计算的插值点 x 较靠近点 x_0,则用向前插值公式(5.32). 这时 $t = \dfrac{x - x_0}{n}$ 的值较小,数值稳定性较好. 相反,若 x 较靠近 x_n,则用向后插值公式(5.35).

在实际计算中,常需计算很多点 x 处的值 $N_n(x)$,这些点有些距 x_0 近,有些距 x_n 近,分别用向前插值及向后插值公式,则需构造向前及向后两个差分表. 根据向后差分与向前差分的关系式(5.27),有

$$\nabla y_n = \Delta y_{n-1}, \quad \nabla^2 y_n = \Delta^2 y_{n-2}, \quad \cdots, \quad \nabla^n y_n = \Delta^n y_0,$$

代入(5.35),得

$$N_n(x) = N_n(x_n - th)$$
$$= y_n - t\Delta y_{n-1} + (-1)^2 \frac{t(t-1)}{2!} \Delta^2 y_{n-2} + \cdots$$
$$+ (-1)^n \frac{t(t-1)\cdots(t-n+1)}{n!} \Delta^n y_0. \quad (5.36)$$

(5.36)只用到了向前差分. 可见分别用公式(5.32)及(5.36)计算靠近 x_0 或 x_n 的点的值时,只需构造向前差分表即可. (5.32)用向前差分表 5-4 中对角线上的值,(5.36)用表 5-4 中最后一行的值. 所以这两个公式分别称**表**

前公式和表后公式.

牛顿向前插值公式和向后插值公式的余项分别为

$$R_n(x_0+th)=\frac{f^{(n+1)}(\xi)}{(n+1)!}h^{n+1}t(t-1)\cdots(t-n),$$

$$x_0<\xi<x_n. \quad (5.37)$$

$$R_n(x_n-th)=\frac{f^{(n+1)}(\xi)}{(n+1)!}(-1)^{n+1}h^{n+1}t(t-1)\cdots(t-n),$$

$$x_0<\xi<x_n. \quad (5.38)$$

例 5.4 已知 $y=f(x)$ 在等距节点上的函数值表如下:

x_i	0.4	0.6	0.8	1.0
y_i	1.5	1.8	2.2	2.8

分别用牛顿向前插值及向后插值公式,求 $f(0.5)$ 及 $f(0.9)$ 的近似值.

解 先构造向前差分表如表 5-5 所示.

表 5-5

x_i	y_i	Δy_i	$\Delta^2 y_i$	$\Delta^3 y_i$
0.4	1.5			
0.6	1.8	0.3		
0.8	2.2	0.4	0.1	
1.0	2.8	0.6	0.2	0.1

由题意知 $x_0=0.4$,步长 $h=0.2$,$x_3=1.0$. 由公式(5.32),用差分表中对角线上的值得牛顿向前插值公式

$$N_3(x_0+th)=1.5+0.3t+\frac{t(t-1)}{2!}\cdot 0.1+\frac{t(t-1)(t-2)}{3!}\cdot 0.1,$$

即

$$N_3(0.4+0.2t)=1.5+0.3t+\frac{t(t-1)}{2!}\cdot 0.1+\frac{t(t-1)(t-2)}{3!}\cdot 0.1. \quad (5.39)$$

由公式(5.36)并用前差表中最后一行的值得牛顿向后插值公式

$$N_3(x_3-th)=2.8-0.6t+\frac{t(t-1)}{2!}\cdot 0.2-\frac{t(t-1)(t-2)}{3!}\cdot 0.1,$$

即

$$N_3(1-0.2t) = 2.8 - 0.6t + \frac{t(t-1)}{2!} \cdot 0.2 - \frac{t(t-1)(t-2)}{3!} \cdot 0.1.$$
(5.40)

当 $x=0.5$ 时,用前插公式(5.39),这时 $t = \frac{x-x_0}{h} = 0.5$. 将 $t=0.5$ 代入 (5.39),得

$$f(0.5) \approx N_3(0.5) = 1.64375.$$

而当 $x=0.9$ 时,要用后插公式(5.40),这时 $t = \frac{x_3-x}{h} = 0.5$. 将 $t=0.5$ 代入(5.40),得

$$f(0.9) \approx N_3(0.9) = 2.46875.$$

5.5 埃尔米特(Hermite)插值

在有些实际问题中,不仅要求插值函数在节点处与 $f(x)$ 的值相等,而且要求它们的导数值也相等,这种含导数插值条件的插值称为**埃尔米特插值**.

设 $y=f(x)$ 在互异节点 $x_0,x_1,\cdots,x_n$ 上的函数值 $y_i=f(x_i)$ 及导数值 $y_i'=f'(x_i)$ 为已知,即已知如下数据:

x_i	x_0	x_1	x_2	$\cdots$	x_n
y_i	y_0	y_1	y_2	$\cdots$	y_n
y_i'	y_0'	y_1'	y_2'	$\cdots$	y_n'

求一个次数不超过 $2n+1$ 次的多项式 $H(x)$,使得

$$H(x_i) = y_i, \quad H'(x_i) = y_i', \quad i=0,1,\cdots,n. \tag{5.41}$$

满足插值条件(5.41)的多项式 $H(x)$,称为**埃尔米特插值多项式**. (5.41)中共含有 $2n+2$ 个方程,可以猜想通过解这些方程即可确定多项式 $H(x)$ 的 $2n+2$ 个待定系数. 我们仿照拉格朗日插值方法,通过构造基函数,找出求 $H(x)$ 的简便算法. 为此先考虑如下简单的插值问题:

对某个固定的 $i\ (i=0,1,\cdots,n)$,分别求次数为 $2n+1$ 的多项式 $\alpha_i(x)$ 及 $\beta_i(x)$,使得

$$\alpha_i(x_j) = \delta_{ij}, \quad \alpha_i'(x_j) = 0, \quad j=0,1,\cdots,n. \tag{5.42}$$

$$\beta_i(x_j) = 0, \quad \beta_i'(x_j) = \delta_{ij}, \quad j=0,1,\cdots,n. \tag{5.43}$$

由(5.42)知,$x=x_0,\cdots,x_{i-1},x_{i+1},\cdots,x_n$ 都是 $\alpha_i(x)$ 的二重零点,因此

$\alpha_i(x)$ 可以设为

$$\alpha_i(x) = [a + b(x - x_i)] l_i^2(x), \tag{5.44}$$

其中，$l_i(x) = \dfrac{\omega_{n+1}(x)}{(x - x_i)\omega'_{n+1}(x_i)}$ 为拉格朗日插值基函数. 由(5.42)，$\alpha_i(x)$ 还应满足

$$\alpha_i(x_i) = 1, \quad \alpha'_i(x_i) = 0,$$

即

$$\begin{cases} \alpha_i(x_i) = a l_i^2(x_i) = a = 1, \\ \alpha'_i(x_i) = b l_i^2(x_i) + 2[a + b(x_i - x_i)] l_i(x_i) l'_i(x_i) = b + 2a l'_i(x_i) = 0. \end{cases}$$

联立解出 $a = 1$，$b = -2 l'_i(x_i)$. 代入(5.44)，得

$$\alpha_i(x) = [1 - 2(x - x_i) l'_i(x_i)] l_i^2(x), \quad i = 0, 1, \cdots, n. \tag{5.45}$$

类似地，由(5.43)知 x_i 是 $\beta_i(x) = 0$ 的单根，其他节点都是 $\beta_i(x) = 0$ 的二重根，故可设

$$\beta_i(x) = c(x - x_i) l_i^2(x).$$

又因为 $\beta'_i(x_i) = c l_i^2(x_i) = 1$，于是 $c = 1$，因此

$$\beta_i(x) = (x - x_i) l_i^2(x), \quad i = 0, 1, \cdots, n. \tag{5.46}$$

解决上述简单问题后，就可得到如下定理.

定理 5.3 满足插值条件(5.41)的埃尔米特插值多项式为

$$\begin{aligned} H(x) &= \sum_{i=0}^{n} (y_i \alpha_i(x) + y'_i \beta_i(x)) \\ &= \sum_{i=0}^{n} \{ y_i [1 - 2(x - x_i) l'_i(x_i)] l_i^2(x) + y'_i (x - x_i) l_i^2(x) \}. \end{aligned} \tag{5.47}$$

证 由于 $\alpha_i(x)$，$\beta_i(x)$ 均为 $2n+1$ 次多项式，且满足(5.42)及(5.43)，因此(5.47)是次数不超过 $2n+1$ 的多项式，且满足

$$H(x_i) = y_i, \quad H'(x_i) = y'_i, \quad i = 0, 1, \cdots, n.$$

所以 $H(x)$ 是埃尔米特插值多项式. ∎

定理 5.4 埃尔米特插值多项式唯一.

证 设 $H(x)$ 及 $G(x)$ 是满足插值条件(5.41)的两个埃尔米特插值多项式. 令 $\varphi(x) = H(x) - G(x)$，则有

$$\varphi(x_i) = \varphi'(x_i) = 0, \quad i = 0, 1, \cdots, n.$$

这表明 $x_0, x_1, \cdots, x_n$ 都是 $\varphi(x)$ 的二重零点,因此 $\varphi(x)$ 至少有 $2n+2$ 个零点(二重零点按两个零点计算)。但 $\varphi(x)$ 是次数不超过 $2n+1$ 的多项式,由代数方程基本定理得到 $\varphi(x) \equiv 0$,即 $H(x) \equiv G(x)$,这表明埃尔米特插值多项式是唯一的. ∎

与拉格朗日插值的余项公式类似,可导出埃尔米特插值的余项公式.

定理 5.5 设 $x_0, x_1, \cdots, x_n$ 为 $[a,b]$ 上的互异节点,$H(x)$ 为 $f(x)$ 的 $2n+1$ 次埃尔米特插值多项式. 如果 $f(x)$ 在 $[a,b]$ 上 $2n+2$ 次可导,则对任意的 $x \in [a,b]$,埃尔米特插值余项

$$R(x) = f(x) - H(x) = \frac{f^{(2n+2)}(\xi)}{(2n+2)!} \omega_{n+1}^2(x), \quad \xi \in (a,b).$$

(5.48)

证 当 $x = x_i$ ($i=0,1,\cdots,n$) 时,结论显然成立. 当 $x \neq x_i$ ($i=0,1,\cdots,n$) 时,作辅助函数

$$\varphi(t) = f(t) - H(t) - \frac{R(x)}{\omega_{n+1}^2(x)} \omega_{n+1}^2(t), \quad t \in [a,b],$$

则 $\varphi(t)$ 在 $t \in [a,b]$ 上 $2n+2$ 阶可导,$t = x, x_0, \cdots, x_n$ 是 $\varphi(t)$ 的 $n+2$ 个互异零点. 由罗尔定理知,函数 $\varphi'(t)$ 至少有 $n+1$ 个异于节点的零点. 另外,求出 $\varphi(t)$ 的导数

$$\varphi'(t) = f'(t) - H'(t) - \frac{R(x)}{\omega_{n+1}^2(x)} 2\omega_{n+1}(t) \omega_{n+1}'(t),$$

将 $t = x_i$ 代入得

$$\varphi'(x_i) = f'(x_i) - H'(x_i) - \frac{R(x)}{\omega_{n+1}^2(x)} 2\omega_{n+1}(x_i) \omega_{n+1}'(x_i)$$

$$= 0, \quad i = 0, 1, \cdots, n.$$

因此函数 $\varphi'(t)$ 至少有 $2n+2$ 个互异零点. 对 $\varphi'(t)$ 反复用罗尔定理得到,$\varphi^{(2n+2)}(t)$ 在 (a,b) 内至少有一个零点,即存在 $\xi \in (a,b)$,使得

$$\varphi^{(2n+2)}(\xi) = f^{(2n+2)}(\xi) - 0 - \frac{R(x)}{\omega_{n+1}^2(x)} (2n+2)! = 0.$$

从而得到

$$R(x) = \frac{f^{(2n+2)}(\xi)}{(2n+2)!} \omega_{n+1}^2(x), \quad \xi \in (a,b). \quad ∎$$

作为最简单的情形,我们来写出两个点 ($n=1$) 的埃尔米特插值公式. 即已知 $f(x)$ 的如下数据:

x_i	x_0	x_1
y_i	y_0	y_1
y_i'	y_0'	y_1'

这时 $H(x)$ 应是三次多项式. 由 (5.47), (5.45) 及 (5.46) 得
$$H(x) = y_0 \alpha_0(x) + y_1 \alpha_1(x) + y_0' \beta_0(x) + y_1' \beta_1(x),$$
其中,
$$\alpha_0(x) = \left(1 + 2\frac{x-x_0}{x_1-x_0}\right)\left(\frac{x-x_1}{x_0-x_1}\right)^2,$$
$$\alpha_1(x) = \left(1 + 2\frac{x-x_1}{x_0-x_1}\right)\left(\frac{x-x_0}{x_1-x_0}\right)^2,$$
$$\beta_0(x) = (x-x_0)\left(\frac{x-x_1}{x_0-x_1}\right)^2,$$
$$\beta_1(x) = (x-x_1)\left(\frac{x-x_0}{x_1-x_0}\right)^2.$$

所以, 两个节点的三次埃尔米特插值多项式为
$$H(x) = y_0\left(1+2\frac{x-x_0}{x_1-x_0}\right)\left(\frac{x-x_1}{x_0-x_1}\right)^2 + y_1\left(1+2\frac{x-x_1}{x_0-x_1}\right)\left(\frac{x-x_0}{x_1-x_0}\right)^2$$
$$+ y_0'(x-x_0)\left(\frac{x-x_1}{x_0-x_1}\right)^2 + y_1'(x-x_1)\left(\frac{x-x_0}{x_1-x_0}\right)^2. \quad (5.49)$$

埃尔米特插值问题中, 还有导数插值条件个数比函数值插值条件个数少的情形, 限于篇幅, 下面仅以一个例子介绍这种问题的一种解法.

例 5.5 已知 $y = f(x)$ 的数据如下:

x_i	0	1	2
y_i	0	2	6
y_i'		1	

求 $f(x)$ 的三次埃尔米特插值多项式 $H_3(x)$ 及余项 $R(x)$.

解 第 1 步, 由关于函数值的插值条件 $f(0)=0, f(1)=2, f(2)=6$, 求出二次拉格朗日插值多项式:
$$L_2(x) = y_0 l_0(x) + y_1 l_1(x) + y_2 l_2(x)$$
$$= 2 \cdot \frac{x(x-2)}{(1-0)(1-2)} + 6 \cdot \frac{x(x-1)}{(2-0)(2-1)}$$
$$= x^2 + x.$$

第2步，令
$$H_3(x) = L_2(x) + \lambda(x-0)(x-1)(x-2),$$
λ 为待定常数，则 $H_3(x)$ 显然满足关于函数值的三个插值条件. 下面根据关于导数的插值条件 $H_3'(1) = f'(1)$ 定出 λ. 由于
$$H_3(x) = x^2 + x + \lambda(x^3 - 3x^2 + 2x),$$
$$H_3'(x) = 2x + 1 + \lambda(3x^2 - 6x + 2),$$
由 $H_3'(1) = 1$ 得 $\lambda = 2$. 所以
$$H_3(x) = 2x^3 - 5x^2 + 5x.$$
余项与(5.48)类似，我们直接给出结果(读者可自己证明):
$$R(x) = \frac{f^{(4)}(\xi)}{4!}(x-0)(x-1)^2(x-2), \quad 0 < \xi < 1.$$

5.6 分段低次插值

5.6.1 高次插值的缺陷

对 $f(x)$ 进行多项式插值，为了很好地逼近 $f(x)$，就需增加 $f(x)$ 的已知数据，也就是增加插值节点. 随着节点数的增加，插值多项式的次数 n 将逐步提高. 是否 n 越大，插值余项 $R_n(x)$ 就越接近零呢? 事实并非如此. 龙格(Runge) 对 $f(x) = \dfrac{1}{1+x^2}$ 在区间 $[-5, 5]$ 上的 n 次等距拉格朗日插值 $L_n(x)$ 进行了研究. 结果表明，当 n 很大时，在 $|x| \leqslant 3.63$ 内 $L_n(x)$ 能很好地逼近 $f(x)$，而在这个区间外，误差反而很大. 图 5-3 反映了 10 次等距插值 $L_{10}(x)$

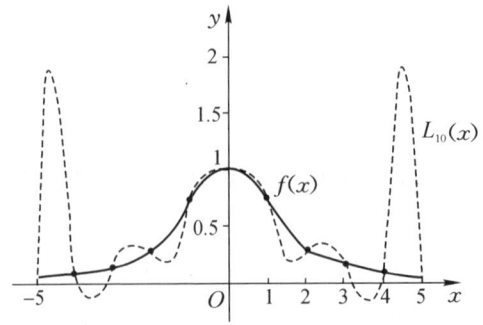

图 5-3

与 $f(x)$ 的逼近情况. 可以看出, 在 $[-5,5]$ 内部, $L_{10}(x)$ 与 $f(x)$ 偏差较小; 而在端点 $x=\pm 5$ 附近, 偏差很大. 这种现象称为**龙格现象**.

由于高次插值具有龙格现象这一缺陷, 因此实际中避免使用超过 7 次的高次插值.

5.6.2 分段线性插值

要使插值函数 $y=\varphi(x)$ 与 $y=f(x)$ 的误差较小, 必须利用较多的插值节点. 这时我们可以将插值区间 $[a,b]$ 分成很多小区间, 使每一小区间内的插值节点个数较少, 在每一小区间上作低次插值, 这样就得到 $[a,b]$ 上的分段低次插值. 分段低次插值形式简单, 便于计算, 而且还可以达到所需精度.

设插值节点为 $x_0 < x_1 < \cdots < x_n$, $x_i \in [a,b]$ $(i=0,1,\cdots,n)$, $y_i = f(x_i)$ 为已知. 若函数 $y=\varphi(x)$ 满足:

（ⅰ） $\varphi(x_i) = y_i$ $(i=0,1,\cdots,n)$;

（ⅱ） 在每个小区间 $[x_{i-1}, x_i]$ $(i=1,2,\cdots,n)$ 上, $y=\varphi(x)$ 是线性函数, 则称 $y=\varphi(x)$ 为 $[a,b]$ 上的**分段线性插值**.

由定义知, $y=\varphi(x)$ 为分段函数, 因此由拉格朗日插值公式可得 $\varphi(x)$ 在每个小区间上的表达式

$$\varphi(x) = \frac{x-x_i}{x_{i-1}-x_i} y_{i-1} + \frac{x-x_{i-1}}{x_i-x_{i-1}} y_i,$$
$$x \in [x_{i-1}, x_i], \quad i=1,2,\cdots,n. \tag{5.50}$$

在几何上, 分段线性函数 $y=\varphi(x)$ 的图形就是通过点 (x_i, y_i) $(i=0,1,\cdots,n)$ 的一条折线(如图 5-4), 分段线性插值就是用折线近似表示曲线.

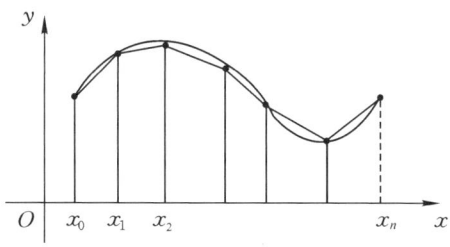

图 5-4

分段线性插值也可以表示成一些分段线性插值基函数 $Q_0(x), Q_1(x), \cdots, Q_n(x)$ 的线性组合:

$$\varphi(x) = \sum_{j=0}^{n} Q_j(x) y_j,$$

其中，

$$Q_0(x) = \begin{cases} \dfrac{x-x_1}{x_0-x_1}, & x \in [x_0,x_1], \\ 0, & x \overline{\in} [x_0,x_1], \end{cases}$$

$$Q_j(x) = \begin{cases} \dfrac{x-x_{j-1}}{x_j-x_{j-1}}, & x \in [x_{j-1},x_j], \\ \dfrac{x-x_{j+1}}{x_j-x_{j+1}}, & x \in [x_j,x_{j+1}], \\ 0, & x \overline{\in} [x_{j-1},x_{j+1}], \end{cases} \quad j=1,2,\cdots,n-1,$$

$$Q_n(x) = \begin{cases} \dfrac{x-x_{n-1}}{x_n-x_{n-1}}, & x \in [x_{n-1},x_n], \\ 0, & x \overline{\in} [x_{n-1},x_n]. \end{cases}$$

事实上，$Q_0(x), Q_1(x), \cdots, Q_n(x)$ 是一些局部非零的分段线性函数，因此在 $[x_i, x_{i+1}]$ 上有

$$\varphi(x) = Q_i(x)y_i + Q_{i+1}(x)y_{i+1}.$$

可见 $\varphi(x)$ 在每个 $[x_i, x_{i+1}]$ 上都是线性函数，且满足

$$\varphi(x_i) = y_i, \quad \varphi(x_{i+1}) = y_{i+1},$$

所以 $\varphi(x)$ 就是 $[a,b]$ 上的分段线性插值函数.

例 5.6　已知 $y = f(x) = \sqrt{x}$ 的下列函数值：

x_i	0	1	2	3
y_i	0.000	1.000	1.414	1.732

求其分段线性插值.

解　根据 (5.50) 可得分段线性插值函数

$$\varphi(x) = \begin{cases} x, & 0 \leqslant x < 1, \\ 0.414x + 0.586, & 1 \leqslant x < 2, \\ 0.318x + 0.778, & 2 \leqslant x \leqslant 3. \end{cases}$$

定理 5.6　设 $y = f(x)$ 在 $[a,b]$ 上二阶导数连续，则分段线性插值 $y = \varphi(x)$ 的余项有如下估计式：

$$|R(x)| = |f(x) - \varphi(x)| \leqslant \frac{M}{8}h^2, \tag{5.51}$$

其中，$M = \max\limits_{a \leqslant x \leqslant b} |f''(x)|$, $h = \max\limits_{1 \leqslant i \leqslant n} |x_i - x_{i-1}|$.

证 因为在每个小区间$[x_{i-1},x_i]$($i=1,2,\cdots,n$)上,$\varphi(x)$就是该区间上的拉格朗日一次插值多项式,由拉格朗日插值误差公式知,当$x\in[x_{i-1},x_i]$时有

$$R(x)=f(x)-\varphi(x)=\frac{f''(\xi)}{2!}(x-x_{i-1})(x-x_i),$$
$$\xi_i\in(x_{i-1},x_i).$$

求出最大值

$$\max_{x_{i-1}\leqslant x\leqslant x_i}|(x-x_{i-1})(x-x_i)|=\frac{(x_i-x_{i-1})^2}{4}.$$

从而在区间$[x_{i-1},x_i]$上有

$$|R(x)|\leqslant\left|\frac{f''(\xi)}{2}\right|\frac{(x_i-x_{i-1})^2}{4}.$$

所以对任意的$x\in[a,b]$有

$$|R(x)|\leqslant\frac{M}{2}\cdot\frac{h^2}{4}=\frac{M}{8}h^2.$$

由此定理可以看出,当$[a,b]$内插值节点数$n\to\infty$,从而步长$h=\max|x_i-x_{i-1}|\to0$时,余项$R(x)\to0$,因而分段线性插值可达到任意精度,既可避免龙格现象,又便于计算,所以在实际中被广泛采用. 但分段线性插值也有很明显的缺点,就是它在分段点x_i($i=1,2,\cdots,n-1$)处一般不可导,光滑性较差.

5.6.3 分段三次埃尔米特插值

对于$y=f(x)$的给定数据:

x_i	x_0	$<$	x_1	$<$	$\cdots$	$<$	x_n
y_i	y_0		y_1		$\cdots$		y_n
y'_i	y'_0		y'_1		$\cdots$		y'_n

求一个分段三次多项式$\varphi(x)$,使之满足

(ⅰ) $\varphi(x)$在每个小区间$[x_{i-1},x_i]$上为三次多项式;

(ⅱ) $\varphi(x_i)=y_i$,$\varphi'(x_i)=y'_i$ ($i=0,1,\cdots,n$).

此问题称为**分段三次埃尔米特插值**.

根据两点三次埃尔米特插值公式(5.49)可知,$\varphi(x)$在区间$[x_{i-1},x_i]$上的表达式为

$$\varphi(x) = y_{i-1}\left(1 + 2\frac{x - x_{i-1}}{x_i - x_{i-1}}\right)\left(\frac{x - x_i}{x_{i-1} - x_i}\right)^2$$
$$+ y_i\left(1 + 2\frac{x - x_i}{x_{i-1} - x_i}\right)\left(\frac{x - x_{i-1}}{x_i - x_{i-1}}\right)^2$$
$$+ y'_{i-1}(x - x_{i-1})\left(\frac{x - x_i}{x_{i-1} - x_i}\right)^2$$
$$+ y'_i(x - x_i)\left(\frac{x - x_{i-1}}{x_i - x_{i-1}}\right)^2, \quad x \in [x_{i-1}, x_i]. \tag{5.52}$$

与分段线性插值类似，也可将 $\varphi(x)$ 在 $[a,b]$ 上用基函数表示为

$$\varphi(x) = \sum_{j=0}^{n}(y_j \alpha_j(x) + y'_j \beta_j(x)),$$

其中，基函数 $\alpha_j(x), \beta_j(x)$ 分别为

$$\alpha_j(x) = \begin{cases} \left(1 + 2\dfrac{x - x_j}{x_{j-1} - x_j}\right)\left(\dfrac{x - x_{j-1}}{x_j - x_{j-1}}\right)^2, & x \in [x_{j-1}, x_j] \ (j=0 \text{ 时略去}), \\ \left(1 + 2\dfrac{x - x_j}{x_{j+1} - x_j}\right)\left(\dfrac{x - x_{j+1}}{x_j - x_{j+1}}\right)^2, & x \in [x_j, x_{j+1}] \ (j=n \text{ 时略去}), \\ 0, & x \overline{\in} [x_{j-1}, x_{j+1}], \end{cases}$$

$$\beta_j(x) = \begin{cases} (x - x_j)\left(\dfrac{x - x_{j-1}}{x_j - x_{j-1}}\right)^2, & x \in [x_{j-1}, x_j] \ (j=0 \text{ 时略去}), \\ (x - x_j)\left(\dfrac{x - x_{j+1}}{x_j - x_{j+1}}\right)^2, & x \in [x_j, x_{j+1}] \ (j=n \text{ 时略去}), \\ 0, & x \overline{\in} [x_{j-1}, x_{j+1}]. \end{cases}$$

由于 $\alpha_j(x), \beta_j(x)$ 的局部非零性质，当 $x \in [x_{i-1}, x_i]$ 时，只有 $\alpha_{i-1}(x)$, $\alpha_i(x), \beta_{i-1}(x), \beta_i(x)$ 不为零，于是

$$\varphi(x) = y_{i-1}\alpha_{i-1}(x) + y_i\alpha_i(x) + y'_{i-1}\beta_{i-1}(x)$$
$$+ y'_i\beta_i(x), \quad x \in [x_{i-1}, x_i].$$

关于插值误差，由 (5.48) 可得在 $x \in [x_{i-1}, x_i]$ 时，

$$R(x) = f(x) - \varphi(x) = \frac{f^{(4)}(\xi)}{4!}(x - x_{i-1})^2(x - x_i)^2, \quad \xi \in (x_{i-1}, x_i).$$

求出最大值

$$\max_{x_{i-1} \leqslant x \leqslant x_i}(x - x_{i-1})^2(x - x_i)^2 = \frac{(x_i - x_{i-1})^4}{16},$$

从而可得到分段三次埃尔米特插值的误差估计式

$$|R(x)| = |f(x) - \varphi(x)| \leqslant \frac{M}{384}h^4, \tag{5.53}$$

其中，$M = \max\limits_{a \leqslant x \leqslant b} |f^{(4)}(x)|$，$h = \max\limits_{1 \leqslant i \leqslant n} |x_i - x_{i-1}|$.

分段三次埃尔米特插值 $\varphi(x)$ 在区间 $[a,b]$ 上是分段三次多项式，且一阶导数连续，既保留了低次的优点，又克服了分段线性插值光滑性差的缺点.

5.7 三次样条插值

5.7.1 插值问题与插值条件

给定平面上 $n+1$ 个点 (x_i, y_i) $(i = 0, 1, \cdots, n)$，分段线性插值虽然简单，但光滑性差，分段三次埃尔米特插值虽具有一阶光滑性，但所需插值条件太多. 下面介绍的三次样条插值函数是分段三次多项式，在每个节点处有二阶连续导数. 而构造性质这样优良的插值函数所需的插值条件，也仅比拉格朗日插值多 2 个，因此在实际中被广泛采用.

定义 5.3　设 $a = x_0 < x_1 < \cdots < x_n = b$. 若函数 $s(x)$ 满足

（ⅰ）$s(x)$ 在每个 $[x_{i-1}, x_i]$ $(i = 1, 2, \cdots, n)$ 上是次数至多为三次的多项式；

（ⅱ）$s(x)$ 在区间 $[a, b]$ 上二阶导数连续，

则称 $s(x)$ 为 $[a,b]$ 上关于给定分划的**三次样条函数**.

对于给定的函数值 $y_i = f(x_i)$ $(i = 0, 1, \cdots, n)$，若 $s(x)$ 满足插值条件

$$s(x_i) = y_i, \quad i = 0, 1, \cdots, n, \tag{5.54}$$

则称 $s(x)$ 为 $f(x)$ 的**三次样条插值函数**.

由于 $s(x)$ 在每个子区间 $[x_{i-1}, x_i]$ $(i = 1, 2, \cdots, n)$ 上都是三次多项式，要确定 $s(x)$，就要在每个子区间上确定 4 个待定系数，在整个区间 $[a,b]$ 上总共应确定 $4n$ 个系数. 根据 $s(x)$ 在 $[a,b]$ 上二阶导数连续，故在内节点 x_i $(i = 1, 2, \cdots, n-1)$ 处应满足连续性条件

$$\left. \begin{array}{l} s(x_i - 0) = s(x_i + 0), \\ s'(x_i - 0) = s'(x_i + 0), \\ s''(x_i - 0) = s''(x_i + 0), \end{array} \right\} \tag{5.55}$$

共有 $3n - 3$ 个条件. 再加上 $s(x)$ 满足插值条件 (5.54)，则共有 $4n - 2$ 个条件，因此还需 2 个条件才能确定 $s(x)$. 通常可在边界点 x_0 和 x_n 处给出导数的约束条件，称为**边界条件**. 常见的有以下三种边界条件：

（1）给定两端点处的二阶导数值，即

$$s''(x_0) = y_0'', \quad s''(x_n) = y_n'', \tag{5.56}$$

其中,$y_0''=f''(x_0)$,$y_n''=f''(x_n)$. 特别地,若 $y_0''=y_n''=0$,称
$$s''(x_0)=0, \quad s''(x_n)=0 \tag{5.56}'$$
为**自然边界条件**.

(2) 给定两端点处一阶导数值,即
$$s'(x_0)=y_0', \quad s'(x_n)=y_n'. \tag{5.57}$$

(3) 当 $f(x)$ 是以 x_n-x_0 为周期的周期函数时,则要求 $s(x)$ 也为周期函数,这时给定的周期性条件为
$$\left.\begin{array}{l} s(x_0+0)=s(x_n-0), \\ s'(x_0+0)=s'(x_n-0), \\ s''(x_0+0)=s''(x_n-0). \end{array}\right\} \tag{5.58}$$

5.7.2 三弯矩方程

根据给定的插值条件和边界条件,可以确定出三次样条插值函数 $s(x)$. 函数 $s(x)$ 的表示方法有多种,有时用 $s(x)$ 在各节点处的二阶导数值
$$s''(x_i)=M_i, \quad i=0,1,\cdots,n$$
表示很方便. 二阶导数 M_i 在力学上解释为细梁在 x_i 截面处的弯矩,并且得到的弯矩只与相邻两个弯矩有关,故称为**三弯矩法**.

由于 $s(x)$ 在子区间 $[x_{i-1},x_i]$ 上是次数不高于 3 的多项式,所以 $s''(x)$ 在该子区间上是线性函数,并且有
$$s''(x)=M_{i-1}\frac{x_i-x}{h_i}+M_i\frac{x-x_{i-1}}{h_i}, \quad x\in[x_{i-1},x_i], \tag{5.59}$$
其中,$h_i=x_i-x_{i-1}$. 将 (5.59) 积分两次得到
$$s(x)=\frac{M_{i-1}}{6h_i}(x_i-x)^3+\frac{M_i}{6h_i}(x-x_{i-1})^3+C_1x+C_2. \tag{5.60}$$
利用插值条件 $s(x_{i-1})=y_{i-1}$,$s(x_i)=y_i$,可定出积分常数 C_1 和 C_2,然后代入 (5.60) 并整理,得
$$s(x)=\frac{M_{i-1}}{6h_i}(x_i-x)^3+\frac{M_i}{6h_i}(x-x_{i-1})^3+\left(\frac{y_{i-1}}{h_i}-\frac{M_{i-1}}{6}h_i\right)(x_i-x)$$
$$+\left(\frac{y_i}{h_i}-\frac{M_i}{6}h_i\right)(x-x_{i-1}), \quad x_{i-1}\leqslant x\leqslant x_i, i=1,2,\cdots,n.$$
$$\tag{5.61}$$

由 (5.61) 可看出,只要能把 $M_i(i=0,1,\cdots,n)$ 求出来,则所求的三次样条函数在各个子区间上的表达式就由 (5.61) 确定下来了. 为了求 M_i,需利用 $s'(x)$ 在各个内节点 $x_i(i=1,2,\cdots,n-1)$ 处连续的条件. 将 (5.61) 求导得

$$s'(x) = -\frac{M_{i-1}}{2h_i}(x_i - x)^2 + \frac{M_i}{2h_i}(x - x_{i-1})^2 + \frac{y_i - y_{i-1}}{h_i}$$
$$-\frac{h_i}{6}(M_i - M_{i-1}), \quad x_{i-1} < x < x_i, \quad i = 1, 2, \cdots, n. \quad (5.62)$$

由(5.62)知
$$s'(x_i - 0) = \frac{h_i}{6}M_{i-1} + \frac{h_i}{3}M_i + \frac{y_i - y_{i-1}}{h_i},$$
$$s'(x_i + 0) = -\frac{h_{i+1}}{3}M_i - \frac{h_{i+1}}{6}M_{i+1} + \frac{y_{i+1} - y_i}{h_{i+1}}.$$

因为 $s'(x)$ 在 x_i 处连续，故应有
$$s'(x_i - 0) = s'(x_i + 0), \quad i = 1, 2, \cdots, n-1.$$

由此得到 $n-1$ 个方程
$$\gamma_i M_{i-1} + 2M_i + \alpha_i M_{i+1} = \beta_i, \quad i = 1, 2, \cdots, n-1, \quad (5.63)$$

其中的系数为
$$\left.\begin{aligned}\alpha_i &= \frac{h_{i+1}}{h_i + h_{i+1}}, \quad \gamma_i = 1 - \alpha_i, \\ \beta_i &= \frac{6}{h_i + h_{i+1}}\left(\frac{y_{i+1} - y_i}{h_{i+1}} - \frac{y_i - y_{i-1}}{h_i}\right),\end{aligned}\right\} i = 1, 2, \cdots, n-1.$$

方程组(5.63)共有 $n-1$ 个方程，$n+1$ 个未知数 $M_0, M_1, \cdots, M_n$，要唯一确定这 $n+1$ 个未知数，还需增加两个方程，这就需要边界条件.

在第一种边界条件(5.56)情形下，相当于增加了以下两个方程：
$$2M_0 + \alpha_0 M_1 = \beta_0, \quad (5.64)$$
$$\gamma_n M_{n-1} + 2M_n = \beta_n, \quad (5.65)$$

其中，
$$\alpha_0 = 0, \quad \beta_0 = 2y_0'', \quad \gamma_n = 0, \quad \beta_n = 2y_n''. \quad (5.66)$$

将方程(5.63),(5.64),(5.65)合在一起，就构成了关于未知量 $M_0, M_1, \cdots, M_n$ 的 $n+1$ 阶线性方程组

$$\begin{pmatrix} 2 & \alpha_0 & & & & \\ \gamma_1 & 2 & \alpha_1 & & & \\ & \ddots & \ddots & \ddots & & \\ & & & \gamma_{n-1} & 2 & \alpha_{n-1} \\ & & & & \gamma_n & 2 \end{pmatrix} \begin{pmatrix} M_0 \\ M_1 \\ \vdots \\ M_{n-1} \\ M_n \end{pmatrix} = \begin{pmatrix} \beta_0 \\ \beta_1 \\ \vdots \\ \beta_{n-1} \\ \beta_n \end{pmatrix}. \quad (5.67)$$

方程组(5.67)的系数矩阵是一个三对角阵，且主对角线按行严格占优(即满足 $2 > |\alpha_i| + |\gamma_i|$)，故(5.67)有唯一解. 将求出的解 $M_0, M_1, \cdots, M_n$ 代入(5.61)，即可得到样条插值函数在各个子区间上的表达式.

在第二种边界条件(5.57)情形下,由(5.62)可得如下两个方程:

$$-\frac{h_1}{3}M_0 - \frac{h_1}{6}M_1 + \frac{y_1 - y_0}{h_1} = y_0',$$

$$\frac{h_n}{6}M_{n-1} + \frac{h_n}{3}M_n + \frac{y_n - y_{n-1}}{h_n} = y_n'.$$

经过整理,这两个方程也可写成(5.64)和(5.65)的形式,但这里的系数 α_0, β_0, γ_n, β_n 与(5.66)不同,而是

$$\left.\begin{array}{l} \alpha_0 = 1, \quad \beta_0 = \dfrac{6}{h_1}\left(\dfrac{y_1 - y_0}{h_1} - y_0'\right), \\[2mm] \gamma_n = 1, \quad \beta_n = \dfrac{6}{h_n}\left(y_n' - \dfrac{y_n - y_{n-1}}{h_n}\right). \end{array}\right\} \tag{5.68}$$

所得的关于 $M_0, M_1, \cdots, M_n$ 的线性方程组仍然是(5.67)的形式.

在第三种边界条件(5.58)情形下,则由

$$s'(x_0 + 0) = s'(x_n - 0),$$
$$s''(x_0 + 0) = s''(x_n - 0)$$

得到两个方程:

$$-\frac{h_1}{3}M_0 - \frac{h_1}{6}M_1 + \frac{y_1 - y_0}{h_1} = \frac{h_n}{6}M_{n-1} + \frac{h_n}{3}M_n + \frac{y_n - y_{n-1}}{h_n},$$

$$M_0 = M_n.$$

从这两个方程中消去 M_0,并经整理化简得

$$\alpha_n M_1 + \gamma_n M_{n-1} + 2M_n = \beta_n, \tag{5.69}$$

其中,

$$\left.\begin{array}{l} \alpha_n = \dfrac{h_1}{h_1 + h_n}, \quad \gamma_n = 1 - \alpha_n, \\[2mm] \beta_n = \dfrac{6}{h_1 + h_n}\left[\dfrac{y_1 - y_0}{h_1} - \dfrac{y_n - y_{n-1}}{h_n}\right]. \end{array}\right\} \tag{5.70}$$

再将(5.63)中 $i = 1$ 对应的方程 $\gamma_1 M_0 + 2M_1 + \alpha_1 M_2 = \beta_1$ 改写为

$$2M_1 + \alpha_1 M_2 + \gamma_1 M_n = \beta_1, \tag{5.71}$$

则由(5.71),(5.63)和(5.69)构成的方程组为

$$\begin{pmatrix} 2 & \alpha_1 & & & & \gamma_1 \\ \gamma_2 & 2 & \alpha_2 & & & \\ & \ddots & \ddots & \ddots & & \\ & & & \gamma_{n-1} & 2 & \alpha_{n-1} \\ \alpha_n & & & & \gamma_n & 2 \end{pmatrix} \begin{pmatrix} M_1 \\ M_2 \\ \vdots \\ M_{n-1} \\ M_n \end{pmatrix} = \begin{pmatrix} \beta_1 \\ \beta_2 \\ \vdots \\ \beta_{n-1} \\ \beta_n \end{pmatrix}. \tag{5.72}$$

方程组(5.72)是关于未知数 $M_1, M_2, \cdots, M_n$ 的 n 个方程,它的系数矩阵也是

非奇异的,因此从(5.72)也可唯一解出 $M_1, M_2, \cdots, M_n$,再加上 $M_0 = M_n$,代入(5.61)即得到样条插值函数 $s(x)$.

综上所述,确定三次样条插值函数的步骤如下:

1. 根据给定的离散点 (x_i, y_i) $(i = 0, 1, \cdots, n)$ 以及边界条件,计算关于未知量 $M_0, M_1, \cdots, M_n$ 的线性方程组(5.67)或方程组(5.72)中的系数矩阵及右端项.
2. 求解方程组得出 $M_0, M_1, \cdots, M_n$.
3. 将求出的 $M_0, M_1, \cdots, M_n$ 代入(5.61),即得三次样条插值函数 $s(x)$ 在各个子区间上的表达式.

例 5.7 设给定数据如下:

x_i	1	2	3
y_i	2	4	8
y_i'	1.386 3		5.545 2

求以 $x_0 = 1, x_1 = 2, x_2 = 3$ 为节点的三次样条函数 $s(x)$,使满足插值条件
$$s(x_i) = y_i, \quad i = 0, 1, 2$$
和边界条件
$$s'(x_0) = y_0', \quad s'(x_2) = y_2'.$$

解 这是第二种边界条件的三次样条插值问题.

第一步,计算方程组(5.67)中的有关系数.由(5.68)得
$$\alpha_0 = 1, \quad \beta_0 = 3.682\,2, \quad \gamma_2 = 1, \quad \beta_2 = 9.271\,2.$$
由(5.63)的系数的公式得
$$\alpha_1 = 0.5, \quad \gamma_1 = 0.5, \quad \beta_1 = 6.$$

第二步,关于 M_0, M_1, M_2 的线性方程组(5.67)为
$$\begin{pmatrix} 2 & 1 & 0 \\ 0.5 & 2 & 0.5 \\ 0 & 1 & 2 \end{pmatrix} \begin{pmatrix} M_0 \\ M_1 \\ M_2 \end{pmatrix} = \begin{pmatrix} 3.682\,2 \\ 6 \\ 9.271\,2 \end{pmatrix}.$$
解出
$$M_0 = 0.920\,55, \quad M_1 = 1.841\,1, \quad M_2 = 3.715\,05.$$

第三步,将 M_0, M_1, M_2 代入(5.61),并整理化简,即得三次样条插值函数 $s(x)$ 为
$$s(x) = \begin{cases} 0.153\,425 x^3 + 0.926\,025 x + 0.920\,55, & 1 \leqslant x \leqslant 2, \\ 0.312\,325 x^3 - 0.953\,4 x^2 + 2.832\,83 x - 0.350\,65, & 2 < x \leqslant 3. \end{cases}$$

5.8 曲线拟合的最小二乘法

5.8.1 曲线拟合

对于平面上给定的点 (x_i, y_i) $(i = 0, 1, \cdots, m$，设 m 较大$)$，要寻找 y 与 x 之间的近似函数关系 $y = \varphi(x)$. 插值法要求曲线 $y = \varphi(x)$ 准确通过每个给定点 (x_i, y_i). 由于 m 较大，所以无论是高次插值还是分段低次插值都将很复杂. 数据 (x_i, y_i) 一般是由实验观测得到的，总会带有观测误差，刻意要求 $\varphi(x_i) = y_i$ $(i = 0, 1, \cdots, m)$ 并不能反映真实的函数关系，反而会引起 $y = \varphi(x)$ 的波动加剧. 因此用 $y = \varphi(x)$ 近似描述已知数据 (x_i, y_i) $(i = 0, 1, \cdots, m)$，不必要求在每个点 x_i 处，误差 $\varphi(x_i) - y_i$ 都为 0，只需在所有点处的某种总体误差最小即可. 这就是所谓的**曲线拟合问题**(见图 5-5).

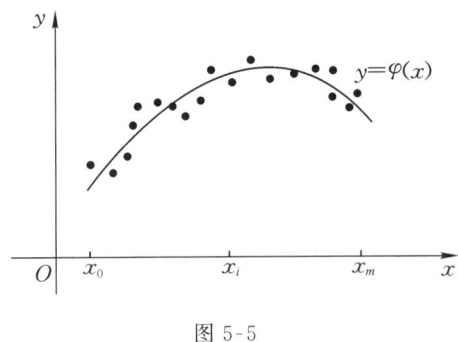

图 5-5

为了讨论此问题，先引入函数的线性相关性概念.

定义 5.4 设函数系 $\varphi_0(x), \varphi_1(x), \cdots, \varphi_n(x)$ 在区间 $[a, b]$ 上连续. 如果关系式
$$\alpha_0 \varphi_0(x) + \alpha_1 \varphi_1(x) + \cdots + \alpha_n \varphi_n(x) = 0$$
当且仅当 $\alpha_0 = \alpha_1 = \cdots = \alpha_n = 0$ 时才成立，则称函数系 $\varphi_0(x), \varphi_1(x), \cdots, \varphi_n(x)$ 是**线性无关的**，否则称为**线性相关**.

例如，函数系 $1, x, \cdots, x^n$ 在 $[a, b]$ 上是线性无关的. 由定义可证明如下结论：

连续函数 $\varphi_0(x), \varphi_1(x), \cdots, \varphi_n(x)$ 在 $[a, b]$ 上线性无关的充分必要条件是行列式

$$\begin{vmatrix} a_{00} & a_{01} & \cdots & a_{0n} \\ a_{10} & a_{11} & \cdots & a_{1n} \\ \vdots & \vdots & & \vdots \\ a_{n0} & a_{n1} & \cdots & a_{nn} \end{vmatrix} \neq 0,$$

其中,

$$a_{ij} = \int_a^b \varphi_i(x)\varphi_j(x)\mathrm{d}x, \quad i,j = 0,1,\cdots,n.$$

设给定线性无关的函数系 $\varphi_0(x),\varphi_1(x),\cdots,\varphi_n(x)$,我们称 $\varphi_0(x)$, $\varphi_1(x),\cdots,\varphi_n(x)$ 为**基函数**,集合

$$\Omega = \mathrm{span}\{\varphi_0(x),\varphi_1(x),\cdots,\varphi_n(x)\}$$

(Ω 是所有形如 $y = c_0\varphi_0(x) + c_1\varphi_1(x) + \cdots + c_n\varphi_n(x)$ 的函数的集合),我们在集合 Ω 中求一函数,使其近似已知数据.

定义 5.5 对给定的数据 (x_i,y_i) $(i = 0,1,\cdots,m)$,若

$$y^*(x) = \sum_{j=0}^n c_j^* \varphi_j(x) \tag{5.73}$$

使得

$$\sum_{i=0}^m (y^*(x_i) - y_i)^2 = \min_{y(x)\in\Omega} \sum_{i=0}^m (y(x_i) - y_i)^2, \tag{5.74}$$

则称 $y = y^*(x)$ 为曲线族 Ω 中的**最小二乘拟合曲线**,并称

$$\sigma = \sqrt{\sum_{i=0}^m (y^*(x_i) - y_i)^2}$$

为**均方误差**.

要确定拟合曲线(5.73)中的待定系数 $c_0^*,c_1^*,\cdots,c_n^*$,由(5.74)知,就是求多元函数

$$g(c_0,c_1,\cdots,c_n) = \sum_{i=0}^m (y(x_i) - y_i)^2$$

$$= \sum_{i=0}^m (c_0\varphi_0(x_i) + c_1\varphi_1(x_i) + \cdots + c_n\varphi_n(x_i) - y_i)^2$$

的最小值点 $(c_0^*,c_1^*,\cdots,c_n^*)$. 由多元函数取极值的必要条件,有

$$\frac{\partial g}{\partial c_k} = 2\sum_{i=0}^m (c_0\varphi_0(x_i) + c_1\varphi_1(x_i) + \cdots + c_n\varphi_n(x_i) - y_i)\varphi_k(x_i)$$
$$= 0, \quad k = 0,1,\cdots,n.$$

从而有

$$c_0 \sum_{i=0}^{m} \varphi_0(x_i)\varphi_k(x_i) + c_1 \sum_{i=0}^{m} \varphi_1(x_i)\varphi_k(x_i) + \cdots + c_n \sum_{i=0}^{m} \varphi_n(x_i)\varphi_k(x_i)$$
$$= \sum_{i=0}^{m} y_i \varphi_k(x_i), \quad k = 0, 1, \cdots, n.$$

这是有 $n+1$ 个方程、$n+1$ 个未知数 $c_0, c_1, \cdots, c_n$ 的方程组. 它的形式较复杂, 不便记忆, 借助矩阵运算, 可写成如下矩阵形式:

$$\mathbf{A}^{\mathrm{T}} \mathbf{A} \mathbf{c} = \mathbf{A}^{\mathrm{T}} \mathbf{y}, \tag{5.75}$$

其中, $\mathbf{c} = (c_0, c_1, \cdots, c_n)^{\mathrm{T}}$, $\mathbf{y} = (y_0, y_1, \cdots, y_m)^{\mathrm{T}}$,

$$\mathbf{A} = \begin{pmatrix} \varphi_0(x_0) & \varphi_1(x_0) & \cdots & \varphi_n(x_0) \\ \varphi_0(x_1) & \varphi_1(x_1) & \cdots & \varphi_n(x_1) \\ \vdots & \vdots & & \vdots \\ \varphi_0(x_m) & \varphi_1(x_m) & \cdots & \varphi_n(x_m) \end{pmatrix}.$$

(5.75) 称为**法方程组**. 由于 $\varphi_0(x), \varphi_1(x), \cdots, \varphi_n(x)$ 线性无关, 故行列式 $|\mathbf{A}^{\mathrm{T}} \mathbf{A}| \neq 0$, 所以方程组 (5.75) 存在唯一的一组解

$$c_k = c_k^*, \quad k = 0, 1, \cdots, n.$$

从而得到

$$y^*(x) = c_0^* \varphi_0(x) + c_1^* \varphi_1(x) + \cdots + c_n^* \varphi_n(x).$$

再由多元函数取极值的充分条件可证明, 这样求出的 $y^*(x)$ 确实是 (5.74) 的解, 即 $y^*(x)$ 为最小二乘拟合曲线.

例 5.8 已知数据如下:

x_i	1	2	5	10
y_i	8	7	10	21

求一条形如 $y = ax + \dfrac{b}{x}$ 的最小二乘拟合曲线.

解 由于拟合曲线的形式为 $y = ax + b\dfrac{1}{x}$, 所以基函数为

$$\varphi_0(x) = x, \quad \varphi_1(x) = \frac{1}{x}.$$

由 (5.75) 得

$$\mathbf{A} = \begin{pmatrix} 1 & 1 \\ 2 & 1/2 \\ 5 & 1/5 \\ 10 & 1/10 \end{pmatrix}, \quad \mathbf{y} = \begin{pmatrix} 8 \\ 7 \\ 10 \\ 21 \end{pmatrix}.$$

计算出
$$\boldsymbol{A}^{\mathrm{T}}\boldsymbol{A} = \begin{pmatrix} 130 & 4 \\ 4 & 1.3 \end{pmatrix}, \quad \boldsymbol{A}^{\mathrm{T}}\boldsymbol{y} = \begin{pmatrix} 282 \\ 15.6 \end{pmatrix}.$$

所以法方程 $\boldsymbol{A}^{\mathrm{T}}\boldsymbol{A}\boldsymbol{C} = \boldsymbol{A}^{\mathrm{T}}\boldsymbol{y}$ 为
$$\begin{pmatrix} 130 & 4 \\ 4 & 1.3 \end{pmatrix}\begin{pmatrix} a \\ b \end{pmatrix} = \begin{pmatrix} 282 \\ 15.6 \end{pmatrix}.$$

解出 $a = 1.988, b = 5.88$. 所以所求最小二乘拟合曲线为
$$y = 1.988x + \frac{5.88}{x}.$$

由最小二乘拟合的原理知道,拟合曲线是从预先给定的集合 Ω 中寻找的,选取不同的集合 Ω,也就是选取不同的基函数 $\varphi_0(x), \varphi_1(x), \cdots, \varphi_n(x)$,对同一组给定的观测数据,将有不同的拟合曲线. 如何选取基函数呢? 主要从两方面考虑:

(1) 有些实际问题,变量之间的函数类型大致是已知的,只是某些参数不知道,这时可根据问题本身的运动变化规律选取基函数. 例如,某电路中的电流,我们已知是一些不同频率的正弦波的叠加,因此对实测的一组数据,可选取基函数为 $\sin\omega_0 t, \sin\omega_1 t, \cdots, \sin\omega_n t$,也就是选取拟合曲线的类型为
$$y = \sum_{k=0}^{n} c_k \sin\omega_k t.$$

又如研究某放射性元素的质量变化规律时,根据物理规律,我们已知其质量是以指数函数衰减的,因此可选取指数类的曲线为拟合曲线.

(2) 如果问题本身的规律还不甚了解,也可直接从实测的数据出发,选取适当的拟合曲线类型. 具体做法是:将已知点描绘在坐标纸上,观察这些点变化的规律,从而决定适当的函数类型. 常见的有多项式曲线、三角函数曲线,以及对数曲线、指数曲线. 由此可见,选取拟合曲线类型,带有经验性,所以拟合曲线有时也称为**经验曲线**.

5.8.2 几种具体的拟合曲线类型

以上讨论的都是线性最小二乘拟合问题,即拟合曲线 $y = \varphi(x) \in \Omega$,也就是 $\varphi(x) = \sum_{k=0}^{n} c_k \varphi_k(x)$ 是基函数 $\varphi_0(x), \varphi_1(x), \cdots, \varphi_n(x)$ 的线性组合. 有些问题虽然数学模型不是线性模型,但通过变换可化为线性模型,则上述最小二乘拟合方法仍然可用.

1. 指数函数拟合

选取拟合函数为指数函数
$$y = a\,\mathrm{e}^{bx} \quad (a,b\text{ 为待定常数}),$$
这是一个关于 a,b 的非线性模型，现通过适当变换将其化为线性模型。为此对 $y = a\,\mathrm{e}^{bx}$ 两边取对数，
$$\ln y = \ln a + bx.$$
令 $\overline{y} = \ln y$，$c_0 = \ln a$，$c_1 = b$，于是
$$\overline{y} = c_0 + c_1 x.$$
这是一个关于 c_0, c_1 的线性模型。原来的已知数据 (x_i, y_i) $(i = 0,1,\cdots,m)$ 经取对数后变成一组新数据 $(x_i, \overline{y_i})$ $(i = 0,1,\cdots,m)$。这里
$$\overline{y_i} = \ln y_i, \quad i = 0,1,\cdots,m.$$
对这组新数据，求形如 $\overline{y} = c_0 + c_1 x$ 的拟合曲线。

取基函数 $\varphi_0(x) = 1$，$\varphi_1(x) = x$，则由 (5.75) 可得法方程组。求解出 c_0，c_1 后即得到拟合曲线 $\overline{y} = c_0 + c_1 x$，从而得到
$$y = \mathrm{e}^{\overline{y}} = \mathrm{e}^{c_0} \cdot \mathrm{e}^{c_1 x}.$$

例 5.9 已知某化学反应过程中沉淀物的质量如表 5-6 所示。求形如 $y = a\,\mathrm{e}^{bx}$ 的拟合曲线。

表 5-6

时间 x_i（时）	1	2	3	4	5
质量 y_i（克）	2.44	3.05	3.59	4.41	5.46

解 对 $y = a\,\mathrm{e}^{bx}$ 两边取对数得
$$\ln y = \ln a + bx.$$
令 $\overline{y} = \ln y$，$c_0 = \ln a$，$c_1 = b$，则拟合曲线为
$$\overline{y} = c_0 + c_1 x.$$
将 y_i 取对数后，原数据变为新数据如下：

x_i	1	2	3	4	5
$\overline{y_i} = \ln y_i$	0.892	1.115	1.278	1.484	1.697

对此新数据，用直线 $\overline{y} = c_0 + c_1 x$ 进行最小二乘拟合。这时基函数为 $\varphi_0(x) = 1$，$\varphi_1(x) = x$；而 $\boldsymbol{c} = (c_0, c_1)^{\mathrm{T}}$，$\overline{\boldsymbol{y}} = (0.892, 1.115, 1.278, 1.484, 1.697)^{\mathrm{T}}$，

$$A = \begin{pmatrix} 1 & 1 \\ 1 & 2 \\ 1 & 3 \\ 1 & 4 \\ 1 & 5 \end{pmatrix},$$

法方程 $A^{\mathrm{T}}Ac = A^{\mathrm{T}}\bar{y}$ 为

$$\begin{pmatrix} 1 & 1 & 1 & 1 & 1 \\ 1 & 2 & 3 & 4 & 5 \end{pmatrix} \begin{pmatrix} 1 & 1 \\ 1 & 2 \\ 1 & 3 \\ 1 & 4 \\ 1 & 5 \end{pmatrix} \begin{pmatrix} c_0 \\ c_1 \end{pmatrix} = \begin{pmatrix} 1 & 1 & 1 & 1 & 1 \\ 1 & 2 & 3 & 4 & 5 \end{pmatrix} \begin{pmatrix} 0.892 \\ 1.115 \\ 1.278 \\ 1.484 \\ 1.697 \end{pmatrix}.$$

化简得

$$\begin{pmatrix} 5 & 15 \\ 15 & 55 \end{pmatrix} \begin{pmatrix} c_0 \\ c_1 \end{pmatrix} = \begin{pmatrix} 6.466 \\ 21.377 \end{pmatrix}.$$

解出 $c_0 = 0.6995$, $c_1 = 0.1979$. 因此

$$\bar{y} = 0.6995 + 0.1979x.$$

故 $y = \mathrm{e}^{\bar{y}} = \mathrm{e}^{0.6995+0.1979x}$，即

$$y = 2.0127\,\mathrm{e}^{0.1979x}.$$

2. 幂函数拟合

选取拟合函数为幂函数

$$y = ax^b \quad (a, b \text{ 为待定常数}),$$

这也是关于 a,b 的非线性模型．两边取对数，同样可将其化为线性模型：

$$\ln y = \ln a + b\ln x.$$

令 $\bar{y} = \ln y$, $c_0 = \ln a$, $c_1 = b$, 则拟合曲线为

$$\bar{y} = c_0 + c_1 \ln x.$$

这时基函数为 $\varphi_0(x) = 1$, $\varphi_1(x) = \ln x$. 将原数据 (x_i, y_i) $(i = 0, 1, \cdots, m)$ 中的 y_i 取对数，得新数据 $(x_i, \bar{y_i})$, 其中 $\bar{y_i} = \ln y_i$ $(i = 0, 1, \cdots, m)$. 对此新数据，用 $\bar{y} = c_0 + c_1 \ln x$ 拟合即可．

3. 双曲型 $y = \dfrac{x}{ax+b}$ 拟合

双曲型 $y = \dfrac{x}{ax+b}$ 也是关于 a,b 的非线性拟合模型．作变形：

$$\frac{1}{y} = \frac{ax+b}{x} = a + b\frac{1}{x}.$$

令 $\bar{y} = \dfrac{1}{y}$,则拟合曲线为 $\bar{y} = a + b\dfrac{1}{x}$,化成了关于 a,b 的线性模型. 这时新数据为 $(x_i, \bar{y}_i)$,其中 $\bar{y}_i = \dfrac{1}{y_i}$ ($i = 0,1,\cdots,m$). 基函数为 $\varphi_0(x) = 1$,$\varphi_1(x) = \dfrac{1}{x}$. 由法方程组(5.75)即可求出拟合曲线 $\bar{y} = a + b\dfrac{1}{x}$,进而求出拟合曲线 $y = \dfrac{x}{ax+b}$.

小 结

本章介绍了插值与拟合问题的一些基本方法,它是数值微分、数值积分、函数逼近及微分方程数值解等数值计算的基础. 由于多项式具有形式简单、计算方便等优点,所以本章主要介绍多项式插值.

拉格朗日插值是在集合 $\text{span}\{l_0(x), l_1(x), \cdots, l_n(x)\}$ 中寻找插值多项式,其优点是构造容易,形式对称,便于记忆;缺点是当增加插值节点时,公式将整体改变,增加了计算量. 牛顿插值多项式也可看做基函数的线性组合,其基函数为 $\{1, \omega_1(x), \omega_2(x), \cdots, \omega_{n-1}(x)\}$,线性组合的系数为差商表中的一些差商. 作牛顿插值时,虽然计算差商表麻烦点,但基函数比拉格朗日插值基函数简单,而且当增加一个节点时,只需在原有的牛顿插值多项式基础上增加一项即可. 在等距节点情形下,利用差分型的牛顿插值公式可以简化计算. 对于含导数插值条件的问题,选用埃尔米特插值.

由于高次插值具有龙格现象及计算麻烦等缺陷,故实际中很少采用. 通常使用分段线性插值、分段三次埃尔米特插值及分段三次样条插值. 特别是样条插值,在插值条件只比拉格朗日插值增加两个的条件下,具有插值次数低(分段三次)、光滑度高(二阶导数连续)的优点,因而被广泛使用.

而实际工程中大量数据的计算机处理是采用曲线拟合而非插值. 本章介绍了最小二乘拟合方法及常见曲线类型的处理,对实际问题而言,拟合曲线类型的选取是极其重要而又较困难的问题,需参考其物理背景及实际经验,必要时可选取几种不同类型的拟合曲线,经实践检验后再作取舍.

习 题 五

1. 已知 $f(-1) = 2, f(1) = 4, f(2) = 8$. 求 $f(x)$ 的二次插值多项式.
2. 已知 $y = f(x)$ 的一组值如下:

x_i	0	1	2	3
y_i	1	3	9	25

求其拉格朗日插值多项式.

3. 已知 $f(x) = \ln x$ 的函数值表如下：

x_i	11	12	13
$\ln x_i$	2.397 9	2.484 9	2.564 9

(1) 求 $f(x)$ 的抛物线插值.

(2) 写出余项.

(3) 利用抛物线插值求 $\ln 11.5$ 的近似值.

4. 设 $x_j (j=0,1,\cdots,n)$ 为互异节点，证明：

(1) $\sum_{j=0}^{n} x_j^k l_j(x) \equiv x^k \ (k=0,1,\cdots,n)$;

(2) $\sum_{j=0}^{n} (x_j - x)^k l_j(x) \equiv 0 \ (k=1,2,\cdots,n)$.

5. 设 $f(x) = x^8 + 5x^7 - 3x - 1$，求 $f\left[1, \dfrac{1}{2}, \dfrac{1}{3}, \cdots, \dfrac{1}{9}\right]$ 及 $f\left[1, \dfrac{1}{2}, \dfrac{1}{3}, \cdots, \dfrac{1}{10}\right]$.

6. 设
$$f(x) = a_n x^n + a_{n-1} x^{n-1} + \cdots + a_1 x + a_0 \ (a_n \neq 0).$$
证明：
$$f[x, x_0, x_1, \cdots, x_m] = \begin{cases} n-m-1 \text{ 次多项式}, & m < n-1, \\ a_n, & m = n-1, \\ 0, & m > n-1. \end{cases}$$

7. $y = f(x)$ 的函数值表如下：

x_i	-1	0	1	3
y_i	1	-1	-1	29

求牛顿插值多项式及余项.

8. $f(x) = e^{-x}$ 的函数值表如下：

x_i	0.10	0.15	0.25	0.30
$f(x_i)$	0.904 837	0.860 708	0.778 800	0.708 180

试用牛顿插值公式计算 $x = 0.2$ 处的近似值，并估计误差.

9. 已知数据

x_i	0	1	2	3
y_i	1	2	17	64

(1) 分别求出牛顿向前插值公式及牛顿向后插值公式.

(2) 分别计算 $x=0.5$ 及 $x=2.5$ 时函数的近似值.

10. $y=\ln x$ 的函数值表如下:

x_i	0.4	0.5	0.6	0.7	0.8
y_i	$-0.916\,291$	$-0.693\,147$	$-0.510\,826$	$-0.356\,675$	$-0.223\,144$

分别用 4 个节点的牛顿向前插值及牛顿向后插值公式计算 $x=0.45$ 及 $x=0.82$ 时函数的近似值,并估计误差.

11. 试导出等距节点情况下的拉格朗日插值公式及余项表达式.

12. $f(x)=\mathrm{e}^{-x}$ 的函数值表如下:

x_i	0	1	2	3
$f(x_i)$	1.00	0.37	0.14	0.05

求分段线性插值,并估计误差.

13. $y=f(x)$ 的数据如下:

x_i	0	1
y_i	0	1
y_i'	-3	9

求 $f(x)$ 的埃尔米特插值,并写出误差表达式.

14. $y=f(x)$ 的数据如下:

x_i	-1	0	1	3
y_i	2	1	3	0
y_i''	1			-1

求 $[-1,3]$ 上的三次样条插值.

15. 已知数据如下:

x_i	-2	-1	0	1	2
y_i	2	1	0.1	0.9	1.6

求形如 $y = c_0 + c_1 x + c_2 x^2$ 的最小二乘拟合曲线.

16. 已知 $y = f(x)$ 的函数值如下：

x_i	1	2	3	4
y_i	4	3	0	-1

在集合 $\mathrm{span}\left\{1, \dfrac{1}{x}\right\}$ 中求一最小二乘拟合曲线.

17. 已知 $y = f(x)$ 的数据如下：

i	0	1	2	3	4
x_i	0	$\dfrac{\pi}{4}$	$\dfrac{\pi}{2}$	$\dfrac{3\pi}{4}$	π
y_i	0	1.5	3	1.5	0

求函数 $y(x) = c_1 \sin x + c_2 \sin 2x$，确定常数 c_1, c_2，使均方误差

$$\delta = \sqrt{\sum_{i=0}^{4}(y(x_i) - y_i)^2} = \min,$$

并求出 δ.

18. 已知数据如下：

x_i	1	2	3	4
y_i	2.4	3.1	3.9	5.2

求一条形如 $y = a\mathrm{e}^{bx}$ 的最小二乘拟合曲线.

19. 已知数据如下：

x_i	1	$\dfrac{1}{2}$	$\dfrac{1}{3}$	$\dfrac{1}{4}$
y_i	0.513	0.417	0.353	0.303

求形如 $y = \dfrac{x}{ax + b}$ 的最小二乘拟合曲线.

第六章 数值积分

在工程实际问题中,定积分计算是经常遇到的问题. 根据牛顿-莱布尼兹公式

$$\int_a^b f(x)\mathrm{d}x = F(b) - F(a),$$

定积分计算转化为原函数 $F(x)$ 的计算. 但在实际计算中,用牛顿-莱布尼兹公式计算定积分的准确值会遇到较大困难,比如:

(1) 函数 $f(x)$ 的积分存在,但原函数不能用初等函数表示,例如 $\int_0^1 \mathrm{e}^{-x^2}\mathrm{d}x$, $\int_0^1 \frac{\sin x}{x}\mathrm{d}x$ 等.

(2) 被积函数 $f(x)$ 表达式未知,$f(x)$ 是用表格形式给出的.

(3) 用微积分中的换元积分、分部积分等方法能积出 $f(x)$ 的原函数,但过程相当复杂(比如复杂的有理函数积分).

对于以上这些情况,必须采取近似计算. 数值积分就是专门研究积分的各种近似计算方法的.

6.1 代数精度与插值型求积公式

6.1.1 代数精度

将 $[a,b]$ 分成 n 个小区间,分点为 $a \leqslant x_0 < x_1 < \cdots < x_n \leqslant b$. 根据定积分定义知

$$\int_a^b f(x)\mathrm{d}x = \lim_{\lambda \to 0} \sum_{j=1}^n f(\xi_j) h_j,$$

其中,$h_j = x_j - x_{j-1}$,$\lambda = \max\{h_j\}$,$\xi_j \in [x_{j-1}, x_j]$.

定积分 $\int_a^b f(x)\mathrm{d}x$ 在几何上表示以 $y = f(x)$,$x = a$,$x = b$,$y = 0$ 为边的曲边梯形面积的代数和. 为了近似求出定积分的值,在每个小区间上用小

矩形的面积近似代替小曲边梯形的面积,则有

$$\int_a^b f(x)\mathrm{d}x \approx \sum_{j=1}^n h_j f(x_j).$$

用这种方法即可求出 $\int_a^b f(x)\mathrm{d}x$ 的近似值. 我们还可构造其他一些方法来求这个曲边梯形的面积. 这些方法有一个特点,就是用被积函数在一些点处的值 $f(x_0),f(x_1),\cdots,f(x_n)$ 的线性组合来作为积分 $\int_a^b f(x)\mathrm{d}x$ 的近似值,即

$$\int_a^b f(x)\mathrm{d}x \approx \sum_{j=0}^n A_j f(x_j). \tag{6.1}$$

(6.1) 就是我们所考虑的数值积分的一般形式,称为**数值求积公式**,简称**求积公式**. 其中的 $x_0,x_1,\cdots,x_n$ 称为**求积节点**,$A_0,A_1,\cdots,A_n$ 称**求积系数**. 求积系数只与区间及区间内的节点有关,而与被积函数 $f(x)$ 无关.

求积公式 (6.1) 是一种近似方法,称

$$R_n[f] = \int_a^b f(x)\mathrm{d}x - \sum_{j=0}^n A_j f(x_j)$$

为求积公式 (6.1) 的**截断误差**或**余项**.

直接考查截断误差的大小比较困难,要使 (6.1) 的误差尽量小,可要求对尽可能高的多项式函数 $f(x)$,(6.1) 能精确成立. 这就引出了如下代数精度的概念.

定义 6.1 如果求积公式 (6.1) 对任何次数不高于 m 次的多项式都精确成立,而对某个 $m+1$ 次多项式不精确成立,则称求积公式 (6.1) **具有 m 次代数精度**.

由于 m 次多项式都是 $1,x,x^2,\cdots,x^m$ 的线性组合,由积分的线性性质知,只有当 $f(x)$ 分别取 $1,x,x^2,\cdots,x^m$ 时,求积公式 (6.1) 精确成立,则对于 $f(x)$ 为任意次数不超过 m 次的多项式,求积公式 (6.1) 都精确成立,如果 $f(x)$ 取 x^{m+1} 时,(6.1) 不精确成立,也可确定求积公式 (6.1) 具有 m 次代数精度.

例 6.1 确定求积公式

$$\int_{-1}^1 f(x)\mathrm{d}x \approx f\left(-\frac{1}{\sqrt{3}}\right) + f\left(\frac{1}{\sqrt{3}}\right)$$

的代数精度.

解 引入记号,记求积公式 (6.1) 的左、右两边分别为 $I(f)$ 及 $\tilde{I}(f)$. 当 $f(x)$ 分别取 $1,x,x^2,x^3,x^4$ 时,计算如下:

$$I(1) = \int_{-1}^{1} 1\,dx = 2, \qquad \tilde{I}(1) = 1+1 = 2.$$

$$I(x) = \int_{-1}^{1} x\,dx = 0, \qquad \tilde{I}(x) = -\frac{1}{\sqrt{3}} + \frac{1}{\sqrt{3}} = 0.$$

$$I(x^2) = \int_{-1}^{1} x^2\,dx = \frac{2}{3}, \qquad \tilde{I}(x^2) = \frac{1}{3} + \frac{1}{3} = \frac{2}{3}.$$

$$I(x^3) = \int_{-1}^{1} x^3\,dx = 0, \qquad \tilde{I}(x^3) = \left(-\frac{1}{\sqrt{3}}\right)^3 + \left(\frac{1}{\sqrt{3}}\right)^3 = 0.$$

$$I(x^4) = \int_{-1}^{1} x^4\,dx = \frac{2}{5}, \qquad \tilde{I}(x^4) = \left(-\frac{1}{\sqrt{3}}\right)^4 + \left(\frac{1}{\sqrt{3}}\right)^4 = \frac{2}{9}.$$

可见,当 $f(x)$ 分别为 $1,x,x^2,x^3$ 时,(6.1) 的左、右两边精确相等,而当 $f(x) = x^4$ 时,左、右两边不相等,所以该求积公式具有 3 次代数精度.

显然,一个求积公式的代数精度越高,用它来进行积分的近似计算就越具有好的实际计算意义.

6.1.2 插值型求积公式

从前面章节知道,插值多项式 $L_n(x)$ 是 $f(x)$ 的一种近似表达式,而多项式很容易积分,因此可利用插值多项式来构造求积公式.

设 $f(x)$ 在一组节点 $a \leqslant x_0 < x_1 < \cdots < x_n \leqslant b$ 上的值已知,作 $f(x)$ 的 n 次拉格朗日插值 $L_n(x)$,即

$$L_n(x) = \sum_{j=0}^{n} l_j(x) f(x_j),$$

其中基多项式

$$l_j(x) = \prod_{\substack{k=0 \\ k \neq j}}^{n} \frac{x - x_k}{x_j - x_k}, \quad j = 0, 1, \cdots, n.$$

于是有 $f(x) = L_n(x) + R_n(x)$,截断误差

$$R_n(x) = \frac{f^{(n+1)}(\xi)}{(n+1)!} \omega_{n+1}(x), \quad \xi \in (a,b) \text{ 且与 } x \text{ 有关}.$$

于是

$$\int_a^b f(x)\,dx = \int_a^b L_n(x)\,dx + \int_a^b R_n(x)\,dx. \tag{6.2}$$

用 $L_n(x)$ 的积分近似代替 $f(x)$ 的积分,有

$$\int_a^b f(x)\,dx \approx \int_a^b L_n(x)\,dx = \int_a^b \sum_{j=0}^{n} l_j(x) f(x_j)\,dx = \sum_{j=0}^{n} \left(\int_a^b l_j(x)\,dx\right) f(x_j),$$

即

$$\int_a^b f(x)\mathrm{d}x \approx \sum_{j=0}^n A_j f(x_j), \qquad (6.3)$$

其中,

$$A_j = \int_a^b l_j(x)\mathrm{d}x, \quad j=0,1,\cdots,n. \qquad (6.4)$$

如果求积公式(6.1)中的系数 A_j 具有(6.4)的形式,则称求积公式(6.1)为**插值型求积公式**.

由(6.2)知,插值型求积公式(6.3)的截断误差为

$$R_n[f] = \int_a^b R_n(x)\mathrm{d}x = \int_a^b \frac{f^{(n+1)}(\xi)}{(n+1)!}\omega_{n+1}(x)\mathrm{d}x, \qquad (6.5)$$

其中,$\xi \in (a,b)$,ξ 与 x 有关.

例 6.2 验证求积公式

$$\int_{-1}^1 f(x)\mathrm{d}x \approx f\left(-\frac{1}{\sqrt{3}}\right) + f\left(\frac{1}{\sqrt{3}}\right)$$

是插值型求积公式.

解 从求积公式可看出,求积节点为

$$x_0 = -\frac{1}{\sqrt{3}}, \quad x_1 = \frac{1}{\sqrt{3}},$$

求积系数 $A_0 = 1, A_2 = 1$. 要验证求积公式是插值型的,就是要验证

$$A_j = \int_{-1}^1 l_j(x)\mathrm{d}x, \quad j=0,1.$$

计算知

$$\int_{-1}^1 l_0(x)\mathrm{d}x = \int_{-1}^1 \frac{x - \frac{1}{\sqrt{3}}}{\left(-\frac{1}{\sqrt{3}}\right) - \frac{1}{\sqrt{3}}}\mathrm{d}x = 1 = A_0,$$

$$\int_{-1}^1 l_1(x)\mathrm{d}x = \int_{-1}^1 \frac{x - \left(-\frac{1}{\sqrt{3}}\right)}{\frac{1}{\sqrt{3}} - \left(-\frac{1}{\sqrt{3}}\right)}\mathrm{d}x = 1 = A_1.$$

所以所给求积公式是插值型求积公式. 求积节点不含积分区间端点的情形,称为**开型求积公式**.

例 6.3 给定求积节点 $x_0 = 0, x_1 = 1$,试推导出积分 $\int_{-1}^1 f(x)\mathrm{d}x$ 的插值型求积公式,并写出其截断误差.

解 设求积公式为

$$\int_{-1}^{1} f(x)\mathrm{d}x \approx A_0 f(0) + A_1 f(1).$$

要使其成为插值型,则

$$A_0 = \int_{-1}^{1} l_0(x)\mathrm{d}x = \int_{-1}^{1} \frac{x-1}{0-1}\mathrm{d}x = 2,$$

$$A_1 = \int_{-1}^{1} l_1(x)\mathrm{d}x = \int_{-1}^{1} \frac{x-0}{1-0}\mathrm{d}x = 0.$$

所以求积公式为

$$\int_{-1}^{1} f(x)\mathrm{d}x \approx 2f(0).$$

该插值型求积公式的截断误差为

$$R_1[f] = \int_{-1}^{1} R_1(x)\mathrm{d}x = \int_{-1}^{1} \frac{1}{2} f''(\xi)(x-0)(x-1)\mathrm{d}x,$$

其中,$\xi \in (-1,1)$.

定理 6.1 求积公式

$$\int_a^b f(x)\mathrm{d}x \approx \sum_{j=0}^{n} A_j f(x_j)$$

为插值型求积公式的充分必要条件是它的代数精度至少为 n 次.

证 先证必要性. 由于求积公式(6.1)为插值型的,故求积余项为(6.5),即

$$R_n[f] = \int_a^b \frac{f^{(n+1)}(\xi)}{(n+1)!} \omega_{n+1}(x)\mathrm{d}x.$$

当 $f(x)$ 为任意次数不超过 n 次的多项式时,有 $f^{(n+1)}(x) \equiv 0$. 因此

$$R_n[f] \equiv 0.$$

也就是说,(6.1)精确成立. 因此(6.1)的代数精度至少为 n 次.

充分性. 如果求积公式

$$\int_a^b f(x)\mathrm{d}x \approx A_0 f(x_0) + A_1 f(x_1) + \cdots + A_n f(x_n)$$

至少具有 n 次代数精度,则当 $f(x)$ 分别取 $l_0(x), l_1(x), \cdots, l_n(x)$(注意它们都是 n 次多项式)时,求积公式精确成立. 比如取 $f(x) = l_j(x)$ 代入得

$$\int_a^b l_j(x)\mathrm{d}x = A_0 l_j(x_0) + A_1 l_j(x_1) + \cdots + A_n l_j(x_n)$$

$$= A_j, \quad j = 0, 1, \cdots, n.$$

因此,求积公式为插值型的.

6.2 牛顿-柯特斯(Newton-Cotes)求积公式

6.2.1 牛顿-柯特斯公式

将积分区间$[a,b]$ n等分，分点记为$a = x_0 < x_1 < \cdots < x_n = b$，称

$$h = \frac{b-a}{n}$$

为步长，则有

$$x_j = a + jh, \quad j = 0,1,2,\cdots,n.$$

在求积节点是等距情形下，构造的插值型求积公式称为**牛顿-柯特斯公式**.

要推导牛顿-柯特斯公式，关键是按(6.4)计算出求积系数$A_j(j=0,1,\cdots,n)$：

$$A_j = \int_a^b l_j(x) \mathrm{d}x = \frac{1}{\omega'_{n+1}(x_j)} \int_a^b \frac{\omega_{n+1}(x)}{(x-x_j)} \mathrm{d}x.$$

令积分变量变换$x = a + th$，则

$$\omega_{n+1}(x) = h^{n+1} t(t-1)\cdots(t-n),$$
$$\omega'_{n+1}(x_j) = (-1)^{n-j} j!(n-j)!h^n.$$

于是

$$A_j = \frac{(-1)^{n-j}h}{j!(n-j)!} \int_0^n t(t-1)\cdots(t-j+1)(t-j-1)\cdots(t-n)\mathrm{d}t$$

$$= (b-a)\frac{(-1)^{n-j}}{j!(n-j)!n} \int_0^n t(t-1)\cdots(t-j+1)(t-j-1)\cdots(t-n)\mathrm{d}t.$$

记

$$C_j^{(n)} = \frac{(-1)^{n-j}}{j!(n-j)!n} \int_0^n t(t-1)\cdots(t-j+1)(t-j-1)\cdots(t-n)\mathrm{d}t, \tag{6.6}$$

则

$$A_j = (b-a)C_j^{(n)}, \quad j = 0,1,\cdots,n.$$

于是插值型求积公式(6.3)可写成

$$\int_a^b f(x) \mathrm{d}x \approx (b-a) \sum_{j=0}^n C_j^{(n)} f_j. \tag{6.7}$$

(6.7)称为**牛顿-柯特斯求积公式**，$C_j^{(n)}$叫做柯特斯系数，$f_j = f(x_j)$. 其求积截断误差为

$$R_n[f] = \int_a^b \frac{f^{(n+1)}(\xi)}{(n+1)!}\omega_{n+1}(x)\mathrm{d}x$$

$$= \frac{h^{n+2}}{(n+1)!}\int_0^n f^{(n+1)}(\xi)t(t-1)\cdots(t-n)\mathrm{d}t$$

$$(\xi \in (a,b),\text{并依赖于 }x). \tag{6.8}$$

由于牛顿-柯特斯公式(6.7)就是等距节点情形的插值型求积公式，由定理 6.1 知，求积公式(6.7)至少具有 n 次代数精度．由于这时节点具有等距性，我们还可进一步得到

定理6.2 当等分数 n 为偶数时，牛顿-柯特斯公式(6.7)至少具有 $n+1$ 次代数精度．

证 由定理 6.1 可知，(6.7)至少具有 n 次代数精度．下面只需证明，当 n 为偶数时，(6.7)对 $f(x)=x^{n+1}$ 精确成立，也就是截断误差 $R_n[f]=0$．

由于 $f(x)=x^{n+1}$，所以 $f^{(n+1)}(x)=(n+1)!$．由(6.8)得

$$R_n[f] = h^{n+2}\int_0^n t(t-1)\cdots(t-n)\mathrm{d}t.$$

令积分变量变换 $t = z + \dfrac{n}{2}$，因为 n 为偶数，故 $\dfrac{n}{2}$ 为整数，于是有

$$R_n[f] = h^{n+2}\int_{-\frac{n}{2}}^{\frac{n}{2}}\left(z+\frac{n}{2}\right)\left(z+\frac{n}{2}-1\right)\cdots(z+1)$$

$$\cdot z(z-1)\cdots\left(z-\frac{n}{2}+1\right)\left(z-\frac{n}{2}\right)\mathrm{d}z$$

$$= h^{n+2}\int_{-\frac{n}{2}}^{\frac{n}{2}} z(z^2-1^2)(z^2-2^2)\cdots\left(z^2-\left(\frac{n}{2}\right)^n\right)\mathrm{d}z$$

$$= 0.$$

证毕．

由(6.6)可看出，柯特斯系数 $C_j^{(n)}$ 只与区间 $[a,b]$ 的等分数 n 有关，只要等分数 n 确定了，即可求出全部 $n+1$ 个柯特斯系数 $C_0^{(n)}, C_1^{(n)},\cdots,C_n^{(n)}$，因而也就构造出了牛顿-柯特斯公式．下面具体计算两组柯特斯系数．

当 $[a,b]$ 等分数 $n=1$ 时，由(6.6)有

$$C_0^{(1)} = -\int_0^1 (t-1)\mathrm{d}t = \frac{1}{2},$$

$$C_1^{(1)} = \int_0^1 t\,\mathrm{d}t = \frac{1}{2}.$$

当 $[a,b]$ 等分数 $n=2$ 时，这时的三个柯特斯系数为

$$C_0^{(2)} = \frac{1}{4}\int_0^2 (t-1)(t-2)\mathrm{d}t = \frac{1}{6},$$

$$C_1^{(2)} = -\frac{1}{2}\int_0^2 t(t-2)\mathrm{d}t = \frac{4}{6},$$

$$C_2^{(2)} = \frac{1}{4}\int_0^2 t(t-1)\mathrm{d}t = \frac{1}{6}.$$

各等分情形下的柯特斯系数见表 6-1.

表 6-1

n	$C_j^{(n)}$
1	$\frac{1}{2}, \frac{1}{2}$
2	$\frac{1}{6}, \frac{4}{6}, \frac{1}{6}$
3	$\frac{1}{8}, \frac{3}{8}, \frac{3}{8}, \frac{1}{8}$
4	$\frac{7}{90}, \frac{16}{45}, \frac{2}{15}, \frac{16}{45}, \frac{7}{90}$
5	$\frac{19}{288}, \frac{25}{96}, \frac{25}{144}, \frac{25}{144}, \frac{25}{96}, \frac{19}{288}$
6	$\frac{41}{840}, \frac{9}{35}, \frac{9}{280}, \frac{34}{105}, \frac{9}{280}, \frac{9}{35}, \frac{41}{840}$
7	$\frac{751}{17\,280}, \frac{3\,577}{17\,280}, \frac{1\,323}{17\,280}, \frac{2\,989}{17\,280}, \frac{2\,989}{17\,280}, \frac{1\,323}{17\,280}, \frac{3\,577}{17\,280}, \frac{751}{17\,280}$
8	$\frac{989}{28\,350}, \frac{5\,888}{28\,350}, -\frac{928}{28\,350}, \frac{10\,496}{28\,350}, -\frac{4\,540}{28\,350}, \frac{10\,496}{28\,350}, -\frac{928}{28\,350}, \frac{5\,888}{28\,350}, \frac{989}{28\,350}$

6.2.2 几个低阶求积公式

牛顿-柯特斯求积公式是插值型的,其实质就是用过 $n+1$ 个已知点的 n 次插值多项式的积分来近似表示 $\int_a^b f(x)\mathrm{d}x$. 由于实际中一般不采用高次 ($n>7$) 插值,所以高阶 ($n>7$) 的牛顿-柯特斯公式实际中也不宜采用,有实用价值的仅仅是几种低阶求积公式. 分别将 $[a,b]$ 区间取 $n=1,2,4$ 等份,就得到实际中常用的梯形求积公式、辛卜生求积公式及柯特斯求积公式.

1. 梯形公式

将积分区间 $[a,b]$ 取 $n=1$ 等份,分点为 a 和 b,由柯特斯系数表有

$$C_0^{(1)} = \frac{1}{2}, \quad C_1^{(1)} = \frac{1}{2}.$$

于是由(6.7)得 $\int_a^b f(x)\mathrm{d}x \approx \frac{b-a}{2}(f(a)+f(b))$. 记

$$T = \frac{b-a}{2}(f(a)+f(b)), \tag{6.9}$$

称(6.9)为**梯形求积公式**,简称**梯形公式**. 其实质就是将被积函数 $f(x)$ 用过两点的线性插值近似代替,也就是用梯形的面积近似代替 $f(x)$ 的积分. 由(6.8)可得出梯形公式的截断误差:

$$R_1[f] = \int_a^b \frac{f''(\xi)}{2!}(x-a)(x-b)\mathrm{d}x, \quad \xi \in (a,b), \xi \text{ 与 } x \text{ 有关}.$$

假设 $f''(x)$ 在 $[a,b]$ 上连续,由于 $(x-a)(x-b) \leqslant 0$,在 $[a,b]$ 上不变号,则由积分第一中值定理知,在 $[a,b]$ 上必存在一点 η,使得

$$\int_a^b \frac{f''(\xi)}{2!}(x-a)(x-b)\mathrm{d}x = \frac{f''(\eta)}{2}\int_a^b (x-a)(x-b)\mathrm{d}x$$

$$= -\frac{(b-a)^3}{12}f''(\eta), \quad a \leqslant \eta \leqslant b.$$

即

$$R_1[f] = \int_a^b f(x)\mathrm{d}x - \frac{b-a}{2}(f(a)+f(b))$$

$$= -\frac{(b-a)^3}{12}f''(\eta), \quad a \leqslant \eta \leqslant b. \tag{6.10}$$

由截断误差公式(6.10)知,梯形公式具有 1 次代数精度.

2. 辛卜生(Sinpson)公式

将区间 $[a,b]$ 取 $n=2$ 等份,求积节点除端点 a 及 b 外,再取中点 $c = \frac{a+b}{2}$. 由柯特斯系数表,再由(6.7)得

$$\int_a^b f(x)\mathrm{d}x \approx \frac{b-a}{6}(f(a)+4f(c)+f(b)) \triangleq S. \tag{6.11}$$

(6.11)称为**辛卜生公式**或**抛物线公式**. 其实质就是用过三个点的抛物线插值近似代替被积函数 $f(x)$. 辛卜生公式的截断误差由(6.8)可得出

$$R_2[f] = \int_a^b \frac{f'''(\xi)}{3!}(x-a)(x-c)(x-b)\mathrm{d}x$$

$$a < \xi < b, \xi \text{ 与 } x \text{ 有关}.$$

下面对 $R_2[f]$ 进行化简,以便得出更加简单的截断误差表达式.

由于 $(x-a)(x-c)(x-b)$ 在 $x \in [a,b]$ 上是变号的,故不能使用积分

第一中值定理. 设 $f(x)$ 在 $[a,b]$ 上有 4 阶连续导数. 作 $f(x)$ 的三次埃尔米特插值 $H_3(x)$，$H_3(x)$ 满足插值条件

$$H_3(a) = f(a), \quad H_3(b) = f(b), \quad H_3(c) = f(c), \quad H_3'(c) = f'(c).$$

则由三次埃尔米特插值余项表达式知

$$f(x) = H_3(x) + \frac{f^{(4)}(\xi)}{4!}(x-a)(x-c)^2(x-b)$$

$$\xi \in (a,b), \xi \text{ 与 } x \text{ 有关}.$$

将上式积分得

$$\int_a^b f(x)\,dx - \int_a^b H_3(x)\,dx = \int_a^b \frac{f^{(4)}(\xi)}{4!}(x-a)(x-c)^2(x-b)\,dx.$$

由于辛卜生公式代数精度至少为 3 次，故辛卜生公式对 $H_3(x)$ 应精确成立，即

$$\int_a^b H_3(x)\,dx = \frac{b-a}{6}(H_3(a) + 4H_3(c) + H_3(b))$$

$$= \frac{b-a}{6}(f(a) + 4f(c) + f(b)).$$

因而有

$$R_2[f] = \int_a^b f(x)\,dx - \frac{b-a}{6}(f(a) + 4f(c) + f(b))$$

$$= \int_a^b \frac{f^{(4)}(\xi)}{4!}(x-a)(x-c)^2(x-b)\,dx.$$

由于 $f^{(4)}(x)$ 连续，$(x-a)(x-c)^2(x-b) \leqslant 0$ 在 $[a,b]$ 上不变号，故可用积分第一中值定理，所以

$$R_2[f] = \frac{f^{(4)}(\eta)}{4!}\int_a^b (x-a)(x-c)^2(x-b)\,dx$$

$$= -\frac{(b-a)^5}{2\,880}f^{(4)}(\eta), \quad a \leqslant \eta \leqslant b. \tag{6.12}$$

由 (6.12) 也可看出，辛卜生公式代数精度为 3 次.

3. 柯特斯公式

将区间 $[a,b]$ 取 $n = 4$ 等份，除取端点 a,b 及中点 c 外，再增加两个节点 d,e，

$$d = a + \frac{b-a}{4}, \quad e = a + \frac{3}{4}(b-a).$$

由表 6-1 知，这时的 5 个柯特斯系数分别为 $\frac{7}{90}, \frac{32}{90}, \frac{12}{90}, \frac{32}{90}, \frac{7}{90}$. 由 (6.7) 得

$$\int_a^b f(x)\mathrm{d}x \approx \frac{b-a}{90}(7f(a)+32f(d)+12f(c)+32f(e)+7f(b)).$$

记

$$C = \frac{b-a}{90}(7f(a)+32f(d)+12f(c)+32f(e)+7f(b)). \quad (6.13)$$

(6.13) 称为**柯特斯公式**. 它是将 $f(x)$ 的积分用过 5 个节点的 4 次插值多项式的积分近似代替. 我们直接给出简化后的柯特斯公式截断误差. 若 $f^{(6)}(x)$ 在 $[a,b]$ 上连续, 则有

$$R_4[f] = -\frac{8}{945}f^{(6)}(\eta)\left(\frac{b-a}{4}\right)^7, \quad \eta \in [a,b]. \quad (6.14)$$

由 (6.14) 可见,柯特斯公式代数精度为 5 次.

例 6.4 分别用梯形公式、辛卜生公式及柯特斯公式计算积分 $\int_{0.5}^{1}\sqrt{x}\,\mathrm{d}x$, 并估计辛卜生公式的截断误差(计算时取 5 位有效数字).

解 (1) 用梯形公式计算.

$$\int_{0.5}^{1}\sqrt{x}\,\mathrm{d}x \approx \frac{0.5}{2}(\sqrt{0.5}+\sqrt{1}) = 0.426\,78.$$

(2) 用辛卜生公式计算,将 $[0.5,1]$ 取两等份.

$$\int_{0.5}^{1}\sqrt{x}\,\mathrm{d}x \approx \frac{0.5}{6}(\sqrt{0.5}+4\sqrt{0.75}+\sqrt{1}) = 0.430\,93.$$

(3) 用柯特斯公式计算,将 $[0.5,1]$ 取 4 等份.

$$\int_{0.5}^{1}\sqrt{x}\,\mathrm{d}x \approx \frac{0.5}{90}(7\sqrt{0.5}+32\sqrt{0.625}+12\sqrt{0.75}$$
$$+32\sqrt{0.875}+7\sqrt{1})$$
$$= 0.430\,96.$$

(4) 被积函数 $f(x) = \sqrt{x}$, 求出 4 阶导数 $f^{(4)}(x) = -\frac{15}{16}x^{-\frac{7}{2}}$. 因此, $x \in [0.5,1]$ 时, $|f^{(4)}(x)| \leqslant 10.606\,60$.

由 (6.12) 知,辛卜生公式的截断误差为

$$|R_2[f]| = \left|-\frac{(b-a)^5}{2\,880}f^{(4)}(\eta)\right| \leqslant \frac{(1-0.5)^5}{2\,880} \times 10.606\,60 = 0.000\,115\,09.$$

用牛顿-莱布尼兹公式可求出积分的标准值

$$\int_{0.5}^{1}\sqrt{x}\,\mathrm{d}x = \frac{2}{3}x^{\frac{3}{2}}\bigg|_{0.5}^{1} = 0.430\,96.$$

直接比较计算结果知,柯特斯公式精度最高,辛卜生公式次之,梯形公式精度较差.

由于牛顿-柯特斯公式代数精度至少为 n 次, 故对 $f(x)=1$, 求积公式

$$\int_a^b f(x)\,\mathrm{d}x \approx (b-a)\sum_{j=0}^n C_j^{(n)} f(x_j)$$

精确成立，将 $f(x) = 1$ 代入得

$$\int_a^b 1\,\mathrm{d}x = (b-a)\sum_{j=0}^n C_j^{(n)}.$$

因此得到柯特斯系数的一个性质：

$$\sum_{j=0}^n C_j^{(n)} = 1.$$

下面讨论牛顿-柯特斯公式的数值稳定性，即计算 $f(x_j)$ 时的舍入误差对计算结果产生的影响。假设 $f(x_j)$ 的舍入误差为 ε_j，即

$$f^*(x_j) = f(x_j) + \varepsilon_j,$$

这里 $f^*(x_j)$ 为准确值，$f(x_j)$ 为带有误差 ε_j 的近似值，则

$$|I^* - I| = \left| (b-a)\sum_{j=0}^n C_j^{(n)} f^*(x_j) - (b-a)\sum_{j=0}^n C_j^{(n)} f(x_j) \right|$$

$$= \left| (b-a)\sum_{j=0}^n C_j^{(n)} \varepsilon_j \right|$$

$$\leqslant (b-a)\varepsilon \sum_{j=0}^n |C_j^{(n)}|,$$

其中，$\varepsilon = \max\limits_{0 \leqslant j \leqslant n} |\varepsilon_j|$。由表 6-1 知，当 $n \leqslant 7$ 时，柯特斯系数都为正，这时

$$|I^* - I| \leqslant (b-a)\varepsilon \sum_{j=0}^n |C_j^{(n)}| = (b-a)\varepsilon.$$

说明计算过程中的舍入误差不会扩大。但是当 $n > 7$ 后，柯特斯系数出现负数，且 $\sum\limits_{j=0}^n |C_j^{(n)}|$ 是无界的 ($n \to \infty$ 时)，因此计算结果的误差 $|I^* - I|$ 不能得到控制，可见高阶的牛顿-柯特斯公式是不稳定的。实际计算中一般只使用 $n \leqslant 7$ 等份时的牛顿-柯特斯公式。

6.3 复化求积公式

由上节讨论知道，高阶牛顿-柯特斯公式会出现数值不稳定性。另外，当等分份数 n 较小时，牛顿-柯特斯公式又不能满足精度要求，为解决这个矛盾，通常把积分区间分成若干个小区间，在每个小区间上用低阶求积公式，然后再将它们加起来，这就是所谓的**复化求积算法**，所得的求积公式叫**复化求积公式**.

6.3.1 复化梯形公式

将积分区间$[a,b]$分成n等份,步长$h=\dfrac{b-a}{n}$,分点$x_k=a+kh$($k=0,1,\cdots,n$). 在每个小区间$[x_{k-1},x_k]$($k=1,2,\cdots,n$)上用梯形公式,即

$$\int_{x_{k-1}}^{x_k} f(x)\mathrm{d}x \approx \frac{h}{2}(f(x_{k-1})+f(x_k)).$$

将它们相加得

$$\int_a^b f(x)\mathrm{d}x = \sum_{k=1}^n \int_{x_{k-1}}^{x_k} f(x)\mathrm{d}x \approx \sum_{k=1}^n \frac{h}{2}(f(x_{k-1})+f(x_k)).$$

整理即得

$$\int_a^b f(x)\mathrm{d}x \approx \frac{h}{2}\left(f(a)+2\sum_{k=1}^{n-1}f(x_k)+f(b)\right) \triangleq T_n. \quad (6.15)$$

(6.15)称为**复化梯形公式**,用记号T_n表示. 复化梯形公式的本质就是将被积函数$f(x)$用分段线性插值(即折线)来代替.

设$f(x)$在$[a,b]$上具有二阶连续导数,在每个小区间$[x_{k-1},x_k]$上,梯形公式的截断误差为

$$\int_{x_{k-1}}^{x_k} f(x)\mathrm{d}x - \frac{h}{2}(f(x_{k-1})+f(x_k)) = -\frac{h^3}{12}f''(\xi_k), \quad \xi_k \in [x_{k-1},x_k].$$

将它们相加,得复化梯形公式的截断误差为

$$R_T[f] = \int_a^b f(x)\mathrm{d}x - T_n = -\frac{h^3}{12}\sum_{k=1}^n f''(\xi_k).$$

由于$f''(x)$在$[a,b]$上为连续函数,由介值定理知,存在$\eta \in [a,b]$使

$$f''(\eta) = \frac{1}{n}\sum_{k=1}^n f''(\xi_k).$$

于是有

$$R_T[f] = -\frac{h^3}{12}nf''(\eta) = -\frac{b-a}{12}h^2 f''(\eta), \quad \eta \in [a,b]. \quad (6.16)$$

(6.16)就是复化梯形公式的截断误差.

由(6.16)知,当步长$h \to 0$即$n \to +\infty$时,$R_T[f] \to 0$,这说明复化梯形公式是收敛于$\int_a^b f(x)\mathrm{d}x$的.

下面讨论复化梯形公式的数值稳定性. 设$f^*(x_k)$为准确值,$f(x_k)$为有偏差ε_k的计算值,即

$$f^*(x_k) - f(x_k) = \varepsilon_k,$$

则用复化梯形公式(6.15)时,计算结果的误差为

$$|T_n^* - T_n| = \frac{h}{2}\left|\varepsilon_0 + 2\sum_{k=1}^{n-1}\varepsilon_k + \varepsilon_n\right| \leqslant \frac{h}{2} \cdot 2n\varepsilon = (b-a)\varepsilon,$$

其中,$\varepsilon = \max\limits_{0 \leqslant k \leqslant n}|\varepsilon_k|$.

可见,舍入误差的影响得到控制,即复化梯形公式是数值稳定的.

6.3.2 复化辛卜生公式

将积分区间$[a,b]$分成n等份,$n=2m$为偶数,步长$h=\dfrac{b-a}{n}$,分点 $x_k = a+kh$ $(k=0,1,2,\cdots,2m)$. 在每个小区间$[x_{2k-2},x_{2k}]$上用辛卜生公式,则有

$$\int_{x_{2k-2}}^{x_{2k}} f(x)\mathrm{d}x \approx \frac{2h}{6}(f(x_{2k-2}) + 4f(x_{2k-1}) + f(x_{2k})).$$

将它们相加得

$$\int_a^b f(x)\mathrm{d}x = \sum_{k=1}^m \int_{x_{2k-2}}^{x_{2k}} f(x)\mathrm{d}x$$

$$\approx \sum_{k=1}^m \frac{h}{3}(f(x_{2k-2}) + 4f(x_{2k-1}) + f(x_{2k})).$$

整理即得

$$\int_a^b f(x)\mathrm{d}x \approx \frac{h}{3}\left(f(a) + 4\sum_{k=1}^m f(x_{2k-1}) + 2\sum_{k=1}^{m-1} f(x_{2k}) + f(b)\right) \triangleq S_m. \tag{6.17}$$

(6.17)称为**复化辛卜生公式**. 其实质就是将$[a,b]$偶数等分后,每两个小区间上采用二次插值,也就是用分段二次插值来代替被积函数.

设$f(x)$在$[a,b]$上有4阶连续导数,由(6.12)可得复化辛卜生公式的截断误差为

$$R_s[f] = \int_a^b f(x)\mathrm{d}x - S_m = \sum_{k=1}^m -\frac{(2h)^5}{2\,880}f^{(4)}(\xi_k), \quad \xi_k \in [x_{2k-2},x_{2k}].$$

由连续函数介值定理知,存在$\eta \in [a,b]$使

$$f^{(4)}(\eta) = \frac{1}{m}\sum_{k=1}^m f^{(4)}(\xi_k).$$

因此,

$$R_s[f] = -\frac{(2h)^5}{2\,880}mf^{(4)}(\eta) = -\frac{b-a}{180}h^4 f^{(4)}(\eta), \quad \eta \in [a,b]. \tag{6.18}$$

(6.18)就是复化辛卜生公式的截断误差. 与复化梯形公式的讨论类似,可以证明,复化辛卜生公式是收敛及稳定的.

例 6.5 已知某河宽为 20 m,测得水深 $f(x)$ 如表 6-2 所示(单位:m). 分别用复化梯形公式及复化辛卜生公式计算河水的截面积 $\int_0^{20} f(x)\mathrm{d}x$.

表 6-2

x_k	0	2	4	6	8	10	12	14	16	18	20
$f(x_k)$	1.0	1.5	1.8	3.0	2.8	2.5	3.0	2.8	2.0	1.8	1.4

解 (1) 用复化梯形公式. 取 $n=10$ 等份,步长 $h=2$,记 $y_k=f(x_k)$,则由(6.15)得

$$\int_0^{20} f(x)\mathrm{d}x \approx T_{10} = \frac{h}{2}[y_0 + 2(y_1+y_2+\cdots+y_9) + y_{10}]$$
$$= \frac{2}{2}[1.0 + 2(1.5+1.8+3.0+2.8+2.5$$
$$+3.0+2.8+2.0+1.8)+1.4]$$
$$= 44.8 \text{ (m}^2\text{)}.$$

(2) 用复化辛卜生公式. $n=10, h=2$,这时 $m=\dfrac{n}{2}=5$. 由(6.17)得

$$S_5 = \frac{h}{3}[y_0 + 4(y_1+y_3+y_5+y_7+y_9)$$
$$+ 2(y_2+y_4+y_6+y_8) + y_{10}]$$
$$= \frac{2}{3}[1.0 + 4(1.5+3.0+2.5+2.8+1.8)$$
$$+ 2(1.8+2.8+3.0+2.0) + 1.4]$$
$$= 45.3 \text{ (m}^2\text{)}.$$

例 6.6 用复化梯形公式和复化辛卜生公式计算积分 $\int_0^1 \mathrm{e}^{-x}\mathrm{d}x$ 的近似值时,要求截断误差的绝对值不超过 $\dfrac{1}{2}\times 10^{-4}$,问分别应将区间$[0,1]$分成多少等份?

解 $f(x)=\mathrm{e}^{-x}$,求出导数 $f''(x)=\mathrm{e}^{-x}$ 及 $f^{(4)}(x)=\mathrm{e}^{-x}$,于是

$$\max_{0\leqslant x\leqslant 1}|f''(x)|=1, \quad \max_{0\leqslant x\leqslant 1}|f^{(4)}(x)|=1.$$

用复合梯形公式时,由(6.16)得

$$|R_T[f]| = \frac{1}{12}h^2|f''(\eta)| \leqslant \frac{h^2}{12}.$$

要使$|R_T[f]| \leqslant \frac{1}{2} \times 10^{-4}$,只需$\frac{1}{12}h^2 \leqslant \frac{1}{2} \times 10^{-4}$. 因此

$$h \leqslant 0.02449, \quad n = \frac{1}{h} \geqslant 40.8 \quad (取 n = 41),$$

即需将$[0,1]$分成$n = 41$等份.

若用复化辛卜生公式,由(6.18)得

$$|R_s[f]| = \frac{1}{180}h^4|f^{(4)}(\eta)| \leqslant \frac{h^4}{180} \leqslant \frac{1}{2} \times 10^{-4}.$$

因此

$$h \leqslant 0.308, \quad n = \frac{1}{h} \geqslant 3.247 \quad (取 n = 4),$$

即为了达到相同的精度,用复化辛卜生公式时,只需将$[0,1]$分成$n = 4$等份即可.

用复化辛卜生公式计算$\int_a^b f(x)\mathrm{d}x$的框图如图 6-1 所示,其中

$$f_j = f(a + jh), \quad j = 1, 2, \cdots, n-1.$$

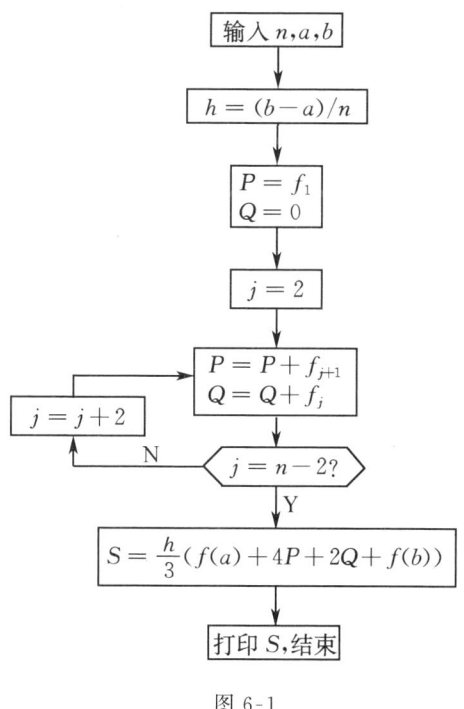

图 6-1

6.4 龙贝格(Romberg)算法

6.4.1 复化梯形公式逐次分半算法

复化梯形公式的截断误差随着步长 h 的缩小而减少. 理论上对给定的积分及精度要求,可以根据截断误差估计式(6.16)确定积分步长 h. 但由于估计式中出现 $f(x)$ 的高阶导数,使问题变得非常困难. 在实际计算中,总是先以某个步长 h 计算出近似值,然后逐次将步长缩小 1 倍计算新的近似值,这样就得到一系列的复化梯形公式近似值(比如 $T_1, T_2, T_4, T_8, \cdots$),直到求得满足精度的积分近似值为止.

将积分区间 $[a,b]$ 分成 $n = 2^m$ $(m = 0,1,2,\cdots)$ 等份,步长记为 $h_m = \dfrac{b-a}{2^m}$,则分点 $x_k = a + kh_m$ $(k = 0,1,2,\cdots,2^m)$. 设已计算出 $T_{2^{m-1}}$ 如下:

$$T_{2^{m-1}} = \frac{h_{m-1}}{2}\left(f(a) + f(b) + 2\sum_{k=1}^{2^{m-1}-1} f(a+kh_{m-1})\right). \quad (6.19)$$

现将 $[a,b]$ 区间分成 2^m 等份,也就是将 2^{m-1} 等分时的每个小区间逐个分半,因此 2^{m-1} 等分时的分点是 2^m 等分时的偶数分点. 若直接用复化梯形公式(6.15)计算 T_{2^m},则需重新计算所有 2^m 等分点处的函数值,而求 $T_{2^{m-1}}$ 时,2^{m-1} 等分点处的函数值已经计算过,所以大量函数值的计算是重复的,很不经济. 下面建立 $T_{2^{m-1}}$ 与 T_{2^m} 之间的递推公式.

由(6.15)有

$$\begin{aligned}
T_{2^m} &= \frac{h_m}{2}\left(f(a) + f(b) + 2\sum_{k=1}^{2^m-1} f(a+kh_m)\right) \\
&= \frac{h_m}{2}\left(f(a) + f(b) + 2\sum_{k=1}^{2^{m-1}-1} f(a+2kh_m)\right) \\
&\quad + 2\sum_{k=1}^{2^{m-1}} f(a+(2k-1)h_m) \\
&= \frac{h_m}{2}\left(f(a) + f(b) + 2\sum_{k=1}^{2^{m-1}-1} f(a+kh_{m-1})\right) \\
&\quad + h_m \sum_{k=1}^{2^{m-1}} f(a+(2k-1)h_m).
\end{aligned}$$

于是得到递推公式

$$T_{2^m} = \frac{1}{2}T_{2^{m-1}} + h_m \sum_{k=1}^{2^{m-1}} f(a+(2k-1)h_m), \quad m=1,2,\cdots. \quad (6.20)$$

(6.20)称为**复化梯形公式的逐次分半计算公式**. 由此递推算法看出,由 $T_{2^{m-1}}$ 计算 T_{2^m},只需计算 2^{m-1} 个新增分点处的函数值,与直接用复化梯形公式计算 T_{2^m} 相比,函数值的计算量几乎少一半,而函数值计算是较费时的,它是求积公式的主要计算量,其他四则运算的计算量相比可以忽略. 这样用公式(6.20)可大大节省计算量.

运用逐次分半算法时,一般预先给定误差限 ε,当 $|T_{2^m} - T_{2^{m-1}}| < \varepsilon$ 时,停止计算,取 T_{2^m} 为所给积分的近似值.

例 6.7 用复化梯形公式逐次分半算法计算

$$\pi = \int_0^1 \frac{4}{1+x^2} dx$$

的近似值,要求 $|T_{2^m} - T_{2^{m-1}}| \leqslant 10^{-5}$.

解 (1) $f(x) = \dfrac{4}{1+x^2}$,在区间 $[0,1]$ 上用梯形公式,

$$T_1 = \frac{1}{2}(f(0)+f(1)) = \frac{1}{2}(4+2) = 3.$$

(2) 将 $[0,1]$ 分成两等份,$x = \dfrac{1}{2}$ 是新分点,由(6.20)得

$$T_2 = \frac{1}{2}T_1 + \frac{1}{2}f\left(\frac{1}{2}\right) = 3.1.$$

(3) 再将 $[0,1]$ 分成 4 等份,这时新分点为 $x = \dfrac{1}{4}, x = \dfrac{3}{4}$,由(6.20)得

$$T_4 = \frac{1}{2}T_2 + \frac{1}{4}\left(f\left(\frac{1}{4}\right)+f\left(\frac{3}{4}\right)\right) = 3.131\,176\,74.$$

这样不断将区间逐次分半,由递推公式可依次求出 $T_1, T_2, T_4, T_8, \cdots$,计算结果如表 6-3. 直到 $|T_{512} - T_{256}| \leqslant 10^{-5}$,计算停止,取 $T_{512} = 3.141\,592\,02$ 为所给积分的近似值.

复化梯形公式逐次分半算法如下:

1 输入 $a, b, f(x), \varepsilon$.

2 置 $m = 1, h = \dfrac{b-a}{2}, T_0 = h(f(a)+f(b))$.

3 置 $F = 0$,对 $k = 1, 2, 3, \cdots, 2^{m-1}$,有

$$F = F + f(a+(2k-1)h).$$

表 6-3

m	2^m	T_{2^m}	m	2^m	T_{2^m}
0	1	3	5	32	3.141 429 89
1	2	3.1	6	64	3.141 551 96
2	4	3.131 176 47	7	128	3.141 582 48
3	8	3.138 988 49	8	256	3.141 590 11
4	16	3.140 941 61	9	512	3.141 592 02

4 $T = \dfrac{1}{2}T_0 + hF$.

5 若 $|T - T_0| < \varepsilon$,输出 $I \approx T$,停机;否则 $m+1 \Rightarrow m$, $\dfrac{h}{2} \Rightarrow h$, $T \Rightarrow T_0$,转 3.

6.4.2 李查逊(Richardson)外推法

复化梯形公式的计算结果是与 h 有关的,记为 $F(h)$,即

$$F(h) = \dfrac{h}{2}\left(f(a) + f(b) + 2\sum_{k=1}^{n-1} f(a+kh)\right).$$

设 $f(x)$ 在 $[a,b]$ 上充分光滑,由截断误差公式(6.16)可进一步证明

$$R_T[f] = -\dfrac{b-a}{12}h^2 f''(\eta) = a_1 h^2 + a_2 h^4 + \cdots + a_m h^{2m} + \cdots. \quad (6.21)$$

当步长 $h \to 0$ 时,$F(h)$ 便趋于积分准确值,这个准确值不妨记为 $F(0)$. 但 $F(0)$ 是无法求得的,将步长逐次缩短,得到一系列的近似值

$$F(h), F\left(\dfrac{h}{2}\right), F\left(\dfrac{h}{4}\right), \cdots.$$

这就是复化梯形的逐次分半算法,虽然这些近似值收敛于 $F(0)$ ($h \to 0$),但收敛速度较慢,精度为 $O(h^2)$. 能否将这一算法加速,使构造出的新算法具有更高精度呢?答案是肯定的. 在数值计算中,李查逊外推法通过对已有算法进行简单的线性组合,就能提高精度,加快收敛.

设准确值为常数 F^*,依赖步长 h ($h > 0$) 的算法 $F(h)$ 是收敛于 F^* 的,且其截断误差为

$$F^* - F(h) = a_1 h^{P_1} + a_2 h^{P_2} + \cdots + a_m h^{P_m} + \cdots, \quad (6.22)$$

其中,a_m, P_m ($m = 1, 2, \cdots$) 是与 h 无关的常数,且

$$0 < P_1 < P_2 < \cdots < P_m < \cdots.$$

也就是说，算法 $F(h)$ 逼近 F^* 的误差阶是 $O(h^{P_1})$. 下面利用算法 $F(h)$ 构造出一个新算法 $F_1(h)$，使 $F_1(h)$ 逼近 F^* 的误差阶比 $O(h^{P_1})$ 更高.

取一正数 q $(q \neq 1)$，根据(6.22)得

$$F^* - F(qh) = a_1(qh)^{P_1} + a_2(qh)^{P_2} + \cdots + a_m(qh)^{P_m} + \cdots. \quad (6.23)$$

用 q^{P_1} 乘(6.22)两边，得

$$q^{P_1}(F^* - F(h)) = q^{P_1}(a_1 h^{P_1} + a_2 h^{P_2} + \cdots + a_m h^{P_m} + \cdots). \quad (6.24)$$

将(6.23)减去(6.24)，得

$$(1 - q^{P_1})F^* - (F(qh) - q^{P_1}F(h))$$
$$= a_2(q^{P_2} - q^{P_1})h^{P_2} + \cdots + a_m(q^{P_m} - q^{P_1})h^{P_m} + \cdots,$$

或

$$F^* - \frac{F(qh) - q^{P_1}F(h)}{1 - q^{P_1}} = \frac{a_2(q^{P_2} - q^{P_1})}{1 - q^{P_1}}h^{P_2} + \cdots = O(h^{P_2}).$$

令

$$F_1(h) = \frac{F(qh) - q^{P_1}F(h)}{1 - q^{P_1}},$$

则

$$F^* - F_1(h) = O(h^{P_2}).$$

这表明算法 $F_1(h)$ 逼近 F^* 的误差阶已提高到 $O(h^{P_2})$. 类似地，令

$$F_2(h) = \frac{F_1(qh) - q^{P_2}F_1(h)}{1 - q^{P_2}},$$

则 $F_2(h)$ 逼近 F^* 的精度提高到 $O(h^{P_3})$. 不断重复这样的做法，得到算法

$$\begin{cases} F_0(h) = F(h), \\ F_m(h) = \dfrac{F_{m-1}(qh) - q^{P_m}F_{m-1}(h)}{1 - q^{P_m}}, \quad m = 1, 2, \cdots. \end{cases} \quad (6.25)$$

(6.25)称**李查逊外推法**，其截断误差为

$$F^* - F_j(h) = O(h^{P_{j+1}}). \quad (6.26)$$

实际上，这种外推法就是由已知的序列

$$F(h), F(qh), F(q^2 h), \cdots,$$

通过(6.25)产生第二个序列

$$F_1(h), F_1(qh), F_1(q^2 h), \cdots,$$

又通过(6.25)产生第三个序列

$$F_2(h), F_2(qh), F_2(q^2 h), \cdots,$$

不断重复，使得到的新算法精度不断提高.

李查逊外推法计算顺序可按表 6-4 进行，表中的序号表示计算顺序.

表 6-4

① $F_0(h)$			
② $F_0(qh)$	③ $F_1(h)$		
④ $F_0(q^2h)$	⑤ $F_1(qh)$	⑥ $F_2(h)$	
⑦ $F_0(q^3h)$	⑧ $F_1(q^2h)$	⑨ $F_2(qh)$	⑩ $F_3(h)$
⋮	⋮	⋮	⋮

6.4.3 龙贝格积分法

将用复化梯形公式的逐次分半算法得到的序列 $T_{2^0}, T_{2^1}, T_{2^2}, \cdots, T_{2^m}, \cdots$ 用李查逊外推法加速,就可构造出收敛速度更快的所谓龙贝格算法.

设 $F^* = \int_a^b f(x) \mathrm{d}x$. 将区间 $[a,b]$ 分成 2^k 等份 ($k = 0, 1, 2, \cdots$),步长 $h = \dfrac{b-a}{2^k}$,记 2^k 等分时复化梯形公式求得的近似值 $T_{2^k} = T_0^{(k)} = F_0(h)$. 由 (6.21) 得

$$F^* - F_0(h) = a_1 h^2 + a_2 h^4 + \cdots + a_i h^{2i} + \cdots,$$

即

$$P_1 = 2, \quad P_2 = 4, \quad \cdots, \quad P_i = 2i, \quad \cdots.$$

取 $q = \dfrac{1}{2}$,由李查逊公式 (6.25) 得

$$F_m(h) = \dfrac{F_{m-1}\left(\dfrac{h}{2}\right) - \left(\dfrac{1}{2}\right)^{2m} F_{m-1}(h)}{1 - \left(\dfrac{1}{2}\right)^{2m}},$$

即

$$F_m(h) = \dfrac{4^m F_{m-1}\left(\dfrac{h}{2}\right) - F_{m-1}(h)}{4^m - 1}, \quad m = 1, 2, \cdots.$$

记 $T_m^{(k)} = F_m(h)$,其中 $h = \dfrac{b-a}{2^k}$,则

$$T_m^{(k)} = \dfrac{4^m T_{m-1}^{(k+1)} - T_{m-1}^{(k)}}{4^m - 1}, \quad k = 0, 1, \cdots, m = 1, 2, \cdots. \quad (6.27)$$

(6.27) 称为**龙贝格算法**,它实际上是第 $m-1$ 次算法的两个值 $T_{m-1}^{(k+1)}$ 与 $T_{m-1}^{(k)}$ 的线性组合,其系数分别是 $\dfrac{4^m}{4^m - 1}$ 与 $\dfrac{-1}{4^m - 1}$.

将龙贝格算法所需公式综合在一起如下:

$$\begin{cases} T_0^{(0)} = \dfrac{b-a}{2}(f(a)+f(b)), \\ T_0^{(k)} = \dfrac{1}{2}T_0^{(k-1)} + \dfrac{b-a}{2^k}\sum_{i=1}^{2^{k-1}} f\left(a+(2i-1)\dfrac{b-a}{2^k}\right), \quad k=1,2,\cdots, \\ T_m^{(l)} = \dfrac{4^m T_{m-1}^{(l+1)} - T_{m-1}^{(l)}}{4^m - 1}, \quad m=1,2,\cdots,k, \ l=0,1,\cdots,k-1. \end{cases}$$

(6.28)

由(6.26)知,龙贝格算法的误差为

$$I - T_m^{(k)} = O(h^{2m+2}),$$

其中,$h = \dfrac{b-a}{2^k}$. 可见龙贝格算法收敛速度很快. 龙贝格算法计算顺序如表 6-5 所示,表中序号表示计算顺序.

表 6-5

k	2^k	$T_0^{(k)}$	$T_1^{(k)}$	$T_2^{(k)}$	$T_3^{(k)}$
0	1	① $T_0^{(0)}$			
1	2	② $T_0^{(1)}$	③ $T_1^{(0)}$		
2	4	④ $T_0^{(2)}$	⑤ $T_1^{(1)}$	⑥ $T_2^{(0)}$	
3	8	⑦ $T_0^{(3)}$	⑧ $T_1^{(2)}$	⑨ $T_2^{(1)}$	⑩ $T_3^{(0)}$
⋮	⋮	⋮	⋮	⋮	⋮

龙贝格算法是一个迭代过程,对迭代次数可采用如下两重控制:

(1) 对给定的精度标准 ε,若 $|T_m^{(0)} - T_{m-1}^{(1)}| < \varepsilon$,则迭代停止,取 $T_m^{(0)}$ 为积分的近似值.

(2) 预先设定最大二分次数 k_0,若 $k \geqslant k_0$,则强行停止迭代,输出失败信息. 另外为防止假收敛,还应设定一个最小二分次数 k_1,一般 $k_1 \geqslant 3$. 龙贝格算法框图如图 6-2 所示.

例 6.8 用龙贝格算法计算 $I = \int_0^1 \dfrac{4}{1+x^2}\mathrm{d}x\ (\varepsilon = 10^{-5})$.

解 $f(x) = \dfrac{4}{1+x^2}$,由龙贝格算法(6.28)得到

① $T_0^{(0)} = \dfrac{b-a}{2}(f(a)+f(b)) = \dfrac{1}{2}(f(0)+f(1)) = 3.$

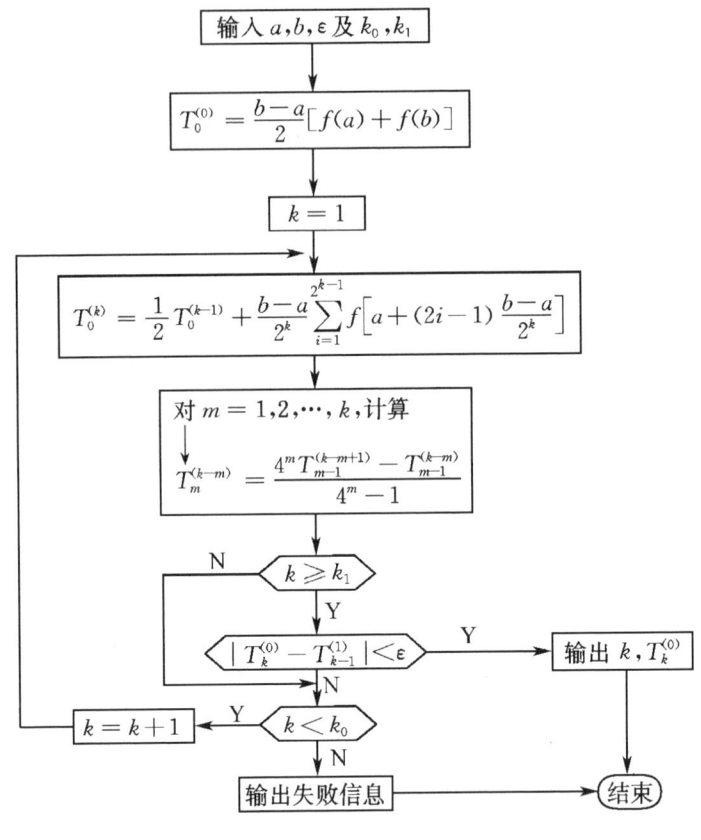

图 6-2

② $T_0^{(1)} = \frac{1}{2}T_0^{(0)} + \frac{1}{2}f\left(\frac{1}{2}\right) = 3.1.$

③ $T_1^{(0)} = \frac{4}{3}T_0^{(1)} - \frac{1}{3}T_0^{(0)} = 3.13333.$

④ $T_0^{(2)} = \frac{1}{2}T_0^{(1)} + \frac{1}{4}\left(f\left(\frac{1}{4}\right) + f\left(\frac{3}{4}\right)\right) = 3.13118.$

⑤ $T_1^{(1)} = \frac{4}{3}T_0^{(2)} - \frac{1}{3}T_0^{(1)} = 3.14157.$

⑥ $T_2^{(0)} = \frac{16}{15}T_1^{(1)} - \frac{1}{15}T_1^{(0)} = 3.14212.$

类似计算下去,结果列于表 6-6,且 $|T_4^{(0)} - T_3^{(1)}| \leqslant 10^{-5}$. 故计算停止,取 $I \approx T_3^{(1)} = 3.14159$.

表 6-6

k	2^k	$T_0^{(k)}$	$T_1^{(k)}$	$T_2^{(k)}$	$T_3^{(k)}$	$T_4^{(k)}$
0	1	3.000 00				
1	2	3.100 00	3.133 33			
2	4	3.131 18	3.141 57	3.142 12		
3	8	3.138 99	3.141 59	3.141 59	3.141 58	
4	16	3.140 94	3.141 59	3.141 59	3.141 59	3.141 59

6.5 高斯型求积公式

6.5.1 高斯型求积公式的定义

前面介绍的插值型求积公式

$$\int_a^b f(x)\mathrm{d}x \approx \sum_{j=1}^n A_j f(x_j) \tag{6.29}$$

一般都是将 $[a,b]$ 等分,用这些等分点 $x_1,x_2,\cdots,x_n$ 作为求积节点. 由于节点先固定下来后,只有 n 个系数 $A_1,A_2,\cdots,A_n$ 可供选择,因而 (6.29) 一般都没有达到最高代数精度. 如果让节点及系数都待定,则可构造出精度更高的求积公式.

例 6.9 确定节点 x_1,x_2 及系数 A_1,A_2,使求积公式

$$\int_{-1}^1 f(x)\mathrm{d}x \approx A_1 f(x_1) + A_2 f(x_2)$$

代数精度尽可能高.

解 要使代数精度尽可能高,即选取 x_1,x_2,A_1,A_2,使对尽可能多的 $f(x)=1,x,x^2,x^3,\cdots$ 求积公式都精确成立. 当 $f(x)=1,x,x^2,x^3$ 时,得到方程组

$$\begin{cases} A_1 + A_2 = 2, \\ A_1 x_1 + A_2 x_2 = 0, \\ A_1 x_1^2 + A_2 x_2^2 = \dfrac{2}{3}, \\ A_1 x_1^3 + A_2 x_2^3 = 0. \end{cases}$$

一共 4 个方程 4 个未知数. 由方程组的第二、第四两个方程得

$$x_1^2 = x_2^2.$$

代入第三式并结合第一式得 $x_1^2 = x_2^2 = \dfrac{1}{3}$. 因此得到

$$x_1 = -\frac{1}{\sqrt{3}}, \quad x_2 = \frac{1}{\sqrt{3}}.$$

再由第一、第二两式解出 $A_1 = 1, A_2 = 1$. 故得到求积公式

$$\int_{-1}^{1} f(x)\,\mathrm{d}x \approx f\left(-\frac{1}{\sqrt{3}}\right) + f\left(\frac{1}{\sqrt{3}}\right). \tag{6.30}$$

将 $f(x) = x^4$ 代入上式得,左边 $= \dfrac{2}{5}$,右边 $= \dfrac{2}{9}$,因而(6.30)对 $f(x) = x^4$ 不精确成立,所以具有两个节点的求积公式(6.30)的代数精度为 3 次. 而等距情形的两个节点的牛顿-柯特斯公式(即梯形公式)

$$\int_{-1}^{1} f(x)\,\mathrm{d}x \approx f(-1) + f(1)$$

代数精度只有 1 次.

一般地,具有 n 个节点的求积公式为

$$\int_a^b f(x)\,\mathrm{d}x \approx \sum_{j=1}^{n} A_j f(x_j), \tag{6.31}$$

其中,系数 A_j 及节点 x_j 均可作为待定参数,共 $2n$ 个,分别取 $f(x) = 1$, $x, \cdots, x^{2n-1}$ 代入(6.31),即得到 $2n$ 个方程,解此方程组即可求得 A_j 及 x_j. 也就是构造出了至少具有 $2n-1$ 次代数精度的求积公式(6.31).

另外,(6.31) 的代数精度不可能大于或等于 $2n$. 证明如下:

如果取

$$f(x) = (x-x_1)^2 (x-x_2)^2 \cdots (x-x_n)^2,$$

其中互异节点 $x_j \in [a,b]$ $(j = 1, 2, \cdots, n)$,这样 $f(x)$ 为 $2n$ 次多项式,且 $f(x_j) = 0, j = 1, 2, \cdots, n$. 而(6.31)的左端

$$\int_a^b f(x)\,\mathrm{d}x = \int_a^b (x-x_1)^2 (x-x_2)^2 \cdots (x-x_n)^2\,\mathrm{d}x > 0,$$

(6.31) 的右端 $\sum_{j=1}^{n} A_j f(x_j) = 0$,因此 $f(x) = \prod_{j=1}^{n} (x-x_j)^2$ 时,(6.31) 不能精确成立,所以(6.31)的代数精度不可能为 $2n$ 次. 因此得到结论:n 个节点的求积公式(6.31)的代数精度最高为 $2n-1$ 次.

定义 6.2 如果求积公式

$$\int_a^b f(x)\,\mathrm{d}x \approx \sum_{j=1}^{n} A_j f(x_j)$$

的代数精度为 $2n-1$ 次，则称(6.31)为**高斯型求积公式**，节点 $x_1, x_2, \cdots, x_n$ 称为**高斯点**.

由于高斯型求积公式(6.31)的代数精度为 $2n-1$ 次，由定理 6.1 知，高斯型公式也是插值型求积公式，换句话说，高斯型公式即为代数精度最高的插值型求积公式. 例如，求积公式(6.30)是两点($n=2$)求积公式，其代数精度为 $2n-1=3$（次），因此(6.30)为高斯型公式.

6.5.2 高斯型求积公式的建立

要建立高斯型求积公式，一个最原始的方法就是，在求积公式(6.31)中，分别取 $f(x) = 1, x, x^2, \cdots, x^{2n-1}$，就得到 $2n$ 个方程，求解出 $2n$ 个未知数 $x_1, x_2, \cdots, x_n$ 及 $A_1, A_2, \cdots, A_n$，即得到形如(6.31)的 n 个节点的高斯型求积公式，但这种方法计算量较大，求解方程组时较麻烦.

由于高斯型公式也是插值型求积公式，因而高斯点 $x_1, x_2, \cdots, x_n$ 确定后，求积系数 $A_1, A_2, \cdots, A_n$ 就可由(6.4)计算出来，所以建立高斯型公式的关键是确定高斯点，较通常的做法是通过 $[a,b]$ 区间上的所谓正交多项式来确定高斯点.

定义 6.3 给定区间 $[a,b]$ 上的连续函数 $f(x), g(x)$，称

$$(f,g) = \int_a^b f(x)g(x)\mathrm{d}x$$

为函数 $f(x)$ 与 $g(x)$ 在 $[a,b]$ 上的**内积**.

很容易验证，内积有如下一些简单性质：

(1) $(f,g) = (g,f)$.
(2) $(kf, g) = (f, kg) = k(f,g)$，$k$ 为常数.
(3) $(f_1 + f_2, g) = (f_1, g) + (f_2, g)$.
(4) 若在 $[a,b]$ 上，$f(x) \not\equiv 0$，则 $(f,f) > 0$.

定义 6.4 若内积 $(f,g) = 0$，则称 $f(x)$ 与 $g(x)$ 在区间 $[a,b]$ 上**正交**. 若函数系 $\{\varphi_0(x), \varphi_1(x), \cdots, \varphi_n(x), \cdots\}$ 满足

$$(\varphi_i, \varphi_j) = \int_a^b \varphi_i(x)\varphi_j(x)\mathrm{d}x = \begin{cases} 0, & i \neq j, \\ a_i > 0, & i = j, \end{cases}$$

则称函数系 $\{\varphi_k(x)\}$ 是 $[a,b]$ 上的**正交函数系**. 特别地，若 $\varphi_k(x)$，$k = 0, 1, 2, \cdots$ 是最高次项系数不为零的 k 次多项式，则称 $\{\varphi_k(x)\}$ 是 $[a,b]$ 上的**正交多项式系**.

例 6.10 验证三角函数系

$$\{1,\cos x,\sin x,\cos 2x,\sin 2x,\cdots,\cos nx,\sin nx,\cdots\}$$

在区间$[-\pi,\pi]$上是正交函数系.

证 对于$k,j=0,1,2,\cdots$，根据积化和差公式有

$$(\cos kx,\cos jx) = \int_{-\pi}^{\pi}\cos kx\,\cos jx\,\mathrm{d}x$$

$$= \frac{1}{2}\int_{-\pi}^{\pi}(\cos(k+j)x+\cos(k-j)x)\mathrm{d}x$$

$$= \begin{cases} 0, & k\neq j, \\ 2\pi, & k=j=0, \\ \pi, & k=j\neq 0, \end{cases}$$

$$(\sin kx,\sin jx) = \int_{-\pi}^{\pi}\sin kx\,\sin jx\,\mathrm{d}x$$

$$= -\frac{1}{2}\int_{-\pi}^{\pi}(\cos(k+j)x-\cos(k-j)x)\mathrm{d}x$$

$$= \begin{cases} 0, & k\neq j, \\ \pi, & k=j\neq 0, \end{cases}$$

$$(\cos kx,\sin jx) = \int_{-\pi}^{\pi}\cos kx\,\sin jx\,\mathrm{d}x$$

$$= \frac{1}{2}\int_{-\pi}^{\pi}(\sin(k+j)x-\sin(k-j)x)\mathrm{d}x$$

$$= 0,$$

故三角函数系$\{1,\cos x,\sin x,\cdots,\cos nx,\sin nx,\cdots\}$是$[-\pi,\pi]$上的正交函数系. 曾经学过的傅立叶(Fourier)级数

$$\frac{a_0}{2}+\sum_{n=1}^{\infty}(a_n\cos nx+b_n\sin nx)$$

就是这个正交函数系的线性组合.

现考虑区间为$[-1,1]$的情形. 求积公式为

$$\int_{-1}^{1}f(x)\mathrm{d}x \approx \sum_{j=1}^{n}A_j f(x_j). \tag{6.32}$$

限于篇幅，下面不加证明地给出一些结论.

性质1 设$\varphi_k(x)\,(k=0,1,\cdots)$为最高次项系数不为零的$k$次多项式，则多项式系$\{\varphi_k(x)\}$为$[a,b]$上的正交多项式系的充分必要条件是对任何次数不高于$k-1$的多项式$q(x)$，总有

$$(\varphi_k,q) = \int_a^b \varphi_k(x)q(x)\mathrm{d}x = 0, \quad k=1,2,\cdots.$$

性质 2 设 $\{\varphi_k(x)\}$ 是 $[a,b]$ 上的正交多项式系，则当 $k \geqslant 1$ 时，k 次正交多项式 $\varphi_k(x)$ 有 k 个互异的实零点，并且全部位于开区间 (a,b) 内部. 这些互异的实零点 $x_1, x_2, \cdots, x_n$ 就是形如 (6.29) 的高斯型求积公式的求积节点.

性质 3 勒让德 (Legendre) 多项式系

$$L_n(x) = \frac{1}{2^n n!} \frac{\mathrm{d}^n}{\mathrm{d}x^n}[(x^2-1)^n], \quad n = 0, 1, \cdots$$

是区间 $[-1,1]$ 上的正交多项式系. 它在 $(-1,1)$ 内部的 n 个互异实零点 $x_1, x_2, \cdots, x_n$ 就是高斯型求积公式 (6.32) 的求积节点.

由勒让德多项式的定义可推出如下一些勒让德多项式的具体表达式：

$$L_0(x) = 1, \quad L_1(x) = x, \quad L_2(x) = \frac{1}{2}(3x^2 - 1),$$

$$L_3(x) = \frac{1}{2}(5x^3 - 3x), \quad L_4(x) = \frac{1}{8}(35x^4 - 30x^2 + 3),$$

$$L_5(x) = \frac{1}{8}(63x^5 - 70x^3 + 15x), \cdots.$$

由性质 3 知求 (6.32) 的高斯点即转化为求 n 次勒让德多项式 $L_n(x)$ 的零点. 表 6-7 给出了 $n = 1, 2, \cdots, 5$ 时，高斯公式 (6.32) 的高斯点、求积系数及余项.

表 6-7

节点数 n	节点 x_j	系数 A_j	余项 $R_n[f]$
1	0	2	$\frac{1}{3} f''(\eta)$
2	$\pm 0.557\ 350\ 3$	1	$\frac{1}{135} f^{(4)}(\eta)$
3	0 $\pm 0.774\ 596\ 7$	0.888 889 0.555 556	$\frac{1}{15\ 750} f^{(6)}(\eta)$
4	$\pm 0.339\ 981\ 0$ $\pm 0.861\ 136\ 3$	0.652 145 2 0.347 854 8	$\frac{1}{34\ 872\ 875} f^{(8)}(\eta)$
5	0 $\pm 0.538\ 469\ 3$ $\pm 0.906\ 179\ 9$	0.568 888 9 0.478 628 7 0.236 926 9	$\frac{1}{1\ 237\ 732\ 650} f^{(10)}(\eta)$

比如，两点高斯公式($n=2$)为
$$\int_{-1}^{1}f(x)\mathrm{d}x \approx f(-0.557\,350\,3)+f(0.557\,350\,3).$$
三点高斯公式($n=3$)为
$$\int_{-1}^{1}f(x)\mathrm{d}x \approx 0.555\,556f(-0.774\,596\,7)+0.888\,889f(0)$$
$$+0.555\,556f(0.774\,596\,7).$$
也就是
$$\int_{-1}^{1}f(x)\mathrm{d}x \approx \frac{5}{9}f(-\sqrt{0.6})+\frac{8}{9}f(0)+\frac{5}{9}f(\sqrt{0.6}). \tag{6.33}$$
如果积分区间为$[a,b]$，令变量变换
$$x=\frac{b-a}{2}t+\frac{a+b}{2},$$
则将$[a,b]$上的积分转化为$t\in[-1,1]$上的积分
$$\int_{a}^{b}f(x)\mathrm{d}x = \frac{b-a}{2}\int_{-1}^{1}f\left(\frac{b-a}{2}t+\frac{a+b}{2}\right)\mathrm{d}t.$$
于是得到$[a,b]$上的n点高斯型求积公式
$$\int_{a}^{b}f(x)\mathrm{d}x \approx \frac{b-a}{2}\sum_{j=1}^{n}A_{j}f\left(\frac{b-a}{2}t_{j}+\frac{a+b}{2}\right). \tag{6.34}$$
(6.34)中的系数A_j及节点t_j可通过表6-6查到.

例 6.11 用三点高斯公式计算$I=\int_{0}^{1}\frac{\sin x}{x}\mathrm{d}x$的近似值.

解 令变量变换$x=\frac{t+1}{2}$，则
$$\int_{0}^{1}\frac{\sin x}{x}\mathrm{d}x = \int_{-1}^{1}\frac{\sin\frac{t+1}{2}}{t+1}\mathrm{d}t.$$
记$f(t)=\frac{\sin\frac{t+1}{2}}{t+1}$，由三点高斯公式(6.33)得
$$I \approx \frac{5}{9}f(-\sqrt{0.6})+\frac{8}{9}f(0)+\frac{5}{9}f(\sqrt{0.6}) \approx 0.946\,083\,1.$$

对本例中的积分，要达到预期结果的精度，若用复化梯形公式需用函数的 2 049 个值；若用龙贝格公式需用 9 个函数值；而高斯公式只用了 3 个函数值. 可见高斯型公式是高精度的求积公式.

高斯型求积公式的优点是精度高，但也有较明显的缺点，就是求积节点及系数较复杂，无规律. 这虽然可通过查表解决，但当n改变时，节点和系数

都要改变，需占用较多存储单元. 在实际计算中，也可采取复化求积的思想，将 $[a,b]$ 分成很多小区间，每个小区间上用低阶高斯型求积公式求积，再将各区间段求和即得积分 $\int_a^b f(x)\mathrm{d}x$ 的近似值.

*6.6 二重积分的数值求积

二重积分可化为二次积分，即
$$\iint_D f(x,y)\mathrm{d}x\mathrm{d}y = \int_a^b \mathrm{d}x \int_{\varphi_1(x)}^{\varphi_2(x)} f(x,y)\mathrm{d}y,$$
因此可将关于 y 及关于 x 的定积分用梯形公式或辛卜生公式求出，从而求出二重积分的近似值.

6.6.1 积分区域为矩形域情形

设二重积分
$$I = \iint_D f(x,y)\mathrm{d}x\mathrm{d}y,$$
其中积分区域为矩形域 $D = \{(x,y) \mid a \leqslant x \leqslant b, c \leqslant y \leqslant d\}$，则 I 可化为二次积分
$$I = \int_c^d \mathrm{d}y \int_a^b f(x,y)\mathrm{d}x.$$

1. 复化梯形公式

将 $[a,b]$ 分成 m 等份，分点 $x_i = a+ih$ $(i=0,1,\cdots,m)$，步长 $h = \dfrac{b-a}{m}$，再将 $[c,d]$ 分成 n 等份，分点 $y_j = c+j\tau$ $(j=0,1,\cdots,n)$，步长 $\tau = \dfrac{d-c}{n}$，则直线族 $x = x_i$ $(i=0,1,\cdots,m)$，$y = y_j$ $(j=0,1,\cdots,n)$ 将矩形 D 分成了 $m \times n$ 个子矩形.
$$D_{ij} = \{(x,y) \mid x_i \leqslant x \leqslant x_{i+1}, y_j \leqslant y \leqslant y_{j+1}\}$$
$$i = 0,1,\cdots,m-1; j = 0,1,\cdots,n-1.$$
则
$$\iint_{D_{ij}} f(x,y)\mathrm{d}x\mathrm{d}y = \int_{y_j}^{y_{j+1}} \mathrm{d}y \int_{x_i}^{x_{i+1}} f(x,y)\mathrm{d}x.$$

对定积分 $\int_{x_i}^{x_{i+1}} f(x,y)\mathrm{d}x$ 用梯形公式，有

$$\int_{x_i}^{x_{i+1}} f(x,y) \mathrm{d}x = \frac{h}{2}(f(x_i,y) + f(x_{i+1},y)),$$

因此

$$\iint\limits_{D_{ij}} f(x,y)\mathrm{d}x\mathrm{d}y = \frac{h}{2}\int_{y_j}^{y_{j+1}} f(x_i,y)\mathrm{d}y + \frac{h}{2}\int_{y_j}^{y_{j+1}} f(x_{i+1},y)\mathrm{d}y.$$

再对上式中两个关于 y 的定积分用梯形公式，并记 $f_{ij} = f(x_i, y_j)$，则有

$$\iint\limits_{D_{ij}} f(x,y)\mathrm{d}x\mathrm{d}y = \frac{h}{2}\frac{\tau}{2}(f_{ij} + f_{i,j+1}) + \frac{h}{2}\frac{\tau}{2}(f_{i+1,j} + f_{i+1,j+1})$$

$$= \frac{h\tau}{4}(f_{ij} + f_{i,j+1} + f_{i+1,j} + f_{i+1,j+1}). \tag{6.35}$$

将每个子矩形域 D_{ij} 上的积分相加，得

$$\iint\limits_{D} f(x,y)\mathrm{d}x\mathrm{d}y = \sum_{i=0}^{m-1}\sum_{j=0}^{n-1} \iint\limits_{D_{ij}} f(x,y)\mathrm{d}x\mathrm{d}y$$

$$= \frac{h\tau}{4}\sum_{i=0}^{m-1}\sum_{j=0}^{n-1}(f_{ij} + f_{i,j+1} + f_{i+1,j} + f_{i+1,j+1})$$

$$= \frac{h\tau}{4}\sum_{i=0}^{m}\sum_{j=0}^{n}\lambda_{ij}f_{ij}, \tag{6.36}$$

其中，

$$\lambda_{00} = \lambda_{0n} = \lambda_{m0} = \lambda_{mn} = 1,$$
$$\lambda_{i0} = \lambda_{in} = 2, \quad i = 1,2,\cdots,m-1,$$
$$\lambda_{0j} = \lambda_{mj} = 2, \quad j = 1,2,\cdots,n-1,$$
$$\lambda_{ij} = 4, \quad i = 1,2,\cdots,m-1, j = 1,2,\cdots,n-1.$$

(6.36) 称为**二重积分的复化梯形公式**.

2. 复化辛卜生公式

将区间 $[a,b]$ 及 $[c,d]$ 都进行偶数等分，分点为

$$x_p = a + ph, \quad p = 0,1,\cdots,2m, \quad h = \frac{b-a}{2m},$$

$$y_q = c + qh, \quad q = 0,1,\cdots,2n, \quad \tau = \frac{b-a}{2n}.$$

直线族 $x = x_p$ $(p = 0,1,\cdots,2m)$，$y = y_q$ $(q = 0,1,\cdots,2n)$ 将矩形 D 分为 $4m \times n$ 个小矩形，考虑 4 个小矩形组成的矩形域（如图 6-3）

$$D_{ij} = \{(x,y) \mid x_{2i} \leqslant x \leqslant x_{2i+2}, y_{2j} \leqslant y \leqslant y_{2j+2}\}$$
$$i = 0,1,\cdots,m-1, j = 0,1,\cdots,n-1.$$

在 D_{ij} 上对定积分用辛卜生公式得

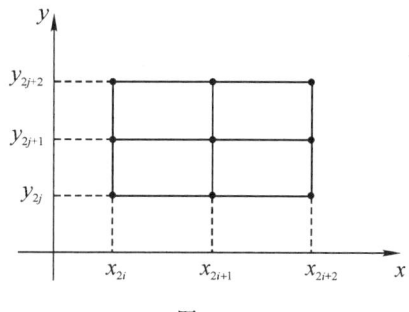

图 6-3

$$\iint_{D_{ij}} f(x,y)\mathrm{d}x\mathrm{d}y = \int_{y_{2j}}^{y_{2j+2}} \mathrm{d}y \int_{x_{2i}}^{x_{2i+2}} f(x,y)\mathrm{d}x$$

$$= \frac{h}{3}\int_{y_{2j}}^{y_{2j+2}} (f(x_{2i},y) + 4f(x_{2i+1},y) + f(x_{2i+2},y))\mathrm{d}y$$

$$= \frac{h}{3}\frac{\tau}{3}[f_{2i,2j} + f_{2i,2j+2} + f_{2i+2,2j} + f_{2i+2,2j+2}$$
$$+ 4(f_{2i+1,2j} + f_{2i+1,2j+2} + f_{2i,2j+1} + f_{2i+2,2j+1})$$
$$+ 16 f_{2i+1,2j+1}]. \tag{6.37}$$

将(6.37)求和得

$$\iint_D f(x,y)\mathrm{d}x\mathrm{d}y = \sum_{i=0}^{m-1}\sum_{j=0}^{n-1}\iint_{D_{ij}} f(x,y)\mathrm{d}x\mathrm{d}y$$

$$= \frac{h\tau}{9}\sum_{i=0}^{m-1}\sum_{j=0}^{n-1}[f_{2i,2j} + f_{2i,2j+2} + f_{2i+2,2j} + f_{2i+2,2j+2}$$
$$+ 4(f_{2i+1,2j} + f_{2i+1,2j+2} + f_{2i,2j+1} + f_{2i+2,2j+1})$$
$$+ 16 f_{2i+1,2j+1}]$$

$$= \frac{h\tau}{9}\sum_{i=0}^{2m}\sum_{j=0}^{2n}\lambda_{ij} f_{ij}, \tag{6.38}$$

其中,

$$\lambda_{00} = \lambda_{0,2n} = \lambda_{2m,0} = \lambda_{2m,2n} = 1,$$
$$\lambda_{i0} = \lambda_{i,2n} = 2, \quad i = 2,4,\cdots,2m-2,$$
$$\lambda_{0j} = \lambda_{2m,j} = 2, \quad j = 2,4,\cdots,2n-2,$$
$$\lambda_{i0} = \lambda_{i,2n} = 4, \quad i = 1,3,\cdots,2m-1,$$
$$\lambda_{0j} = \lambda_{2m,j} = 4, \quad j = 1,3,\cdots,2n-1,$$
$$\lambda_{ij} = 4, \quad i = 2,4,\cdots,2m-2, \; j = 2,4,\cdots,2n-2,$$
$$\lambda_{ij} = 8, \quad i = 1,3,\cdots,2m-1, \; j = 2,4,\cdots,2n-2,$$

$$\lambda_{ij} = 8, \quad i = 2,4,\cdots,2m-2, \quad j = 1,3,\cdots,2n-1,$$
$$\lambda_{ij} = 16, \quad i = 1,3,\cdots,2m-1, \quad j = 1,3,\cdots,2n-1.$$

(6.38) 称为**二重积分的复化辛卜生公式**.

6.6.2 积分区域为一般情形

积分 $\iint\limits_{D} f(x,y)\mathrm{d}x\mathrm{d}y$ 的区域 D 为非矩形域时,作矩形域

$$R = \{(x,y) \mid a \leqslant x \leqslant b, c \leqslant y \leqslant d\},$$

使 $D \subset R$. 令

$$F(x,y) = \begin{cases} f(x,y), & (x,y) \in D, \\ 0, & (x,y) \in R - D, \end{cases}$$

则

$$\iint\limits_{D} f(x,y)\mathrm{d}x\mathrm{d}y = \iint\limits_{R} F(x,y)\mathrm{d}x\mathrm{d}y.$$

对矩形域 R 上的积分 $\iint\limits_{R} F(x,y)\mathrm{d}x\mathrm{d}y$,可用矩形域上的复化公式(6.36)或(6.38)计算其近似值. 比如用(6.38)得

$$\iint\limits_{D} f(x,y)\mathrm{d}x\mathrm{d}y \approx \frac{h\tau}{9} \sum_{i=0}^{2m} \sum_{j=0}^{2n} \lambda_{ij} F_{ij},$$

其中,

$$F_{ij} = \begin{cases} f(x_i, y_j), & (x_i, y_j) \in D, \\ 0, & (x_i, y_j) \in R - D. \end{cases}$$

习 题 六

1. 确定求积公式

$$\int_0^1 f(x)\mathrm{d}x \approx \frac{2}{3} f\left(\frac{1}{4}\right) - \frac{1}{3} f\left(\frac{1}{2}\right) + \frac{2}{3} f\left(\frac{3}{4}\right)$$

的代数精度.

2. 确定下列求积公式中的待定系数,使其代数精度尽量高:

(1) $\int_0^2 f(x)\mathrm{d}x \approx A_0 f(0) + A_1 f(1) + A_2 f(2)$;

(2) $\int_{-1}^1 f(x)\mathrm{d}x \approx A(f(-1) + 2f(x_1) + 3f(x_2))$.

3. 分别用梯形公式及辛卜生公式按 5 位小数计算积分 I, 并与准确值 0.682 69 相比较:
$$I = \sqrt{\frac{2}{\pi}} \int_0^1 e^{-\frac{x^2}{2}} dx.$$

4. 试导出下列三种矩形公式的截断误差:

(1) $\int_a^b f(x) dx \approx (b-a) f(a)$;

(2) $\int_a^b f(x) dx \approx (b-a) f(b)$;

(3) $\int_a^b f(x) dx \approx (b-a) f\left(\frac{a+b}{2}\right)$.

5. 证明: $n+1$ 个节点的牛顿–柯特斯公式的系数满足 $\sum_{k=0}^{n} C_k^m = 1$.

6. 已知 $f(x)$ 的值如下:

x_i	1.0	1.1	1.2	1.3	1.4	1.5	1.6	1.7	1.8
$f(x_i)$	3	5	2	1	-3	-2	1	-1	2

分别用复化梯形及复化辛卜生公式计算积分 $\int_{1.0}^{1.8} f(x) dx$.

7. 用复化辛卜生公式计算下列积分:

(1) $\int_0^1 \frac{x}{x^2+4} dx, n=8$;

(2) $\int_0^1 e^{-x} dx, n=16$.

8. 用复化梯形公式计算积分近似值, 并估计误差:
$$I = \int_0^1 e^{-x^2} dx, \quad n=10.$$

9. 用复化辛卜生公式计算 $\int_1^{1.8} \sqrt{x} dx$, 取 $n=8$ 等份, 并估计误差.

10. 若分别用复化梯形公式和复化辛卜生公式计算 $\int_1^2 \sqrt{x} dx$, 要使计算结果有 6 位有效数字, 问应将积分区间各分成多少等份?

11. 设 $f(x)$ 在 $[a,b]$ 上导数连续, 将 $[a,b]$ n 等分, 分点为 $a = x_0 < x_1 < \cdots < x_n = b$, 步长 $h = \frac{b-a}{n}$.

(1) 写出求 $\int_a^b f(x) dx$ 的复化右矩形求积公式(右矩形求积公式参见习

题 6 中 4(2)).

(2) 导出上述复化右矩形求积公式的误差.

12. 用龙贝格方法计算积分 $\int_0^1 \frac{\sin x}{x} dx$, 已知 $T_1 = 0.920\,735\,5$, $T_2 = 0.939\,793\,3$, $T_4 = 0.944\,513\,5$, $T_8 = 0.945\,690\,9$.

13. 用龙贝格方法计算积分 $\int_0^1 \sqrt{x}\, dx$, 要求误差不超过 10^{-2}.

14. 判别下列求积公式是否高斯型求积公式:

(1) $\int_{-1}^1 f(x) dx \approx 2f(0)$;

(2) $\int_0^1 f(x) dx \approx \frac{1}{2} f(0) + \frac{1}{2} f(1)$;

(3) $\int_0^2 f(x) dx \approx \frac{1}{9}(5f(1-\sqrt{0.6}) + 8f(1) + 5f(1+\sqrt{0.6}))$.

15. 确定 x_1 与 x_2 使

$$\int_0^2 f(x) dx \approx f(x_1) + f(x_2)$$

的代数精度尽可能高, 并问是否为高斯型公式.

16. 试确定常数 A, B, C, α ($\alpha \neq 0$), 使求积公式

$$\int_{-3}^3 f(x) dx \approx Af(-\alpha) + Bf(0) + Cf(\alpha)$$

有尽可能高的代数精度, 指出代数精度为多少, 并问它是否为高斯型求积公式.

17. 试确定 x_1, x_2, A_1, A_2, 使求积公式

$$\int_0^1 \sqrt{x} f(x) dx \approx A_1 f(x_1) + A_2 f(x_2)$$

为高斯型求积公式.

18. 设 $\int_a^b f(x) dx \approx \sum_{j=1}^n A_j f(x_j)$ 为高斯型求积公式.

(1) 证明: $A_j > 0$, $j = 1, 2, \cdots, n$.

(2) 证明: $A_1 + A_2 + \cdots + A_n = 1$.

(3) 对任意次数不超过 $n-1$ 的多项式 $q(x)$, 证明:

$$\int_a^b q(x) \omega_n(x) dx = 0,$$

其中, $\omega_n(x) = (x - x_1)(x - x_2) \cdots (x - x_n)$.

19. 用三点高斯公式计算下列积分:

(1) $\int_{-1}^{1} e^{-x^2} dx$;

(2) $\int_{0}^{1} \sin x^2 \, dx$.

20. 设区域 $D = \{(x,y) \mid 1.4 \leqslant x \leqslant 2.0, 1.0 \leqslant y \leqslant 1.5\}$，将区间 $[1.4, 2.0]$ 四等分，将 $[1.0, 1.5]$ 二等分. 用重积分的复化辛卜生公式计算

$$I = \iint_D \ln(x + 2y) \, dx \, dy.$$

第七章 常微分方程数值解

在自然科学与工程技术的许多领域中,经常会遇到常微分方程初值问题. 本章主要研究一阶常微分方程初值问题的数值解法和相关理论,同时简单介绍常微分方程边值问题的数值解法.

7.1 引 言

许多自然科学家和工程技术人员花费大量时间研究某事物的数学模型,所得到的数学模型中有许多是常微分方程. 常微分方程可分为线性、非线性两类,线性微分方程包含于非线性微分方程中. 而高阶方程可化为一阶方程组. 若将方程组中的所有未知量视做一个向量,则方程组可写成向量形式的单个方程. 因此一阶方程初值问题

$$\begin{cases} \dfrac{\mathrm{d}y}{\mathrm{d}x} = f(x,y), a \leqslant x \leqslant b, \\ y(a) = \eta \end{cases} \tag{7.1}$$

概括了上述各类方程的初值问题.

多数常微分方程都不能求出解析解,只能用近似方法求解. 近似方法有两类:一类是近似解析方法,如级数解法、逐次逼近法等;另一类就是数值解法,它可以给出解在一些离散点上的近似值. 利用计算机解常微分方程主要使用数值解法.

在使用数值解法之前,需要考虑解的存在性和唯一性问题. 若无解,即使利用数值方法可以求得一些数据也是毫无意义的. 关于解的存在唯一性有如下定理:

定理7.1 设 $f(x,y)$ 在域 $D = \{(x,y) \mid a \leqslant x \leqslant b, y \in \mathbf{R}\}$ 上有定义且连续,同时满足如下李普希茨(Lipschitz)条件:

$$|f(x,y) - f(x,\overline{y})| \leqslant L|y - \overline{y}|, \quad (x,y) \in D, (x,\overline{y}) \in D,$$
$$0 < L < +\infty, \tag{7.2}$$

则对任意的 $x_0 \in [a,b]$，$y_0 \in \mathbf{R}$，初值问题(7.1)在$[a,b]$上存在唯一的连续可微解 $y(x)$．(7.2)中 L 称为**李普希茨常数**．

在 $f(x,y)$ 对 y 可微的情况下，若偏导数有界，则可取

$$L = \max_{(x,y) \in D} \left| \frac{\partial f(x,y)}{\partial y} \right|.$$

这时李普希茨条件显然成立：

$$|f(x,y) - f(x,\bar{y})| = \left| \frac{\partial f(x,\xi)}{\partial y}(y-\bar{y}) \right| \leqslant L|y-\bar{y}|,$$

ξ 介于 y 与 $\bar{y}$ 之间．

这是验证(7.2)是否满足的最简便的方法．

所谓问题(7.1)的数值解法，就是求一系列已知节点：

$$a \leqslant x_0 < x_1 < x_2 < \cdots < x_n < \cdots \leqslant b$$

上函数 $y(x)$ 的数值 $y_0, y_1, \cdots, y_n, \cdots$．称 $\Delta x_i = x_i - x_{i-1}$ 为求解的步长，一般取等步长，用 h 表示．在本章中，x_n 处初值问题的理论解用 $y(x_n)$ 表示，数值解法的精确解为 y_n，并记

$$f_n = f(x_n, y_n), \quad y'(x_n) = f(x_n, y(x_n)).$$

求初值问题的数值解一般是逐步进行的，即计算出 y_n 之后再计算 y_{n+1}．这些数值方法有单步法与多步法之分．单步法在计算 y_{n+1} 时，只利用 y_n，而多步方法计算 y_{n+1} 时，要利用 $y_n, y_{n-1}, \cdots$，k 步方法用到 $y_{n-1}, y_{n-2}, \cdots, y_{n-k+1}$．

7.2 欧拉(Euler)方法

本节从最简单的数值解法——欧拉方法开始介绍常微分方程初值问题的数值解法．尽管这些方法精度较低，现今人们并不常用，但由于这些方法形式简单，对它们的讨论对于了解差分方法的建立及阐明一些基本概念还是很有帮助的．

7.2.1 欧拉方法的推导

设问题(7.1)的解 $y(x)$ 充分连续可微，h 是步长．于是得到一系列节点 $x_n = x_0 + nh$ $(n = 0,1,2,\cdots)$．下面介绍导出欧拉方法的三种途径．事实上，几乎所有的差分方法均可由这三种途径中的一种导出．

1. 泰勒函数展开

在 x_n 点展开 $y(x_{n+1})$ 为

$$y(x_{n+1}) = y(x_n) + hy'(x_n) + \frac{h^2}{2!}y''(\zeta_n), \quad \zeta_n \in (x_n, x_{n+1}). \quad (7.3)$$

当 h 充分小时，略去误差项

$$T_n = \frac{h^2}{2!}y''(\zeta_n), \quad (7.4)$$

同时注意到 $y'(x_n) = f(x_n, y(x_n))$，得微分方程精确解的近似关系式：

$$y(x_{n+1}) \approx y(x_n) + hf(x_n, y(x_n)). \quad (7.5)$$

用 y_n, y_{n+1} 分别近似代替 $y(x_n), y(x_{n+1})$，则得到初值问题(7.1)的差分方程：

$$\begin{cases} y_{n+1} = y_n + hf(x_n, y_n), & n = 0, 1, 2, \cdots, \\ y_0 = \eta. \end{cases} \quad (7.6)$$

这种求解问题(7.1)的方法称为**欧拉折线法**，简称为**欧拉法**.

2. 数值微分

由导数的定义知，对于充分小的 h，有

$$\frac{y(x_{n+1}) - y(x_n)}{h} \approx y'(x_n) = f(x_n, y(x_n)), \quad (7.7)$$

即

$$y(x_{n+1}) \approx y(x_n) + hf(x_n, y(x_n)).$$

于是可得欧拉公式(7.6).

3. 数值积分

在 $[x_n, x_{n+1}]$ 上对 $y'(x) = f(x, y(x))$ 积分得

$$y(x_{n+1}) = y(x_n) + \int_{x_n}^{x_{n+1}} f(x, y(x)) dx. \quad (7.8)$$

再利用数值积分的左矩形公式有

$$\int_{x_n}^{x_{n+1}} f(x, y(x)) dx \approx hf(x_n, y(x_n)). \quad (7.9)$$

故

$$y(x_{n+1}) \approx y_n + hf(x_n, y(x_n)).$$

同样可得到(7.6).

欧拉方法的几何意义如图 7-1 所示. 初值问题(7.1)的解曲线 $y(x)$ 过点 $P_0(x_0, y_0)$，从 P_0 出发以 $f(x_0, y_0)$ 为斜率作一直线段，与 $x = x_1$ 相交于 $P_1(x_1, y_1)$，显然有

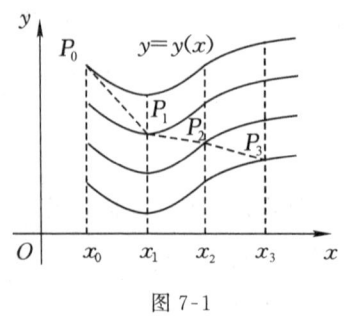

图 7-1

$$y_1 = y_0 + hf(x_0, y_0).$$

同理,再由 P_1 出发,以 $f(x_1, y_1)$ 为斜率作直线段推进到 $x = x_2$ 上一点 $P_2(x_2, y_2)$,其余类推,这样,可得到一条折线 $P_0 P_1 P_2 \cdots$ 作为 $y = y(x)$ 的近似曲线,所以欧拉法又称为**折线法**.

欧拉法的编程框图如图 7-2 所示.

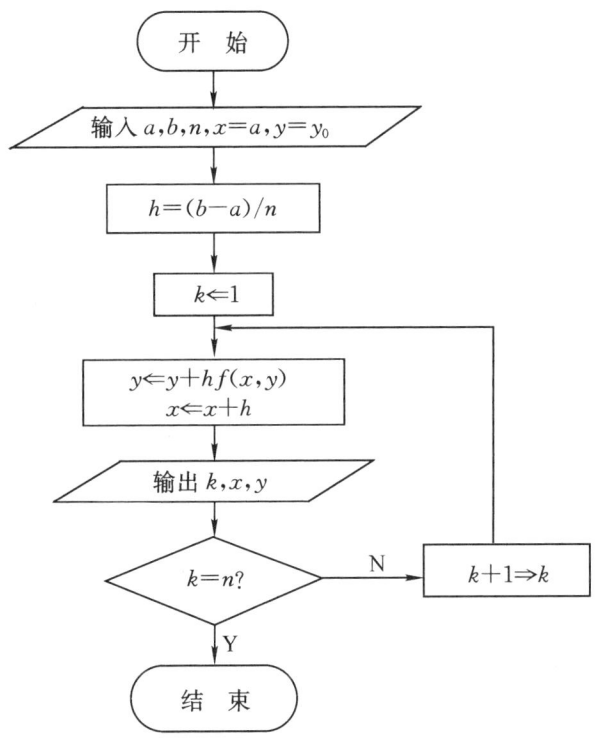

图 7-2 欧拉法计算过程

例 7.1 用欧拉法求解初值问题

$$\begin{cases} y' = y - \dfrac{2x}{y}, \\ y(0) = 1 \end{cases}$$

在 $[0,1]$ 上的数值解,取 $h = 0.1$,并与精确解 $y = \sqrt{1+2x}$ 进行比较.

解 将题中所给 $f(x, y) = y - \dfrac{2x}{y}$ 值代入欧拉公式,得

$$\begin{cases} y_{n+1} = y_n + h\left(y_n - \dfrac{2x_n}{y_n}\right), & n = 0, 1, 2, \cdots, 10, \\ y_0 = y(0) = 1. \end{cases}$$

结果见表 7-1.

表 7-1

x_n	欧拉法解 y_n	精确解 $y(x_n)$	$|y(x_n)-y_n|$
0.1	1.100 000 000	1.095 445 115	$0.045\,548\,85\times 10^{-1}$
0.2	1.191 818 182	1.183 215 957	$0.086\,022\,25\times 10^{-1}$
0.3	1.277 437 834	1.264 911 064	$0.125\,267\,70\times 10^{-1}$
0.4	1.358 212 600	1.341 640 787	$0.165\,718\,13\times 10^{-1}$
0.5	1.435 132 919	1.414 213 562	$0.209\,193\,57\times 10^{-1}$
0.6	1.508 966 254	1.483 239 697	$0.257\,265\,57\times 10^{-1}$
0.7	1.580 338 238	1.549 193 339	$0.311\,448\,99\times 10^{-1}$
0.8	1.649 783 431	1.612 451 550	$0.373\,318\,81\times 10^{-1}$
0.9	1.717 779 348	1.673 320 053	$0.444\,592\,95\times 10^{-1}$
1.0	1.784 770 832	1.732 050 808	$0.527\,200\,24\times 10^{-1}$

7.2.2 隐式公式及改进的欧拉方法

在(7.7)中,积分若采用右矩形公式,则可得

$$\begin{cases} y_{n+1}=y_n+hf(x_{n+1},y_{n+1}), & n=0,1,\cdots, \\ y_0=\eta. \end{cases} \quad (7.10)$$

这是一种隐式方法,称为**隐式欧拉方法**或**后退的欧拉方法**.若采用梯形求积公式

$$\int_{x_n}^{x_{n+1}} f(x,y(x))\mathrm{d}x \approx \frac{h}{2}(f(x_n,y(x_n))+f(x_{n+1},y(x_{n+1}))),$$

则可得梯形公式

$$\begin{cases} y_{n+1}=y_n+\dfrac{h}{2}(f(x_n,y_n)+f(x_{n+1},y_{n+1})), & n=0,1,\cdots, \\ y_0=\eta. \end{cases}$$

(7.11)

从积分的角度来看,梯形公式计算数值解的精度要比欧拉公式好,但它是隐式公式,不便计算.一般先用欧拉公式求出初始近似值,然后按迭代法求解,其计算公式为

$$\begin{cases} y_{n+1}^{(0)} = y_n + hf(x_n,y_n), \\ y_{n+1}^{(k+1)} = y_n + \dfrac{h}{2}(f(x_n,y_n) + f(x_{n+1},y_{n+1}^{(k)})), \\ y_0 = \eta, \end{cases}$$
$$n = 0,1,2,\cdots, k = 0,1,2,\cdots. \quad (7.12)$$

通常采用迭代一次的算法：

$$\begin{cases} \overline{y_{n+1}} = y_n + hf(x_n,y_n), \\ y_{n+1} = y_n + \dfrac{h}{2}(f(x_n,y_n) + f(x_{n+1},\overline{y_{n+1}})), \quad n = 0,1,2,\cdots. \\ y_0 = \eta, \end{cases}$$
$$(7.13)$$

称为**预估-校正法**. (7.13)也可以写成

$$\begin{cases} y_{n+1} = y_n + \dfrac{h}{2}(K_1 + K_2), \\ K_1 = f(x_n,y_n), \\ K_2 = f(x_n + h, y_n + hK_1), \\ y_0 = \eta, \end{cases} \quad n = 0,1,2,\cdots. \quad (7.14)$$

称(7.14)为**改进的欧拉法**，这是一种显示单步法. 改进的欧拉方法的编程框图如图 7-3 所示.

例 7.2 用预估-校正法(7.13)求解例 7.1 中的初值问题.

解 预估-校正公式为

$$\begin{cases} \overline{y_{n+1}} = y_n + h\left(y_n - \dfrac{2x_n}{y_n}\right), \\ y_{n+1} = y_n + \dfrac{h}{2}\left[\left(y_n - \dfrac{2x_n}{y_n}\right) + \left(\overline{y_{n+1}} - \dfrac{2x_{n+1}}{\overline{y_{n+1}}}\right)\right], \quad n = 0,1,\cdots. \\ y_0 = 1, \end{cases}$$

结果如表 7-2 所示.

表 7-2

x_n	y_n	x_n	y_n	x_n	y_n
0	1	0.4	1.343 360	0.8	1.616 476
0.1	1.095 909	0.5	1.416 402	0.9	1.678 168
0.2	1.184 096	0.6	1.485 956	1.0	1.737 869
0.3	1.266 201	0.7	1.552 515		

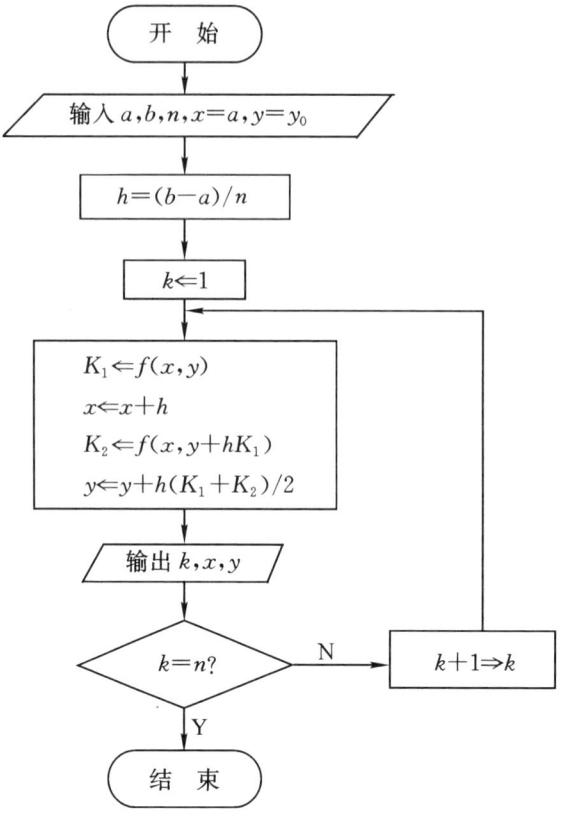

图 7-3　改进欧拉法计算框图

7.2.3　误差分析

上述方法的实质是将连续问题(7.1)化为在给定节点上的差分方程初值问题,即将问题(7.1)进行离散化,然后结合定解条件由差分方程求出节点处的近似值.由差分方程知,在节点 x_n 处的误差 $y(x_n)-y_n$ 不仅与 y_n 这一步计算有关,而且与前 $n-1$ 步 $y_{n-1},y_{n-2},\cdots,y_1$ 的计算都有关系.为了简化对误差的分析,我们着重研究进一步计算时产生的误差.在假设 $y_n=y(x_n)$ 的前提下,误差 $y(x_{n+1})-y_{n+1}$ 称为**局部截断误差**.

现估计欧拉公式的局部截断误差.假设 $y_n=y(x_n)$,故有 $y'(x_n)=f(x_n,y(x_n))=f(x_n,y_n)$,则欧拉公式可以写成

$$y_{n+1}=y(x_n)+hy'(x_n).$$

对于精确解 $y(x)$,利用泰勒公式得到

$$y(x_{n+1}) = y(x_n) + hy'(x_n) + \frac{h^2}{2}y''(x_n) + O(h^3).$$

从而可知欧拉公式的局部截断误差为

$$y(x_{n+1}) - y_{n+1} = \frac{h^2}{2}y''(x_n) + O(h^3) = O(h^2).$$

对于改进的欧拉公式(7.14),由于

$$y'(x_n) = f(x_n, y(x_n)),$$
$$y''(x_n) = f_x(x_n, y(x_n)) + f(x_n, y(x_n))f_y(x_n, y(x_n)),$$

则当 $y_n = y(x_n)$ 时,利用泰勒展开得到

$$K_1 = f(x_n, y_n) = f(x_n, y(x_n)) = y'(x_n),$$
$$\begin{aligned}K_2 &= f(x_n + h, y_n + hK_1)\\ &= f(x_n + h, y(x_n) + hK_1)\\ &= f(x_n, y(x_n)) + hf_x(x_n, y(x_n))\\ &\quad + hK_1 f_y(x_n, y(x_n)) + O(h^2)\\ &= y'(x_n) + hy''(x_n) + O(h^2).\end{aligned}$$

将 K_1, K_2 代入(7.14)中,得

$$y_{n+1} = y(x_n) + hy'(x_n) + \frac{h^2}{2}y''(x_n) + O(h^3).$$

于是改进的欧拉公式的局部截断误差为

$$y(x_{n+1}) - y_{n+1} = O(h^3).$$

类似地,可推得梯形公式(7.11)的局部截断误差为

$$y(x_{n+1}) - y_{n+1} = -\frac{h^3}{12}y'''(x_n) + O(h^4) = O(h^3).$$

如果单步差分公式的局部截断误差为 $O(h^{p+1})$,则称该公式为 p **阶方法**,这里 p 为非负整数. 据此定义,欧拉方法是一阶方法,改进的欧拉方法和梯形公式为二阶方法.

7.3 龙格-库塔(Runge-Kutta) 方法

7.3.1 龙格-库塔方法的构造

利用泰勒展开方法可以构造单步显式高阶方法. 如果设 $y(x)$ 为问题(7.1)的精确解,则

$$y(x_{n+1}) = y(x_n) + hy'(x_n) + \frac{h^2}{2}y''(x_n) + \cdots + \frac{h^p}{p!}y^{(p)}(x_n)$$
$$+ \frac{h^{p+1}}{(p+1)!}y^{(p+1)}(\xi)$$
$$= y(x_n) + hf(x_n, y(x_n)) + \frac{h^2}{2}f^{(1)}(x_n, y(x_n)) + \cdots$$
$$+ \frac{h^p}{p!}f^{(p)}(x_n, y(x_n)) + O(h^{p+1}).$$

导出差分公式为

$$\begin{cases} y_{n+1} = y_n + hf(x_n, y_n) + \dfrac{h^2}{2}f^{(1)}(x_n, y_n) + \cdots + \dfrac{h^p}{p!}f^{(p)}(x_n, y_n), \\ y_0 = \eta, \end{cases}$$
$$n = 0, 1, \cdots,$$

其中,

$$f^{(1)}(x, y) = \frac{\mathrm{d}}{\mathrm{d}x}f(x, y(x)) = \left(\frac{\partial}{\partial x} + f\frac{\partial}{\partial y}\right)f,$$
$$f^{(2)}(x, y) = \frac{\mathrm{d}^2}{\mathrm{d}x^2}f(x, y(x)) = \left(\frac{\partial}{\partial x} + f\frac{\partial}{\partial y}\right)^2 f + \frac{\partial f}{\partial y}\left(\frac{\partial}{\partial x} + f\frac{\partial}{\partial y}\right)f,$$
$$\cdots.$$

由此而得的高阶方法的精确度是提高了,但是在计算过程中要计算许多复合函数的导数,比较繁琐. 龙格和库塔利用 $f(x,y)$ 在某些点处的值的线性组合,构造出一类计算公式,使其按泰勒公式展开后与初值问题的解的泰勒展开比较,有尽可能多的项完全相同,从而避免了高阶导数计算的困难.

p 阶龙格-库塔方法的一般形式为

$$\begin{cases} y_{n+1} = y_n + h(\lambda_1 K_1 + \lambda_2 K_2 + \cdots + \lambda_p k_p), \\ K_1 = f(x_n, y_n), \\ K_2 = f(x_n + \alpha_2 h, y_n + h\beta_{21}K_1), \\ \cdots, \\ K_p = f\left(x_n + \alpha_p h, y_n + h\sum_{j=1}^{p-1}\beta_{pj}K_j\right), \end{cases} \quad (7.15)$$

其中,$\lambda_i, \alpha_i, \beta_{ij}$ 为待定参数,用泰勒公式展开法确定参数即可.

7.3.2 龙格-库塔方法的推导

以二阶方法为例. 设 $p = 2$,由(7.15)有

$$\begin{cases} y_{n+1} = y_n + h(\lambda_1 K_1 + \lambda_2 K_2), \\ K_1 = f(x_n, y_n), \\ K_2 = f(x_n + \alpha h, y_n + \beta h K_1). \end{cases} \quad (7.16)$$

将(7.16)右端在(x_n, y_n)处作泰勒公式展开,得到

$$\begin{aligned} y_{n+1} &= y_n + h\lambda_1 f(x_n, y_n) + h\lambda_2(f(x_n, y_n) + h\alpha f_x(x_n, y_n) \\ &\quad + h\beta f(x_n, y_n) f_y(x_n, y_n)) + O(h^3) \\ &= y_n + h(\lambda_1 + \lambda_2) f(x_n, y_n) + h^2 \lambda_2 \alpha f_x(x_n, y_n) \\ &\quad + h^2 \beta \lambda_2 f(x_n, y_n) f_y(x_n, y_n) + O(h^3). \end{aligned} \quad (7.17)$$

而$y(x_{n+1})$在x_n处的泰勒展开式为

$$\begin{aligned} y(x_{n+1}) &= y(x_n) + h y'(x_n) + \frac{h^2}{2} y''(x_n) + O(h^3) \\ &= y(x_n) + h f(x_n, y_n) + \frac{h^2}{2}(f_x(x_n, y(x_n)) \\ &\quad + f_y(x_n, y(x_n)) f(x_n, y_n)) + O(h^3). \end{aligned} \quad (7.18)$$

在$y_n = y(x_n)$时,比较(7.17)和(7.18),欲使两式直到h^2项完全一致,只需满足

$$\begin{cases} \lambda_1 + \lambda_2 = 1, \\ \alpha \lambda_2 = \frac{1}{2}, \\ \beta \lambda_2 = \frac{1}{2}. \end{cases} \quad (7.19)$$

这个方程组有无穷多个解,则可得到无穷多个二阶龙格-库塔方法. 如取 $\lambda_1 = \lambda_2 = \frac{1}{2}, \alpha = \beta = 1$,则得

$$\begin{cases} y_{n+1} = y_n + \frac{h}{2}(K_1 + K_2), \\ K_1 = f(x_n, y_n), \\ K_2 = f(x_n + h, y_n + h K_1). \end{cases} \quad (7.20)$$

这就是改进的欧拉方法或称**预估-校正法**. 如果取 $\lambda_1 = 0, \lambda_2 = 1, \alpha = \beta = \frac{1}{2}$,则得

$$\begin{cases} y_{n+1} = y_n + h K_2, \\ K_1 = f(x_n, y_n), \\ K_2 = f\left(x_n + \frac{1}{2}h, y_n + \frac{1}{2}h K_1\right). \end{cases} \quad (7.21)$$

此即中点公式.

若取 $\lambda_1 = \dfrac{1}{4}$，$\lambda_2 = \dfrac{3}{4}$，$\alpha = \beta = \dfrac{2}{3}$，则得

$$\begin{cases} y_{n+1} = y_n + \dfrac{h}{4}(K_1 + 3K_2), \\ K_1 = f(x_n, y_n), \\ K_2 = f\left(x_n + \dfrac{2}{3}h, y_n + \dfrac{2}{3}hK_1\right). \end{cases}$$

此方法称为**休恩**(Heun)**方法**.

高阶龙格-库塔公式可类似推导. 下面给出常用的 3 阶、4 阶公式.

3 阶龙格-库塔公式：

$$\begin{cases} y_{n+1} = y_n + \dfrac{h}{6}(K_1 + 4K_2 + K_3), \\ K_1 = f(x_n, y_n), \\ K_2 = f\left(x_n + \dfrac{1}{2}h, y_n + \dfrac{1}{2}hK_1\right), \\ K_3 = f(x_n + h, y_n - hK_1 + 2hK_2). \end{cases} \quad (7.22)$$

标准 4 阶龙格-库塔公式(也称为**经典公式**)：

$$\begin{cases} y_{n+1} = y_n + \dfrac{h}{6}(K_1 + 2K_2 + 2K_3 + K_4), \\ K_1 = f(x_n, y_n), \\ K_2 = f\left(x_n + \dfrac{1}{2}h, y_n + \dfrac{1}{2}hK_1\right), \\ K_3 = f\left(x_n + \dfrac{1}{2}h, y_n + \dfrac{1}{2}hK_2\right), \\ K_4 = f(x_n + h, y_n + hK_3). \end{cases} \quad (7.23)$$

基尔(Gill)公式：

$$\begin{cases} y_{n+1} = y_n + \dfrac{h}{6}[K_1 + (2-\sqrt{2})K_2 + (2+\sqrt{2})K_3 + K_4], \\ K_1 = f(x_n, y_n), \\ K_2 = f\left(x_n + \dfrac{1}{2}h, y_n + \dfrac{1}{2}hK_1\right), \\ K_3 = f\left(x_n + \dfrac{1}{2}h, y_n + \dfrac{\sqrt{2}-1}{2}hK_1 + \dfrac{2-\sqrt{2}}{2}hK_2\right), \\ K_4 = f\left(x_n + h, y_n - \dfrac{\sqrt{2}}{2}hK_2 + \left(1 + \dfrac{\sqrt{2}}{2}\right)hK_3\right). \end{cases} \quad (7.24)$$

经典 4 阶龙格-库塔方法的编程框图如图 7-4 所示.

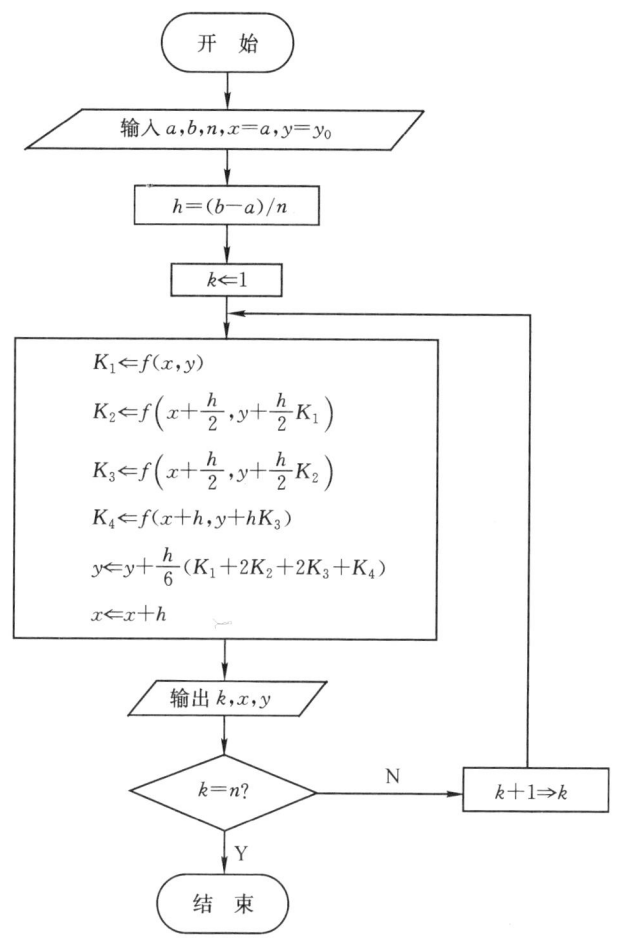

图 7-4　标准 4 阶龙格-库塔法计算框图

例 7.3　用标准 4 阶龙格-库塔方法求解初值问题

$$\begin{cases} y' = y - \dfrac{2x}{y}, \\ y(0) = 1, \quad 0 \leqslant x \leqslant 1. \end{cases}$$

解　将

$$f(x,y) = y - \dfrac{2x}{y}$$

代入 (7.23),则有

$$\begin{cases} y_{n+1} = y_n + \dfrac{h}{6}(K_1 + 2K_2 + 2K_3 + K_4), \\ K_1 = y_n - \dfrac{2x_n}{y_n}, \\ K_2 = y_n + \dfrac{1}{2}hK_1 - \dfrac{2x_n + h}{y_n + \dfrac{1}{2}hK_1}, \\ K_3 = y_n + \dfrac{1}{2}hK_2 - \dfrac{2x_n + h}{y_n + \dfrac{1}{2}hK_2}, \\ K_4 = y_n + hK_3 - \dfrac{2x_n + 2h}{y_n + hK_3}, \\ y_0 = y(0) = 1, \end{cases} \quad n = 0, 1, 2, \cdots.$$

计算结果列于表 7-3.

表 7-3

x_n	y_n	$\|y(x_n) - y_n\|$	x_n	y_n	$\|y(x_n) - y_n\|$
0.1	1.095 445 514	0.399×10^{-6}	0.6	1.483 242 035	2.338×10^{-6}
0.2	1.183 216 691	0.734×10^{-6}	0.7	1.549 196 243	2.904×10^{-6}
0.3	1.264 912 128	1.064×10^{-6}	0.8	1.612 455 130	3.58×10^{-6}
0.4	1.341 642 261	1.474×10^{-6}	0.9	1.673 324 347	4.294×10^{-6}
0.5	1.414 215 446	1.884×10^{-6}	1.0	1.732 056 022	5.214×10^{-6}

此结果与例 7.1 相比较, 可以看出, 4 阶龙格-库塔方法的精确度比欧拉法的确要高得多.

7.4 单步方法的收敛性和稳定性

7.4.1 单步法的收敛性

我们看到, 数值解法的基本思想是, 通过某种离散化方法, 将微分方程转化为差分方程来求解. 但这种转化是否合理, 还要看差分方程的解 y_n 在 $h \to 0$ 时是否会收敛到微分方程的准确解 $y(x_n)$.

定义 7.1 若一种数值方法对于任意固定的 $x_n = x_0 + nh$, 当 $h \to 0$ 时

有 $y_n \to y(x_n)$，则称该方法是**收敛的**.

求解初值问题
$$\begin{cases} \dfrac{dy}{dx} = f(x,y), & a \leqslant x \leqslant b, \\ y(a) = \eta \end{cases}$$

的显式单步方法的共同特征是，它们都是将 y_n 加上某种形式的增量得出 y_{n+1}，其计算公式形如
$$y_{n+1} = y_n + h\varphi(x_n, y_n, h), \qquad (7.25)$$
式中 $\varphi(x,y,h)$ 称为**增量函数**. 不同的单步法，对应于不同的增量函数. 对于欧拉方法，有
$$\varphi(x,y,h) = f(x,y),$$
对于改进的欧拉公式有
$$\varphi(x,y,h) = \frac{1}{2}(f(x,y) + f(x+h, y+hf(x,y))). \qquad (7.26)$$

关于单步法有下述收敛性定理：

定理7.2 假设单步法(7.25)具有 p 阶精度，且增量函数 $\varphi(x,y,h)$ 在区域
$$\{a \leqslant x \leqslant b, -\infty < y < +\infty, 0 \leqslant h \leqslant h_0\}$$
上关于 y 满足李普希茨条件：
$$|\varphi(x,y,h) - \varphi(x,\bar{y},h)| \leqslant L_\varphi |y - \bar{y}|, \qquad (7.27)$$
又设初值 y_0 是准确的，即 $y_0 = y(x_0)$，则有
$$y(x_n) - y_n = O(h^p).$$
称 $y(x_n) - y_n$ 为**整体截断误差**.

证 设 $\overline{y_{n+1}}$ 表示在 $y_n = y(x_n)$ 的条件下由(7.25)求得的结果，即
$$\overline{y_{n+1}} = y(x_n) + h\varphi(x_n, y(x_n), h), \qquad (7.28)$$
则 $y(x_{n+1}) - \overline{y_{n+1}}$ 为局部截断误差. 由于所给方法具有 p 阶精度，由定义可知，存在常数 C，使
$$|y(x_{n+1}) - \overline{y_{n+1}}| \leqslant Ch^{p+1}.$$
又由(7.25)及(7.28)，得
$$|\overline{y_{n+1}} - y_{n+1}| \leqslant |y(x_n) - y_n| + h|\varphi(x_n, y(x_n), h) - \varphi(x_n, y_n, h)|.$$
利用假设条件(7.27)，则有
$$|\overline{y_{n+1}} - y_{n+1}| \leqslant (1 + hL_\varphi)|y(x_n) - y_n|,$$
从而
$$|y(x_{n+1}) - y_{n+1}| \leqslant |y(x_{n+1}) - \overline{y_{n+1}}| + |\overline{y_{n+1}} - y_{n+1}|$$

$$\leqslant Ch^{p+1} + (1+hL_\varphi)|y(x_n)-y_n|.$$

记整体截断误差 $y(x_n)-y_n \stackrel{\Delta}{=} e_n$，则有如下递推式：

$$|e_{n+1}| \leqslant Ch^{p+1} + (1+hL_\varphi)|e_n|.$$

由此递推得到

$$|e_n| \leqslant (1+hL_\varphi)^n |e_0| + Ch^{p+1} \sum_{i=0}^{n-1}(1+hL_\varphi)^i$$

$$= (1+hL_\varphi)^n |e_0| + \frac{Ch^{p+1}}{hL_\varphi}[(1+hL_\varphi)^n - 1].$$

注意到 $1+hL_\varphi \leqslant \mathrm{e}^{hL_\varphi}$，$(1+hL_\varphi)^n \leqslant \mathrm{e}^{nhL_\varphi}$，当 $x_n - x_0 = nh \leqslant T$ 时有

$$|e_n| \leqslant |e_0|\mathrm{e}^{TL_\varphi} + \frac{Ch^p}{L_\varphi}(\mathrm{e}^{TL_\varphi}-1).$$

若初值是准确的，即 $|e_0|=0$，则有

$$|e_n| \leqslant \frac{Ch^p}{L_\varphi}(\mathrm{e}^{TL_\varphi}-1),$$

即 $|y(x_n)-y_n| = O(h^p)$. ∎

根据定理 7.2 判断单步法(7.24) 的收敛性，最终归结为验证增量函数 φ 是否满足李普希茨条件(7.27).

对于欧拉方法，由于增量函数 $\varphi(x,y,h) = f(x,y)$，根据定理，欧拉方法是收敛的. 对于改进的欧拉方法，利用 $f(x,y)$ 的李普希茨条件，可得到

$$|\varphi(x,y,h) - \varphi(x,\overline{y},h)|$$

$$= \left|\frac{1}{2}(f(x,y) + f(x+h, y+hf(x,y)))\right.$$

$$\left. - \frac{1}{2}(f(x,\overline{y}) + f(x+h, y+hf(x,\overline{y})))\right|$$

$$\leqslant \frac{1}{2}|f(x,y) - f(x,\overline{y})|$$

$$+ \frac{1}{2}|f(x+h, y+hf(x,y)) - f(x+h, \overline{y}+hf(x,\overline{y}))|$$

$$\leqslant \frac{1}{2}L|y-\overline{y}| + \frac{1}{2}L|y+hf(x,y) - \overline{y} - hf(x,\overline{y})|$$

$$\leqslant L\left(1 + \frac{1}{2}hL\right)|y-\overline{y}|.$$

则当 $h \leqslant h_0$（h_0 为常数）时，φ 关于 y 满足常数为 $L\left(1+\frac{1}{2}hL\right)$ 的李普希茨条件. 因此改进的欧拉方法也是收敛的.

7.4.2 单步法的稳定性

前面关于收敛性的讨论有个前提,即假定数值方法本身的计算是准确的,但实际情形并非如此. 例如,初始数据可能存在误差,计算过程中也不可避免地产生计算舍入误差. 这类误差在传播过程中会不会恶性增长,以至于"淹没"了差分方程的"真解"呢? 这就是差分方程的稳定性问题.

定义 7.2 若某一种数值方法仅在节点值 y_n 上产生大小为 δ 的误差,由此误差引起以后各节点值 $y_m(m>n)$ 的偏差均不超过 δ,则称此数值方法是**稳定的**.

稳定性问题的讨论比较复杂,为简化起见,仅考查下列模型方程:
$$y' = \lambda y \quad (\lambda < 0).$$

先研究欧拉方法的稳定性. 模型方程 $y' = \lambda y \ (\lambda < 0)$ 的欧拉公式为
$$y_{n+1} = (1 + h\lambda)y_n.$$

设在节点值 y_n 上有一误差 ε_n,它的传播使节点值 y_{n+1} 产生大小为 ε_{n+1} 的误差,假设用 $\overline{y_n} = y_n + \varepsilon$ 按欧拉公式得出 $\overline{y_{n+1}} = y_{n+1} + \varepsilon_{n+1}$ 的计算过程不再有新的误差,则误差满足
$$\varepsilon_{n+1} = (1 + h\lambda)\varepsilon_n.$$

要使 $|\varepsilon_{n+1}| < |\varepsilon_n|$,必须 $|1 + h\lambda| < 1$,即 $0 < h < -\dfrac{2}{\lambda}$. 这说明欧拉方法在满足条件 $0 < h < -\dfrac{2}{\lambda}$ 下是稳定的,因此称欧拉方法是**条件稳定的**.

再考查向后欧拉方法. 对于方程 $y' = \lambda y \ (\lambda < 0)$,其公式为 $y_{n+1} = y_n + h\lambda y_{n+1}$,所以有
$$y_{n+1} = \frac{1}{1 - h\lambda} y_n.$$

由于 $\lambda < 0$,故
$$\left| \frac{1}{1 - h\lambda} \right| < 1$$

恒成立,从而有 $|\varepsilon_{n+1}| < |\varepsilon_n|$,因而向后欧拉方法是绝对稳定的.

再如,用中点公式求解模型方程 $y' = \lambda y \ (\lambda < 0)$ 的计算公式为
$$y_{n+1} = y_n + h\lambda \left(y_n + \frac{1}{2} h\lambda y_n \right) = \left(1 + \lambda h + \frac{1}{2} h^2 \lambda^2 \right) y_n.$$

同上分析,当
$$\left| 1 + h\lambda + \frac{1}{2} h^2 \lambda^2 \right| < 1,$$

即 $0 < h < -\dfrac{2}{\lambda}$ 时,中点公式是稳定的.

7.5 线性多步法

前面所介绍的方法,在计算 y_{n+1} 时仅使用了前一结果,因此称为**单步法**.单步法计算虽然简单,但一般精度较低.由于在计算 y_{n+1} 时,我们已经知道 $y_n, y_{n-1}, \cdots$ 及 $f(x_n, y_n), f(x_{n-1}, y_{n-1}), \cdots$,因此可以利用这些信息探索构造出精度高、计算量小的数值解法,这就是线性多步法.

7.5.1 利用待定系数法构造线性多步法

$r+1$ **步线性多步法**的一般形式为

$$y_{n+1} = \sum_{i=0}^{r} \alpha_i y_{n-i} + h \sum_{i=-1}^{r} \beta_i f_{n-i}, \tag{7.29}$$

其中,$f_{n-i} = f(x_{n-i}, y_{n-i})$. 当 $\beta_{-1} \neq 0$ 时,(7.29) 为隐式公式,$\beta_{-1} = 0$ 时为显式公式. 系数 α_i, β_i 的选取原则是使该方法的局部截断误差为

$$y(x_{n+1}) - y_{n+1} = O(h^{r+2}). \tag{7.30}$$

下面举例说明.

例 7.4 确定系数 $\alpha, \beta_0, \beta_1, \beta_2$,使三步法

$$y_{n+1} = \alpha y_n + h(\beta_0 f_n + \beta_1 f_{n-1} + \beta_2 f_{n-2}) \tag{7.31}$$

为三阶方法.

解 设初值问题的精确解为 $y(x)$,则有泰勒展开式

$$y(x_{n+1}) = y(x_n) + hy'(x_n) + \frac{h^2}{2} y''(x_n) + \frac{h^3}{3!} y'''(x_n) + \frac{h^4}{4!} y^{(4)}(\zeta). \tag{7.32}$$

考虑到 $y_i = y(x_i)$ $(i = n, n-1, n-2)$,则有

$$f_n = f(x_n, y(x_n)) = y'(x_n),$$

$$f_{n-1} = f(x_{n-1}, y(x_{n-1})) = y'(x_{n-1})$$

$$= y'(x_n) - hy''(x_n) + \frac{h^2}{2} y'''(x_n)$$

$$- \frac{h^3}{3!} y^{(4)}(x_n) + O(h^4),$$

$$f_{n-2} = f(x_{n-2}, y(x_{n-2})) = y'(x_{n-2})$$

$$= y'(x_n) - 2hy''(x_n) + \frac{(2h)^2}{2} y'''(x_n)$$

$$- \frac{(2h)^3}{3!} y^{(4)}(x_n) + O(h^4).$$

将上式代入(7.31),得

$$y_{n+1} = \alpha y_n + h(\beta_0 + \beta_1 + \beta_2)y'(x_n) + h^2(-\beta_1 - 2\beta_2)y''(x_n)$$
$$+ \frac{1}{2}h^3(\beta_1 + 4\beta_2)y'''(x_n) + O(h^4). \qquad (7.33)$$

要使 $y(x_{n+1}) - y_{n+1} = O(h^4)$,则必有

$$\alpha = 1, \quad \beta_0 + \beta_1 + \beta_2 = 1, \quad -\beta_1 - 2\beta_2 = \frac{1}{2}, \quad \beta_1 + 4\beta_2 = \frac{1}{3}.$$

解得

$$\alpha = 1, \quad \beta_0 = \frac{23}{12}, \quad \beta_1 = -\frac{4}{3}, \quad \beta_2 = \frac{5}{12}.$$

故所求三步三阶显示方法为

$$y_{n+1} = y_n + \frac{h}{12}(23f_n - 16f_{n-1} + 5f_{n-2}).$$

7.5.2 利用数值积分构造线性多步法

对方程 $y' = f(x,y)$ 在小区间 $[x_n, x_{n+1}]$ 上积分,得到

$$y(x_{n+1}) = y(x_n) + \int_{x_n}^{x_{n+1}} f(x, y(x))\mathrm{d}x. \qquad (7.34)$$

设 $P_r(x)$ 是函数 $f(x,y(x))$ 的某个 r 次插值多项式,则(7.34)可写为

$$y(x_{n+1}) = y(x_n) + \int_{x_n}^{x_{n+1}} P_r(x)\mathrm{d}x + R_n,$$

其中,

$$R_n = \int_{x_n}^{x_{n+1}} (f(x,y(x)) - P_r(x))\mathrm{d}x$$

为求积余项. 舍去 R_n,则可建立近似值 $y_n \approx y(x_n)$ 所满足的公式

$$y_{n+1} = y_n + \int_{x_n}^{x_{n+1}} P_r(x)\mathrm{d}x. \qquad (7.35)$$

选取不同的插值多项式 $P_r(x)$,就可导出不同的数值方法.

7.5.3 亚当姆斯(Adams)公式

设已求得精确解 $y(x)$ 在步长为 h 的等距节点 $x_{n-r}, \cdots, x_{n-1}, x_n$ 上的近似值 $y_{n-r}, \cdots, y_{n-1}, y_n$. 记 $f_k = f(x_k, y_k)$,利用 $r+1$ 个数据 $(x_{n-r}, f_{n-r}), \cdots, (x_n, f_n)$ 构造 r 次拉格朗日插值多项式

$$P_r(x) = \sum_{j=0}^{r} l_{n-j}(x) f_{n-j}, \qquad (7.36)$$

其中,

$$l_{n-j}(x) = \prod_{\substack{k=0\\k\neq j}}^{r} \frac{x - x_{n-k}}{x_{n-j} - x_{n-k}}.$$

将(7.36)代入(7.35)得

$$y_{n+1} = y_n + \sum_{j=0}^{r} \int_{x_n}^{x_{n+1}} l_{n-j}(x)\,\mathrm{d}x\, f_{n-j}.$$

令 $x = x_n + th$,经整理可得

$$y_{n+1} = y_n + h \sum_{j=0}^{r} \beta_{rj} f_{n-j}, \qquad (7.37)$$

其中系数

$$\beta_{rj} = \frac{(-1)^j}{(r-j)!j!} \int_0^1 \frac{\prod_{k=0}^{r}(t+k)}{t+j}\,\mathrm{d}t, \quad j=0,1,\cdots,r.$$

当取定 r,并计算出 β_{rj} 时,(7.37)就给出了 $r+1$ 步亚当姆斯显式公式. 下面给出常用系数 β_{rj} 表(见表 7-4).

表 7-4

i	0	1	2	3
β_{0i}	1			
β_{1i}	$\dfrac{3}{2}$	$-\dfrac{1}{2}$		
β_{2i}	$\dfrac{23}{12}$	$-\dfrac{16}{12}$	$\dfrac{5}{12}$	
β_{3i}	$\dfrac{55}{24}$	$-\dfrac{59}{24}$	$\dfrac{37}{24}$	$-\dfrac{9}{24}$

$r=0$ 时为欧拉公式;$r=3$ 时,公式为

$$y_{n+1} = y_n + \frac{h}{24}(55 f_n - 59 f_{n-1} + 37 f_{n-2} - 9 f_{n-3}).$$

以上为亚当姆斯显式公式. 如果选择插值节点 $x_{n-r+1},\cdots,x_n,x_{n+1}$ 来构造(7.35)中的插值多项式 $P_r(x)$,则可得到亚当姆斯隐式公式的一般形式:

$$y_{n+1} = y_n + h \sum_{j=0}^{r} \beta_{rj}^* f_{n-j+1}, \qquad (7.38)$$

其中,系数

$$\beta_{rj}^* = \frac{(-1)^j}{(r-j)!r!} \int_{-1}^{0} \frac{\prod_{k=0}^{r}(t+k)}{t+j}\,\mathrm{d}t, \quad j=0,1,\cdots,r.$$

$r=1$ 时,亚当姆斯隐式公式为
$$y_{n+1} = y_n + \frac{1}{2}h(f_n + f_{n+1}).$$

表 7-5 为我们提供了系数 β_{rj}^* 的部分数值.

表 7-5

i	0	1	2	3
β_{0i}^*	1			
β_{1i}^*	$\frac{1}{2}$	$\frac{1}{2}$		
β_{2i}^*	$\frac{5}{12}$	$\frac{8}{12}$	$-\frac{1}{12}$	
β_{3i}^*	$\frac{9}{24}$	$\frac{19}{24}$	$-\frac{5}{24}$	$\frac{1}{24}$

如果把亚当姆斯显式公式和隐式公式结合起来使用,由显式公式提出一个预估值,再用隐式公式校正,求得数值解,称之为**预估-校正方法**. 一般预估公式和校正公式都取同阶的公式,若取亚当姆斯显式公式作预估,再用 4 阶三步亚当姆斯隐式公式作校正,则得

预估 $\quad \overline{y_{n+1}} = y_n + \frac{h}{24}(55f_n - 59f_{n-1} + 37f_{n-2} - 9f_{n-3})$,

$\quad\quad \overline{f_{n+1}} = f(x_{n+1}, \overline{y_{n+1}})$.

校正 $\quad y_{n+1} = y_n + \frac{h}{24}(9\overline{f_{n+1}} + 19f_n - 5f_{n-2} + f_{n-2})$,

$\quad\quad f_{n+1} = f(x_{n+1}, y_{n+1}), \quad n = 3, 4, \cdots.$

这种预估-校正方法是四步法,它在计算 y_{n+1} 时,不但要用到 y_n, f_n,也要用到 $f_{n-1}, f_{n-2}, f_{n-3}$,因此在实际计算时,必须借助于某种单步法为其提供起始值 y_1, y_2, y_3.

亚当姆斯预估-校正系统的计算过程如下:

1 根据已知信息,利用经典公式提供 y_1, y_2, y_3.

2 利用
$$\begin{cases} \overline{y_{n+1}} \Leftarrow y_n + \frac{h}{24}(55f_n - 59f_{n-1} + 37f_{n-1} - 9f_{n-3}), \\ \overline{f}_{n+1} \Leftarrow f(x_{n+1}, \overline{y_{n+1}}), \quad\quad\quad\quad\quad\quad\quad\quad n \geqslant 3, \\ y_{n+1} \Leftarrow y_n + \frac{h}{24}(9\overline{f}_{n+1} + 19f_n - 5f_{n-1} + f_{n-2}), \end{cases}$$

计算 y_n.

上述预估-校正系统的编程框图如图 7-5 所示.

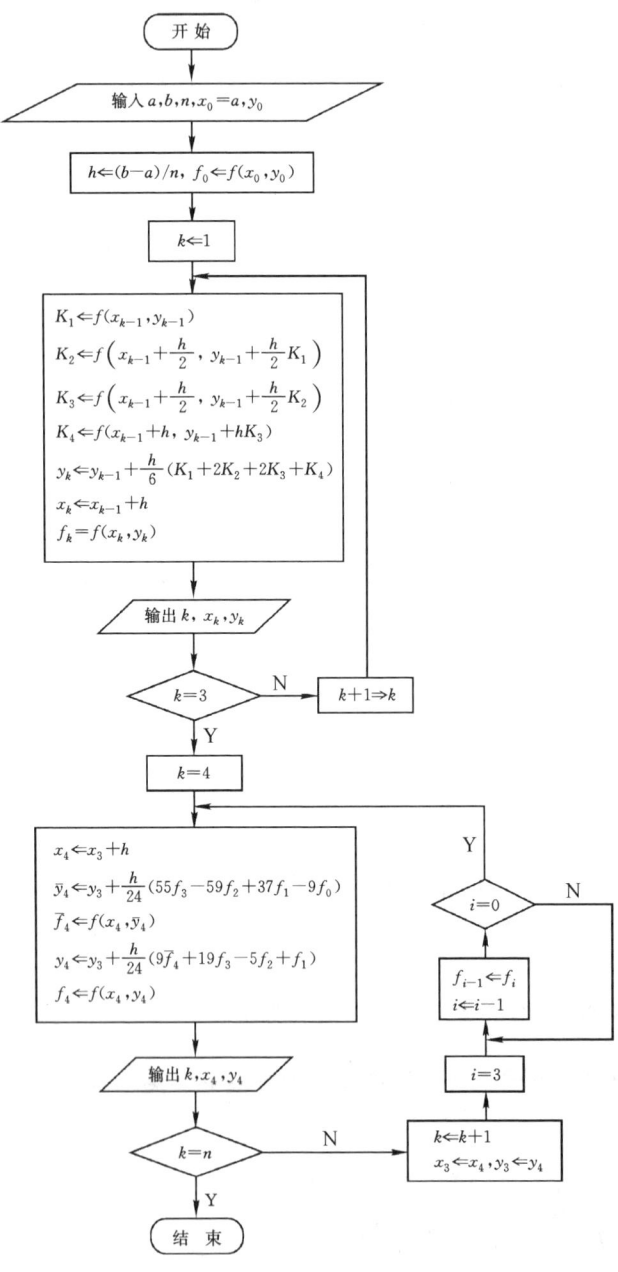

图 7-5　亚当姆斯预估-校正系统

例 7.5 用亚当姆斯预估-校正公式求解初值问题

$$\begin{cases} y' = y - \dfrac{2x}{y}, & 0 \leqslant x \leqslant 1, \\ y(0) = 1. \end{cases}$$

取步长 $h = 0.1$.

解 先用经典龙格-库塔(R-K)公式算出起始值 y_1, y_2, y_3,再用预估-校正公式进行计算,如表 7-6 所示.

表 7-6

x_n	R-K 法 y_n	预估值 $\overline{y_n}$	校正值 y_n	精确解 $y(x_n)$
0	1			1
0.1	1.095 446			1.095 445
0.2	1.183 217			1.183 216
0.3	1.264 912			1.264 911
0.4		1.341 551	1.341 641	1.341 641
0.5		1.414 045	1.414 213	1.414 214
0.6		1.483 017	1.483 239	1.483 240
0.7		1.548 917	1.549 192	1.549 193
0.8		1.612 114	1.612 450	1.612 452
0.9		1.672 914	1.673 318	1.673 320
1.0		1.731 566	1.732 048	1.732 051

7.6 常微分方程组与高阶微分方程的数值解法

7.6.1 一阶方程组

考查一般的一阶常微分方程组的初值问题

$$\begin{cases} y'_1 = f_1(x, y_1, y_2, \cdots, y_m), \\ y'_2 = f_2(x, y_1, y_2, \cdots, y_m), \\ \cdots, \\ y'_m = f_m(x, y_1, y_2, \cdots, y_m), \\ y_1(x_0) = y_{1,0}, \ y_2(x_0) = y_{2,0}, \cdots, y_m(x_0) = y_{m,0}. \end{cases} \quad (7.39)$$

若采用向量的记号，记

$$\boldsymbol{y} = (y_1, y_2, \cdots, y_m)^{\mathrm{T}}, \quad \boldsymbol{f} = (f_1, f_2, \cdots, f_m)^{\mathrm{T}},$$
$$\boldsymbol{y}(x_0) = \boldsymbol{y}_0 = (y_{1,0}, y_{2,0}, \cdots, y_{m,0})^{\mathrm{T}},$$

则(7.39)可表示成

$$\begin{cases} \boldsymbol{y}' = \boldsymbol{f}(x, \boldsymbol{y}), \\ \boldsymbol{y}(x_0) = \boldsymbol{y}_0. \end{cases} \tag{7.40}$$

这与前面所讨论的一阶单个方程的初值问题(7.1)具有完全相同的形式，只是函数变成了向量函数。事实上，前面介绍的解法也适用于初值问题(7.40)，只要把函数换成向量函数就行了。

例如，标准 4 阶 R-K 法应用于问题(7.40)的公式是

$$\begin{cases} \boldsymbol{y}_{n+1} = \boldsymbol{y}_n + \dfrac{h}{6}(\boldsymbol{k}_1 + 2\boldsymbol{k}_2 + 2\boldsymbol{k}_3 + \boldsymbol{k}_4), \\ \boldsymbol{k}_1 = \boldsymbol{f}(x_n, \boldsymbol{y}_n), \\ \boldsymbol{k}_2 = \boldsymbol{f}\left(x_n + \dfrac{1}{2}h, \boldsymbol{y}_n + \dfrac{h}{2}\boldsymbol{k}_1\right), \\ \boldsymbol{k}_3 = \boldsymbol{f}\left(x_n + \dfrac{1}{2}h, \boldsymbol{y}_n + \dfrac{h}{2}\boldsymbol{k}_2\right), \\ \boldsymbol{k}_4 = \boldsymbol{f}(x_n + h, \boldsymbol{y}_n + h\boldsymbol{k}_3), \end{cases}$$

其中，$\boldsymbol{y}_n$ 表示 $\boldsymbol{y}(x)$ 在 $x = x_n$ 处的近似向量。若将上式写成分量形式，就是

$$\begin{cases} y_{i,n+1} = y_{i,n} + \dfrac{h}{6}(k_{i,1} + 2k_{i,2} + 2k_{i,3} + k_{i,4}), \\ k_{i,1} = f_i(x_n, y_{1,n}, y_{2,n}, \cdots, y_{m,n}), \\ k_{i,2} = f_i\left(x_n + \dfrac{1}{2}h, y_{1,n} + \dfrac{h}{2}k_{1,1}, \cdots, y_{m,n} + \dfrac{h}{2}k_{m,1}\right), \\ k_{i,3} = f_i\left(x_n + \dfrac{1}{2}h, y_{1,n} + \dfrac{h}{2}k_{1,2}, \cdots, y_{m,n} + \dfrac{h}{2}k_{m,2}\right), \\ k_{i,4} = f_i(x_n + h, y_{1,n} + hk_{1,3}, \cdots, y_{m,n} + hk_{m,3}), \end{cases}$$
$$i = 1, 2, \cdots, m, \; n = 0, 1, \cdots.$$

特别对仅有两个未知量的情形，解一阶方程组初值问题

$$\begin{cases} y' = f(x, y, z), \\ z' = g(x, y, z), \\ y(x_0) = y_0, \; z(x_0) = z_0 \end{cases}$$

的 4 阶 R-K 公式具体形式为

$$\begin{cases} y_{n+1} = y_n + \dfrac{h}{6}(k_1 + 2k_2 + 2k_3 + k_4), \\ z_{n+1} = z_n + \dfrac{h}{6}(l_1 + 2l_2 + 2l_3 + l_4), \\ k_1 = f(x_n, y_n, z_n), \\ k_2 = f\left(x_n + \dfrac{h}{2}, y_n + \dfrac{h}{2}k_1, z_n + \dfrac{h}{2}l_1\right), \\ k_3 = f\left(x_n + \dfrac{h}{2}, y_n + \dfrac{h}{2}k_2, z_n + \dfrac{h}{2}l_2\right), \\ k_4 = f(x_n + h, y_n + hk_3, z_n + hl_3), \\ l_1 = g(x_n, y_n, z_n), \\ l_2 = g\left(x_n + \dfrac{h}{2}, y_n + \dfrac{h}{2}k_1, z_n + \dfrac{h}{2}l_1\right), \\ l_3 = g\left(x_n + \dfrac{h}{2}, y_n + \dfrac{h}{2}k_2, z_n + \dfrac{h}{2}l_2\right), \\ l_4 = g(x_n + h, y_n + hk_3, z_n + hl_3). \end{cases} \quad (7.41)$$

其他数值解法也可以类似推导.

7.6.2 化高阶方程为一阶方程组

关于高阶微分方程(或方程组)的初值问题,原则上可以归结为一阶方程组来求解. 例如,考查下列 m 阶微分方程的初值问题:

$$\begin{cases} y^{(m)} = f(x, y, y', \cdots, y^{(m-1)}), \\ y(x_0) = y_0, \; y'(x_0) = y_0', \cdots, y^{(m-1)}(x_0) = y_0^{(m-1)}, \end{cases} \quad (7.42)$$

只要引进新的变量

$$y_1 = y, \quad y_2 = y', \quad \cdots, \quad y_m = y^{(m-1)},$$

就可将 m 阶方程(7.42)化为如下一阶方程组:

$$\begin{cases} y_1' = y_2, \\ y'' = y_3, \\ \cdots, \\ y_{m-1}' = y_m, \\ y_m' = f(x, y_1, y_2, \cdots, y_m), \\ y_1(x_0) = y_0, \; y_2(x_0) = y_0', \cdots, y_m(x_0) = y_0^{(m-1)}, \end{cases} \quad (7.43)$$

即将高阶微分方程化成一阶常微分方程组求解.

例 7.6 用 4 阶 R-K 公式求解二阶常微分方程初值问题

$$\begin{cases} y'' - 3y' + 2y = x\,\mathrm{e}^{2x}, & 0 \leqslant x \leqslant 1, \\ y(0) = 0,\ y'(0) = -1. \end{cases}$$

取步长 $h = 0.1$，并与精确解 $y(x) = x\left(\dfrac{1}{2}x - 1\right)\mathrm{e}^{2x}$ 进行比较.

解 令 $z = y'$，则原方程化为一阶方程组

$$\begin{cases} y' = z, \\ z' = x\,\mathrm{e}^{2x} + 3z - 2y, \\ y(0) = 0,\ z(0) = -1. \end{cases}$$

利用 4 阶 R-K 公式(7.41)求解此方程组. 结果见表 7-7.

表 7-7

x_n	z_n	y_n	$y(x_n)$	$\lvert y_n - y(x_n) \rvert$
0.1	-1.33132477	-0.11603116	-0.11603326	2.11×10^{-6}
0.2	-1.73050694	-0.26852360	-0.26852845	4.84×10^{-6}
0.3	-2.20474722	-0.46463201	-0.46464029	8.28×10^{-6}
0.4	-2.75964602	-0.71216064	-0.71217310	1.245×10^{-5}
0.5	-3.39781808	-1.01933837	-1.01935569	1.732×10^{-5}
0.6	-4.11690036	-1.39442630	-1.39444911	2.273×10^{-5}
0.7	-4.90673667	-1.84508760	-1.84511598	2.838×10^{-5}
0.8	-5.74545265	-2.37742186	-2.37745560	3.370×10^{-5}
0.9	-6.59404411	-2.99453776	-2.99457549	3.773×10^{-5}
1.0	-7.38898397	-3.69448907	-3.69452805	3.898×10^{-5}

小　结

本章主要研究求解常微分方程的数值解法. 构造数值解法的公式主要有两种途径：基于数值积分的构造方法和基于泰勒公式展开的构造方法. 后一种方法更灵活，也更具有一般性. 它还有一个优点，即在构造公式过程的同时可以得到截断误差的估计.

本章利用这些途径构造了一些常用的单步法和多步法. 单步法有欧拉方法和 R-K 方法. 线性多步法有亚当姆斯公式. 同时还分析了单步法的截断误差及收敛性、稳定性.

对于高阶方程，可将其化为一阶方程组. 而对于一阶方程组，我们引入

了向量的记号,将前面所介绍的一阶常微分方程初值问题的数值解法推广到一阶方程组的情形.

习 题 七

1. 对初值问题
$$\begin{cases} y' = y, \\ y(0) = 1, \end{cases}$$
其中 $0 \leqslant x \leqslant 1$,用欧拉方法和改进的欧拉方法求其数值解,取步长 $h = 0.1$,并绘出折线和其精确解曲线 $y = e^x$ 比较.

2. 用预估-校正法解初值问题
$$\begin{cases} y' = x^2 + x - y, \\ y(0) = 0, \end{cases}$$
其中 $0 \leqslant x \leqslant 1$,取步长 $h = 0.1$,并与精确解 $y = -e^{-x} + x^2 - x + 1$ 进行比较.

3. 用欧拉方法计算积分 $y(x) = \int_0^x e^{-t^2} dt$ 在点 $x = 0.5, 1, 1.5, 2$ 处的近似值.

4. 用梯形法求解初值问题
$$\begin{cases} y' + y = 0, \\ y(0) = 1, \end{cases}$$
证明其近似解为 $y_n = \left(\dfrac{2-h}{2+h}\right)^n$,并证明当 $h \to 0$ 时,它收敛于原初值问题的准确解 $y = e^{-x}$.

5. 用 4 阶 R-K 方法解初值问题
$$\begin{cases} y' = y + x, \\ y(0) = 1, \end{cases}$$
其中 $0 \leqslant x \leqslant 1$,取步长 $h = 0.1$,并与其精确解 $y = 2e^x - x - 1$ 进行比较.

6. 利用亚当姆斯预估-校正公式计算初值问题
$$\begin{cases} y' = y + x, \\ y(0) = 1, \end{cases}$$
其中,$0 \leqslant x \leqslant 1$,取步长 $h = 0.1$.

7. 证明梯形法的收敛性,并估计其整体截断误差.

8. 证明:梯形法关于初值问题的稳定性.

9. 证明：对于任意参数 t，下述 R-K 方法是二阶的：

$$\begin{cases} y_{n+1} = y_n + \dfrac{h}{2}(K_2 + K_3), \\ K_1 = f(x_n, y_n), \\ K_2 = f(x_n + th, y_n + thK_1), \\ K_3 = f(x_n + (1-t)h, y_n + (1-t)hK_1). \end{cases}$$

10. 考虑由增量函数

$$\varphi(t, u, h) = f(t, u) + \frac{h}{2}g\left(t + \frac{1}{3}h, u + \frac{1}{3}hf(t, u)\right)$$

决定的单步方法，其中

$$g(t, u) = \frac{\partial}{\partial t}f(t, u) + f(t, u)\frac{\partial}{\partial u}f(t, u),$$

研究方法的阶与收敛性。

11. 将下列方程化为一阶方程组，并用 4 阶 R-K 方法求解（取步长 $h = 0.2$）：

(1) $\begin{cases} y'' = \sin y, \quad 0 \leqslant x \leqslant 1, \\ y(0) = 1, \ y'(0) = 1; \end{cases}$

(2) $\begin{cases} y'' - 3y' + 2y = 0, \\ y(0) = 1, \ y'(0) = 1, \end{cases}$ 其中 $0 \leqslant x \leqslant 1$。

附录一 上机试验

前几章讲述了算法的思想、原理及过程. 这些算法都是针对计算机而设计的, 因此我们不但要理解并掌握其方法本身, 还要关注算法在计算机上的实现. 本部分以 C 语言为工具, 选取部分算法给出源程序.

一、非线性方程的数值解法

一般求解方程的根的过程可分为:

(1) 确定根所在的区间 $[a,b]$. 如果函数 $f(x)$ 在 $[a,b]$ 上连续, 则 $f(x)=0$ 在 (a,b) 内有根的充分条件是

$$f(a)f(b)<0.$$

获取解区间 (a,b) 的方法一般是先猜测一个解区间 $[a_0,b_0]$, 判断区间端点函数值是否异号. 如果异号, 则此区间内有解; 如果同号, 则可以通过扩展或压缩区间找到解区间. 也可以将初始区间分成 n 等份, 然后检测各子区间是否是解区间.

(2) 利用迭代技术求出满足精度的近似解. 确定解区间后可以通过二分法或牛顿迭代法、弦割法等迭代方法求出满足精度要求的近似解.

下面给出二分法和牛顿迭代法的 C 语言源程序.

1. 二分法

二分法的计算步骤: 将 (a,b) 二等分, 判断子区间端点处函数值是否异号, 如果异号, 则方程的解在此子区间内, 并将此子区间继续二分, 直到找到满足精度要求的解. 下面给出二分法实现的源代码:

```c
#include <stdio.h>
#include <math.h>

typedef double (*pFUNCTION)(double);
```

```
/**
 * 二分法求解方程
 *
 * @param pFunc 待解方程对应的函数指针
 * @param dStartX X值初始起点值
 * @param dEndX X值初始终点值
 * @param dAccuracyX X值精度
 * @param dAccuracyY Y值精度
 * @return 输出解的X值
 * @note 若输入起点值和终点值使得待解函数值都为正或都为负,则该方
 * 法失效
 */
double Dichotomy(pFUNCTION pFunc, double dStartX, double dEndX
        , double dAccuracyX, double dAccuracyY)
{
    double dStartY=(*pFunc)(dStartX);
    double dEndY=(*pFunc)(dEndX);
    static int K=0; //递归迭代次数
    ++K;
    dAccuracyX=fabs(dAccuracyX);
    dAccuracyY=fabs(dAccuracyY);
    if(fabs(dStartY)<=dAccuracyY){
        printf("Y 达到最小值\n");
        printf("迭代次数:%d; X:%lg; Y:%lg\n", K, dStartX, dStartY);
        return dStartX;
    }
    else if(fabs(dEndY)<=dAccuracyY){
        printf("Y 达到最小值\n");
        printf("迭代次数:%d; X:%lg; Y:%lg\n", K, dEndX, dEndY);
        return dEndX;
    }
    else if(dStartY*dEndY>0){
        printf("选取的开始X值和结束X值不正确,这两个值必须使函数
            值一正一负\n");
```

```
                return -1;
        }
        else{
            if(fabs(dEndX - dStartX)<=dAccuracyX){
                printf("X 分割达到最小值\n");
                printf("迭代次数：%d；X：%lg；Y：%lg\n", K, dStartX, dStartY);
                return dStartX;
            }
            else{
                double dMidX=(dStartX+dEndX)/2.0;
                double dMidY=(*pFunc)(dMidX);
                if(dStartY * dMidY<0)
                    dEndX=dMidX;
                else
                    dStartX=dMidX;
                return Dichotomy(pFunc, dStartX, dEndX, dAccuracyX,
                    dAccuracyY);
            }
        }//end else
}
```

下面给出调用上述函数求方程 $f(x)=x^3+x+1=0$ 在区间 $[-1,2]$ 内的解的源程序：

```
double function(double x)
{
    return(1+x+x*x*x);
}

int main(int argc, char** argv)
{
    pFUNCTION pFunc=function;
    Dichotomy(pFunc, -1, 2, 1e-5, 1e-5);
    return 0;
}
```

运行结果如下：

Y 达到最小值

迭代次数：20；X：-0.682329；Y：$-3.29316e-006$

此源程序中 dStartY * dEndY>0，dStartY * dMidY<0 是通过端点的值的乘积来判断是否异号，这种方法计算速度较慢. 为了提高速度，可记下 $f(a),f(b)$ 的正负，直接通过判断 $f\left(\dfrac{a+b}{2}\right)$ 的正负以便快速确定下一次的搜索区间. 另外，一般而言，在确定解的精度的时候用相对误差来判断比用绝对误差要可靠得多. 但在采用相对误差判断精度时计算量比较大，因为每迭代一次就要计算相对误差；而采用绝对误差来判断时计算量要小些. 不过采用绝对误差来判断时需要较准确的解的初始区间.

2. 牛顿迭代法

选定初始值 x_0，利用牛顿迭代公式 $x_{k+1}=x_k-\dfrac{f(x_k)}{f'(x_k)}$ 求解. 具体源代码如下：

```
#include <stdio.h>
#include <math.h>

typedef double( * pFUNCTION)(double);

/**
 * 求函数在 dX 处的导函数值
 * @param pFunc 函数
 * @param dX X 值点
 * @return dX 值点的导函数值
 */
double df(pFUNCTION pFunc, double dX)
{
    double epsilen=1.0e-4;
    return(( * pFunc)(dX+epsilen)-( * pFunc)(dX))/epsilen;
}

double NewtonIteration(pFUNCTION pFunc, double dStartX, double
```

```
                    dAccuracyX, double dAccuracyY, int N)
{
    double dStartY=(*pFunc)(dStartX);
    int K=0;//递归迭代次数

    while(K<N){
        double dCurrX;
        double dfValue=df(pFunc, dStartX);
        if(dfValue<=dAccuracyY){
            printf("导函数在%lg 值为 0\n", dStartX);
            return -1;
        }//end if
        dCurrX=dStartX-(*pFunc)(dStartX)/dfValue;
        if(fabs(dCurrX-dStartX)<dAccuracyX){
            printf("方程解为:%lg;迭代次数:%d\n", dCurrX, K);
            return 0;
        }
        dStartX=dCurrX;
        ++K;
    }
    printf("迭代次数达到最大值%d.迭代失败", N);
    return 1;
}
```

下面是求方程 $f(x) = x^3 + x + 1 = 0$ 在区间 $[-1, 2]$ 内的解的源程序:

```
double function(double x)
{
    return(1+x+x*x*x);
}

int main(int argc, char ** argv)
{
    pFUNCTION pFunc=function;

    NewtonIteration(pFunc, -1, 1e-4, 1e-8, 1000);
```

```
return 0；
}
```

运行结果如下：

方程解：-0.682328；迭代次数：3

相比二分法，牛顿迭代法收敛速度更快.

试验问题一

1. 在研究购房贷款中有如下方程：
$$N = \frac{P}{a}[1-(1+a)^{-n}],$$
其中 N 为贷款总额，P 为贷款人每月最大偿还能力，a 是银行利率，n 为贷款年限. 假设 $N=550\,000$ 元，$P=2\,000$ 元，$n=30$ 年，则 a 为多少？

2. 如图所示的一个拐角走廊，能从一端到另一端在地面上滑动通过的杆的最大长度由下列方程给出：

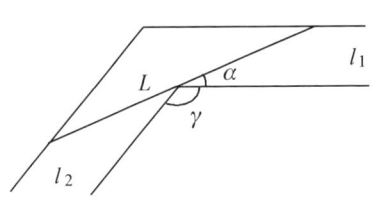

$$L = \frac{l_1}{\sin\alpha} + \frac{l_2}{\sin(\alpha+\gamma)},$$

其中 α 满足方程

$$\frac{l_1\cos\alpha}{\sin\alpha} + \frac{l_2\cos(\alpha+\gamma)}{\sin^2(\alpha+\gamma)} = 0,$$

$l_1 = 8$，$l_2 = 10$，$\gamma = \dfrac{3\pi}{5}$，求 L.

二、线性方程组的数值解法

下面给出利用 **LU** 分解和高斯－赛德尔迭代法解线性方程组的源程序.

1. **LU** 分解法解线性方程组

3.2 节给出了利用 Doolittle 分解解线性方程组 $\boldsymbol{Ax}=\boldsymbol{b}$ 的方法，我们将在此基础上着手编写程序. 对 $\boldsymbol{A}$ 进行 Doolittle 分解的具体过程如下：

(1) $l_{ii}=1, i=1,2,\cdots,n.$

(2) 计算 u_{1j}, l_{i1}：

$$u_{1j}=a_{1j},\ j=1,2,\cdots,n,\quad l_{i1}=\frac{a_{i1}}{u_{11}},\ i=2,3,\cdots,n.$$

(3) 计算 u_{kj}, l_{ik} ($k = 2, 3, \cdots, n$):

$$u_{kj} = a_{kj} - \sum_{p=1}^{k-1} l_{kp} u_{pj}, \quad j = k, k+1, \cdots, n,$$

$$l_{ik} = \frac{1}{u_{kk}} \Big(a_{ik} - \sum_{p=1}^{k-1} l_{ip} u_{pk} \Big), \quad i = k+1, k+2, \cdots, n.$$

由上述分解可得 L, U, 而 $Ax = b$ 可转化为 $Ly = b, Ux = y$. 求 x 的过程如下:

(1) 先求 y:

$$\begin{cases} y_1 = b_1, \\ y_k = b_k - \sum_{j=1}^{k-1} l_{kj} y_j, \quad k = 2, 3, \cdots, n. \end{cases}$$

(2) 再求 x:

$$\begin{cases} x_n = \dfrac{y_n}{u_{nn}}, \\ x_k = \dfrac{y_k - \sum_{j=k+1}^{n} u_{kj} x_j}{u_{kk}}, \quad k = n-1, n-2, \cdots, 1. \end{cases}$$

程序如下:

```
#include <stdio.h>
#include <math.h>

/**
 * @LU 分解
 * 采用矩阵 A 来存储计算出来的 LU 矩阵
 *
 * @param N 矩阵大小
 * @param A 矩阵 A[N][N]
 *
 */
void LUDecomposition(int N, double * A)
{
    int i=1;
    int j=0;
    //Lii=1(i=0->N-1)此处不需要存储
```

```
//U0j=A0j(j=0->N-1),不需要进行计算,直接存储到 A 中
//计算 Li0=Ai0/U00,即为：Ai0=Ai0/A00(i=1->N-1)
for(i=1; i<N; i++){
    A[i*N+0]=A[i*N+0]/A[0*N+0];
}//end for i
//计算
for(j=1; j<N; j++){
    int k=0;
    double sum=0;
    for(i=1; i<=j; i++){
        for(k=0, sum=0; k<i; k++){
            sum+=(A[i*N+k]*A[k*N+j]);
        }
        A[i*N+j]=A[i*N+j]-sum;
    }
    for(i=j+1; i<N; i++){
        for(k=0, sum=0; k<j; k++){
            sum+=(A[i*N+k]*A[k*N+j]);
        }
        A[i*N+j]=(A[i*N+j]-sum)/A[j*N+j];
    }
}

printf("L 矩阵：\n");
for(i=0; i<N; i++){
    for(j=0; j<=i; j++)
    {
        if(i==j)
            printf("1\n");
        else
            printf("%lg", A[i*N+j]);
    }
}

printf("U 矩阵：\n");
```

```c
    for(i=0; i<N; i++){
        for(j=0; j<N; j++)
        {
            if(i>j)
                printf("  ");
            else
                printf("%lg", A[i*N+j]);
            if(j==N-1)
                printf("\n");
        }
    }
}
```

```
/**
 * LU 分解法求解方程组
 * @param N 矩阵个数，即 X 个数
 * @param A 系数矩阵[N][N]，也是存放 LU 分解结果的矩阵
 * @param B 右方矩阵[N]，即方程组右端向量；同时存储结果返回的解向量
 */
```

```c
void LUSolved(int N, double * A, double * B)
{
    int i;
    int j;
    double sum=0;
    //求 Y
    for(i=1; i<N; i++){
        for(j=0, sum=0; j<i; j++){
            sum +=(A[i*N+j] * B[j]);
        }
        B[i]=B[i]-sum;
    }

    //求 X
    B[N-1]=B[N-1]/A[(N-1)*N+(N-1)];
    for(i=N-2; i>=0; i--){
```

```
        for(j=i+1, sum=0; j<N; j++){
            sum += (A[i*N+j] * B[j]);
        }
        B[i] = (B[i]-sum)/A[i*N+i];
    }
    printf("解向量 X：");
    for(i=0; i<N; i++){
        printf("%lg, ", B[i]);
    }
    printf("\n");
}
```

利用上述函数解方程组

$$\begin{pmatrix} 2 & 1 & 5 \\ 4 & 1 & 12 \\ -2 & -4 & 5 \end{pmatrix} \begin{pmatrix} x_1 \\ x_2 \\ x_3 \end{pmatrix} = \begin{pmatrix} 11 \\ 27 \\ 12 \end{pmatrix}$$

的源程序如下：

```
int main(int argc, char ** argv)
{
    int N=3;
    double A[9]={
            2, 1, 5,
            4, 1, 12,
            -2, -4, 5
    };
    double B1[3]={11, 27, 12};
    LUDecomposition(N, A);
    LUSolved(N, A, B1);
    return 0;
}
```

运行结果如下：

L 矩阵：

 1

```
 2  1
-1  3  1
```
U 矩阵：
```
2  1  5
  -1  2
      4
```
解向量 X：1，-1，2，

从公式不难看出：如果 u_{kk} 很小，则计算出来的 l_{ik} 将很不准确！这种情况，采用选主元的思想可以很好地解决这个问题. 在采用列主元技术来保证 **LU** 分解的稳定性的过程中，应当注意列主元过程中有行对换的操作，因此得到的 **LU** 分解的结果和直接分解的结果不同，在求方程组的解的时候也该考虑到这个问题.

2. 高斯-赛德尔迭代法

解 n 阶 $\boldsymbol{A}\boldsymbol{x}=\boldsymbol{b}$ 的 Gauss-Seidel 迭代格式为

$$x_i^{(m+1)} = \frac{1}{a_{ii}}\left(b_i - \sum_{j=1}^{i-1} a_{ij} x_j^{(m+1)} - \sum_{j=i+1}^{n} a_{ij} x_j^{(m)}\right),$$
$$i = 1, 2, \cdots, m = 0, 1, 2, \cdots.$$

源程序如下：

```c
#include <math.h>
#include <stdio.h>
#include <stdlib.h>

/**
 * Gauss Seidel 迭代法求解线性方程组
 *
 * @param N 未知数个数，也是系数矩阵的行数
 * @parma maxIteration 最大迭代次数
 * @param A 系数矩阵，包含右端 B 列[N][N+1]
 * @param value 输入初始解[N]，输出结果解[N]
 * @param epsilon 收敛判断最小值
 * @return 返回 0，则表示出现错误，返回 1，表示算法正确退出
 */
```

```c
int GaussSeidel(int N, int maxIteration, double * A, double * value,
        double epsilon)
{
    int iIteration=0;
    double * pTempValue=0; //存储中间计算结果
    if(N<=0){
        printf("未知数个数应该为正整数\n");
        return 0;
    }
    if(A==0||value==0){
        printf("输入的数据指针为空,请确认数据准备正确\n");
        return 0;
    }

    while(iIteration<maxIteration){
        double currDiff=0;
        double maxDiff=0;
        int iX;
        for(iX=0; iX<N; iX++){
            double dValue=A[iX*(N+1)+N]; //b
            int iIndex;
            for(iIndex=0; iIndex<N; iIndex++){
                if(fabs(A[iX*(N+1)+iX])<=epsilon){
                    printf("系数矩阵主对角元素不能为0;算法失效退出\n");
                    return 0;
                }
                if(iIndex !=iX)
                    dValue-=(A[iX*(N+1)+iIndex] * value[iIndex]);
            }//end for iIndex
            dValue=dValue/A[iX*(N+1)+iX];
            //计算差值并记录最大者
            currDiff=fabs(dValue-value[iX]);
            if(currDiff>maxDiff)
                maxDiff=currDiff;
```

```
        //更新计算结果
            value[iX]=dValue;
            printf("X%d：%lg；", iX, dValue);
        }//end for iX
        printf("\n");
        if(maxDiff<=epsilon){
            int iResult;
            printf("迭代结束,结果如下：\n");
            for(iResult=0; iResult<N; iResult++){
                printf("X%d：%lg；", iResult+1, value[iResult]);
            }
            return 1;
        }
        ++iIteration;
    }//end while
    return 0;
}
```

下面给出调用上述函数解方程组

$$\begin{cases} 9x_0 - x_1 - x_2 = 7, \\ -x_0 - 8x_2 = 7, \\ -x_1 + 9x_2 = 8 \end{cases}$$

的源程序：

```
int main()
{
    double A[12]={
        9, -1, -1, 7,
        -1, 8, 0, 7,
        -1, 0, 9, 8
    };
    double value[3]={0, 0, 0};
    if(GaussSeidel(3, 10, A, value, 1e-5)==0){
        printf("算法调用出现错误,请检查！\n");
    }
```

```
return 0;
}
```

程序运行结果：

D：\workspace_C++\Calculation\build\bin＞Calculation.exe

X0：0.777778；X1：0.972222；X2：0.975309；

X0：0.99417；X1：0.999271；X2：0.999352；

X0：0.999847；X1：0.999981；X2：0.999983；

X0：0.999996；X1：0.999999；X2：1；

X0：1；X1：1；X2：1；

迭代结束，结果如下：

X1：1；X2：1；X3：1；

试验问题二

1. 假设水银密度 h 和温度 t 的关系为 $h = a_0 + a_1 t + a_2 t^2 + a_3 t^3$，由实验得如下数据：

t	0°	10°	20°	30°
h	13.6	13.57	13.55	13.52

求 $t = 15°, 40°$ 时水银的密度.

2. 假设 n 个工厂分别生产 n 种不同商品. 每个工厂的产品一部分用于市场消费，一部分用于满足其他工厂的需要. 设 x_i 为第 i 个工厂生产的产品（第 i 种产品）的数量，b_i 为市场消耗第 i 种产品的数量，c_{ij} 为第 j 个工厂生产第 j 种产品时所消耗第 i 种产品的数量. 假设问题中各变量之间的关系是线性的，那么总产量 x 等于总需求时达到平衡，即达到平衡时满足 $x = Cx + b$，其中 $C = (c_{ij})_{n \times n}$，$b = (b_1, b_2, \cdots, b_n)^T$，$x = (x_1, x_2, \cdots, x_n)^T$. 先假设

$$c_{ij} = i + j - 1, \quad b_i = i, \quad i, j = 1, 2, \cdots, 20.$$

求解此系统.

三、插值和拟合

1. 拉格朗日插值

拉格朗日插值公式为

$$L_n(x) = \sum_{i=0}^{n} y_i l_i(x),$$

其中 $l_i(x) = \prod_{\substack{k=0 \\ k \neq i}}^{n} \dfrac{x - x_k}{x_i - x_k}.$

下面源程序给出了利用上述公式得到拉格朗日插值函数：

```
#include <stdio.h>
#include <math.h>

double Lagrange(int N, double x, double pXYArray[][2])
{
    double L=0; //拉格朗日多项式初始值
    int j=0;
    while(j<N){
        double q=1;
        int i=0;
        while(i<N){
            if(i==j){
                ++i;
                continue;
            }
            if(pXYArray[j][0]==pXYArray[i][0]){
                printf("X值相同,出现错误!");
                return -1;
            }
            q=q*(x-pXYArray[i][0])/(pXYArray[j][0]-
                pXYArray[i][0]);
            ++i;
        }//end while i<N
        L=L+q*pXYArray[j][1];
        ++j;
        printf("L:%f\n", L);
    }//end while j<N
    return L;
}
```

如函数 $y=f(x)$ 的函数值表如下：

x	0.9	0.99	1.00	1.01	1.10
y	2.460	2.691	2.718	2.746	3.004

调用上述函数求拉格朗日插值函数，并求 $f(1.05)$：

```
int main(int argc, char ** argv)
{
    double pXY[5][2]={
        {0.90, 2.460},
        {0.99, 2.691},
        {1.00, 2.718},
        {1.01, 2.746},
        {1.10, 3.004}
    };
    double dResult=Lagrange(5, 1.05, pXY);
    printf("拉格朗日插值计算结果为：%lg.\n", dResult);
    return 0;
}
```

运行结果如下：

拉格朗日插值计算结果为：2.86545.

拉格朗日插值易于建立插值多项式，但不易估计插值误差．而且，当增加新的节点时，需要重新构造插值多项式，原插值多项式也不能利用．

2. 牛顿插值

牛顿插值公式为

$$N_n(x) = f(x_0) + f[x_0, x_1](x-x_0)$$
$$+ f[x_0, x_1, x_2](x-x_0)(x-x_1) + \cdots$$
$$+ f[x_0, x_1, \cdots, x_n](x-x_0)(x-x_1)\cdots(x-x_{n-1}),$$

其中

$$f[x_0, x_1, \cdots, x_k] = \frac{f[x_0, x_1, \cdots, x_{k-1}] - f[x_1, x_2, \cdots, x_k]}{x_0 - x_k},$$
$$k = 1, 2, \cdots.$$

下面源程序给出了利用上述公式得到牛顿插值函数：

```c
#include <stdio.h>
#include <stdlib.h>

#include <stdio.h>
#include <stdlib.h>

void CalDividedDifferences(int N, double pXYArray[][2], double * dd)
{
    int i;
    int j;
    for(i=0; i<=N; i++){
        dd[i]=pXYArray[i][1];
    }
    for(i=1; i<=N; i++){
        for(j=N; j>=i; j--){
            dd[j]=(dd[j]-dd[j-1])/(pXYArray[j][0]-pXYArray[j-i][0]);
        }
    }
}

double NewtonInterpolation(int N, double pXYArray[][2], double X)
{
    double * dd=(double *)malloc((N+1) * sizeof(double));
    double t=1.0;
    double ft;
    double p=pXYArray[0][1];   //P(0)=f[0]
    int i;
    if(dd==0){
        printf("内存分配失败,退出。\n");
        return -1;
    }
    CalDividedDifferences(N, pXYArray, dd);
    printf("f(x)=%lg", pXYArray[0][1]);
    for(i=1; i<=N; i++)
```

```
    {
        int j=0;
        t=t*(X-pXYArray[i-1][0]);
        ft=dd[i]*t;
        p=p+ft;
        printf("+%lg", dd[i]);
        for(j=0; j<i; j++){
            printf("*(X-%lg)", pXYArray[j][0]);
        }
    }
    printf("\n");
    if(dd){
        free(dd);
        dd=0;
    }
    return p;
}
```

如函数 $y = f(x)$ 的函数值表如下：

x	0.9	0.99	1.00	1.01	1.10
y	2.460	2.691	2.718	2.746	3.004

调用上述函数求牛顿插值函数，并求 $f(1.05)$：

```
int main(int argc, char ** argv)
{
    double pXY[5][2]={
        {0.90, 2.460},
        {0.99, 2.691},
        {1.00, 2.718},
        {1.01, 2.746},
        {1.10, 3.004}
    };
    double dResult=NewtonInterpolation(5, pXY, 1.05);
    printf("牛顿插值计算结果：%lg.\n", dResult);
```

```
    return 0;
}
```

运行结果如下：

f(x)=2.46+2.56667*(X−0.9)+1.33333*(X−0.9)*(X−0.99)+33.3333*(X−0.9)*(X−0.99)*(X−1)+−363.636*(X−0.9)*(X−0.99)*(X−1)*(X−1.01)+−359.23*(X−0.9)*(X−0.99)*(X−1)*(X−1.01)*(X−1.1)

牛顿插值计算结果：2.86578.

牛顿插值法克服了拉格朗日插值法的缺点，当增加一个新节点的时候，能利用已求出的插值多项式，只需增加一项即可，这将大大减少计算量. 另外需要注意的就是，在构造插值多项式的时候，多项式的次数不宜过大. 因为当多项式的次数过高时，插值多项式虽然在插值节点处能够很好地逼近 $f(x)$，但在相邻节点之间，插值多项式不一定能很好地逼近 $f(x)$，这就是龙格现象.

3. 函数拟合的最小二乘法

由 5.8 节中介绍，通过法方程组 $\boldsymbol{A}^\mathrm{T}\boldsymbol{A}\boldsymbol{c}=\boldsymbol{A}^\mathrm{T}\boldsymbol{y}$ 解出系数 c_i^* 后，就可得到最小二乘拟合曲线

$$y^*(x) = \sum_{i=0}^{n} c_i^* \varphi_i(x).$$

下面给出求 c_i^* 的源代码，在此源代码中采用了 **LU** 分解方法解法方程组：

```c
#include <stdio.h>
#include <stdlib.h>
#include <math.h>

extern void LUDecomposition(int N, double * A);
    //直接调用 2.1 节中函数 LUDecomposition
extern void LUSolved(int N, double * A, double * B);
    //直接调用 2.1 节中函数 LUSolved

typedef double ( * pFUNCTION)(double);
```

```c
void LeastSquareCurveFitting(int N, pFUNCTION * ppFun, int M,
        double * X, double * Y)
{
    double * A=0; //矩阵 A
    double * ATA=0; //记录 AT * A 的值
    double * ATY=0; //记录 AT * Y 的值
    int i=0;
    int j=0;
    int k=0;
    if(M==0||N==0||ppFun==0
            ||X==0||Y==0){
        printf("输入参数有错误,请检查\n");
        return;
    }
    A=(double * )malloc(M * N * sizeof(double));
    //求矩阵 A
    for(i=0; i<M; i++){
        for(j=0; j<N; j++){
            A[i * N+j]=( * ppFun[j])(X[i]);
        }
    }
    ATA=(double * )malloc(N * N * sizeof(double));
    //求 AT×A
    printf("ATA 结果:\n");
    for(k=0; k<N; k++){
        for(i=0; i<N; i++){
            double sum=0;
            for(j=0; j<M; j++)
            {
                sum +=(A[j * N+k] * A[j * N+i]);
            }//end for j
            ATA[k * N+i]=sum;
            printf("%lg", sum);
        }//end for i
```

```
        printf("\n");
    }//end for k

    ATY=(double * )malloc(N * sizeof(double));
    //求 ATY
    printf("ATY 结果：\n");
    for(i=0; i<N; i++){
        double sum=0;
        for(j=0; j<M; j++){
            sum +=(A[j * N+i] * Y[j]);
        }//end for j
        ATY[i]=sum;
        printf("%lg", sum);
    }//end for i
    printf("\n");

    //使用 LU 分解法解最终的方程组
    LUDecomposition(N, ATA);
    LUSolved(N, ATA, ATY);

    if(A){
        free(A);
        A=0;
    }
    if(ATA){
        free(ATA);
        ATA=0;
    }
    if(ATY){
        free(ATY);
        ATY=0;
    }
}
```

下面为解 5.8 节中例 5.8 的源程序：

```
double function1(double x)
{
    return x;
}

double function2(double x)
{
    if(fabs(x)<1e-8){
        printf("ERROR function parameter %lg for function2.", x);
        return 0;
    }
    return 1.0/x;
}

int main(int argc, char ** argv)
{
    int N=2;
    pFUNCTION pFunc[2]={function1, function2};
    int M=4;
    double X[4]={1, 2, 5, 10};
    double Y[4]={8, 7, 10, 21};
    LeastSquareCurveFitting(N, pFunc, M, X, Y);
    return 0;
}
```

运行结果如下：

ATA 结果：

130　4

4　1.3

ATY 结果：

282　15.6

L 矩阵：

　1

　0.0307692　1

U 矩阵：

130　4
　　1.17692
解向量：1.98824，5.88235，

试验问题三

1. 已知一份杂志的价格变化如下：

1997年11月	1998年12月	2000年11月	2003年1月	2005年1月	2006年1月	2006年11月	2010年11月
4.5	5.0	6.0	6.5	7.05	7.5	8.0	8.0

通过外推来估计2012年11月的价格.

说明：用插值的方法来外推预测并不是一个好方法.

2. 人口学中有一种描述人口增长的数学模型（Compertz模型）：
$$P(t) = P_0 e^{-c e^{-kt}},$$
其中P_0, c, k是常数，$P(t)$是t时刻(年)的人口数. 如果2000年、2005年、2010年的人口总数分别为12.7亿元、13.1亿元、13.7亿元，利用上述模型预报2015年的中国人口总数.

四、数值积分

选取复化辛卜生公式和龙贝格算法为例，给出C语言源程序.

1. 复化辛卜生公式

将区间$[a,b]$分成N等份（$N=2m$为偶数），步长$h = \frac{b-a}{N}$，复化辛卜生公式为

$$\int_a^b f(x)dx \approx \frac{h}{3}\Big(f(a) + 4\sum_{k=1}^{m} f(x_{2k-1}) + 2\sum_{k=1}^{m-1} f(x_{2k}) + f(b)\Big).$$

源程序如下：
```
#include <stdio.h>
#include <math.h>

typedef double (*pFUNCTION)(double);
```

```
double Simpson(pFUNCTION pFunc, double dStartX, double dEndX, int N)
{
    double h;
    double P=0;
    double Q=0;
    int k=1;
    if(N<=0||N%2!=0){
        printf("对不起,N 值必须为正数,且为 2 的整数倍.\n");
        return -1;
    }
    h=(dEndX-dStartX)/N;
    for(k=1; k<N; k++){
        double currX=dStartX+k*h;
        if(k%2==1){
            P+=(*pFunc)(currX);
        }
        else
            Q+=(*pFunc)(currX);
    }//end for k
    return (h/3*((*pFunc)(dStartX)+4*P+2*Q+(*pFunc)(dEndX)));
}
```

下面为调用上述函数计算 $\int_0^1 (1+x+x^3)dx$ 的源程序:

```
double function(double x)
{
    return (1+x+x*x*x);
}

int main(int argc, char** argv)
{
    pFUNCTION pFunc=function;
    double dResult=Simpson(pFunc, 0, 1, 50);
    printf("复化辛卜生公式计算结果:%lg\n", dResult);
```

```
    return 0;
}
```

运行结果如下：
复化辛卜生公式计算结果：1.75

2. 龙贝格积分法

龙贝格积分法的计算公式为

$$\begin{cases} T_0^{(0)} = \dfrac{b-a}{2}(f(a)+f(b)), \\ T_0^{(k)} = \dfrac{1}{2}T_0^{(k-1)} + \dfrac{b-a}{2^k}\sum_{i=1}^{2^{k-1}}f\left(a+(2i-1)\dfrac{b-a}{2^k}\right), \quad k=1,2,\cdots, \\ T_m^{(l)} = \dfrac{4^m T_{m-1}^{(l+1)} - T_{m-1}^{(l)}}{4^m - 1}, \quad m=1,2,\cdots,k,\ l=0,1,2,\cdots,k-1. \end{cases}$$

源代码如下：

```
#include <stdio.h>
#include <stdlib.h>
#include <math.h>

typedef double (* pFUNCTION)(double);

/**
 * 龙贝格法求积分
 * @param pFunc 待积分函数
 * @param a 积分开始点
 * @param b 积分结束点
 * @param epsilon 计算结束条件最小值
 * @param K0 最大计算迭代次数
 * @param K1 最小计算迭代次数
 * @note 存储计算中间结果 T 时,为节约存储空间,采用一维数组存储上三
 * 角结果方式
 */
double Romberg(pFUNCTION pFunc, double a, double b, double epsilon,
        int K0, int K1)
{
```

```c
int hasResult=0;
double dResult=0;
double *T=(double *)malloc((K0+2)*(K0+1)/2*sizeof(double));
double h=b-a;
int k=1;//循环变量
int TIndex=0;
if(T==0){
    printf("内存分配失败,算法退出\n");
    return -1;
}
T[TIndex]=h*((*pFunc)(a)+(*pFunc)(b))/2.0;
while(k<K0){
    int i=1;
    int m=1;
    double Y=0;
    TIndex+=k;
    for(i=1; i<=pow(2, k-1); i++){
        double x=a+(2*i-1)*h/pow(2, k);
        Y+=(*pFunc)(x);
    }//end for i
    T[TIndex]=T[TIndex-k]/2+Y*h/pow(2, k);

    for(m=1; m<=k; m++){
        T[TIndex+m]=(pow(4, m)*T[TIndex+m-1]-
            T[TIndex+m-1-k])/(pow(4, m)-1);
    }
    if(k>=K1 && fabs(T[TIndex+k]-T[TIndex+k-1])<epsilon){
        printf("Romberg: K: %d; Value: %lg.\n", k, T[TIndex+k]);
        hasResult=1;
        dResult=T[TIndex+k];
        break;
    }
    else
        ++k;
```

```
}//end while
if(hasResult==0){
    printf("计算失败\n");
    dResult=-2;
}
if(T){
    free(T);
    T=0;
}
return dResult;
}
```

下面为计算 $\int_0^1 \frac{4}{1+x^2} dx$ 的源程序：

```
double function(double X)
{
    return (4/(1+X*X));
}

int main(int argc, char** argv)
{
    pFUNCTION pFunc=function;
    double dResult=Romberg(pFunc, 0, 1, 1e-5, 4, 3);
    printf("龙贝格求积分值为：%lg.\n", dResult);
    return 0;
}
```

运行结果如下：

Romberg：K：3；Value：3.14159.

龙贝格求积分值为：3.14159.

试验问题四

1. 计算由 $y=x^3$，$x=2$，$y=0$ 所围成的图形绕 x 轴旋转一周所得旋转体的体积.

2. 一横截面直径为 6 m 的圆柱形管道有一道闸门，问管道盛水半满时，闸门所受的压力是多少？

五、常微分方程的数值解法

下面给出改进的欧拉方法、标准 4 阶龙格库塔方法的源程序.

1. 改进的欧拉公式

改进的欧拉公式为

$$\begin{cases} y_{n+1} = y_n + \dfrac{h}{2}(K_1 + K_2), \\ K_1 = f(x_n, y_n), \\ K_2 = f(x_n + h, y_n + hK_1), \\ y_0 = \eta, \end{cases} \quad n = 0,1,2,\cdots.$$

源程序如下：

```c
#include <stdio.h>
#include <math.h>

typedef double (*pFUNCTION)(double, double);

int ImprovedEuler(pFUNCTION pFunc, double a, double b, double Y0, int N)
{
    double h;
    double Xk=a;
    double Yk=Y0;
    int K=1;
    if(N<=0){
        printf("输入参数 N 必须为正整数.");
        return -1;
    }
    h=(b-a)/N;
    while(K<=N){
        double K1=(*pFunc)(Xk, Yk);
        doubleK2;
        Xk=Xk+h;
```

```
        K2=(*pFunc)(Xk, Yk+K1*h);
        Yk=Yk+(K1+K2)*h/2;
        printf("RungeKutta K：%d；X：%lg；Y：%lg. \n", K, Xk, Yk);
        ++K;
    }//end while
    return 0；
}
```

用改进欧拉法求解初值问题

$$\begin{cases} y' = y - \dfrac{2x}{y}, \\ y(0) = 1 \end{cases}$$

在[0,1]上的数值解：

```
double function(double x, double y)
{
    if(y==0)
        return 0；
    return (y-2*x/y);
}

int main(int argc, char** argv)
{
    pFUNCTION pFunc=function；

    ImprovedEuler(pFunc, 0, 1, 1, 10);

    return 0；
}
```

运行结果如下：
D：\workspace_C++\Calculation\build\bin>Calculation. exe
RungeKutta K：1；X：0.1；Y：1.09591.
RungeKutta K：2；X：0.2；Y：1.1841.
RungeKutta K：3；X：0.3；Y：1.2662.
RungeKutta K：4；X：0.4；Y：1.34336.
RungeKutta K：5；X：0.5；Y：1.4164.

RungeKutta K：6；X：0.6；Y：1.48596.

RungeKutta K：7；X：0.7；Y：1.55251.

RungeKutta K：8；X：0.8；Y：1.61647.

RungeKutta K：9；X：0.9；Y：1.67817.

RungeKutta K：10；X：1；Y：1.73787.

2. 标准 4 阶龙格库塔方法

标准 4 阶龙格库塔公式为

$$\begin{cases} y_{n+1} = y_n + \dfrac{h}{6}(K_1 + 2K_2 + 2K_3 + K_4), \\ K_1 = f(x_n, y_n), \\ K_2 = f(x_n + \dfrac{1}{2}h, y_n + \dfrac{1}{2}hK_1), \\ K_3 = f(x_n + \dfrac{1}{2}h, y_n + \dfrac{1}{2}hK_2), \\ K_4 = f(x_n + h, y_n + hK_3), \\ y_0 = \eta, \end{cases} \quad n = 0, 1, 2, \cdots.$$

源程序如下：

```
#include <stdio.h>
#include <math.h>

typedef double (*pFUNCTION)(double, double);

int RungeKutta(pFUNCTION pFunc, double a, double b, double Y0, int N)
{
    double h;
    double Xk=a;
    double Yk=Y0;
    int K=1;
    if(N<=0){
        printf("输入参数 N 必须为正整数.");
        return -1;
    }
    h=(b-a)/N;
    while(K<=N){
```

```
        double K1=(*pFunc)(Xk, Yk);
        double K2=(*pFunc)(Xk+h/2, Yk+K1*h/2);
        double K3=(*pFunc)(Xk+h/2, Yk+K2*h/2);
        double K4=(*pFunc)(Xk+h, Yk+K3*h);
        Yk=Yk+(K1+2*K2+2*K3+K4)*h/6;
        Xk=Xk+h;
        printf("RungeKutta K:%d; X:%lg; Y:%lg.\n", K, Xk, Yk);
        ++K;
    }//end while
    return 0;
}
```

用标准 4 阶龙格库塔法求解初值问题

$$\begin{cases} y' = y - \dfrac{2x}{y}, \\ y(0) = 1 \end{cases}$$

在 [0,1] 上的数值解：

```
double function(double x, double y)
{
    if(y==0)
        return 0;
    return (y-2*x/y);
}

int main(int argc, char** argv)
{
    pFUNCTION pFunc=function;

    RungeKutta(pFunc, 0, 1, 1, 10);

    return 0;
}
```

运行结果如下：

RungeKutta K:1; X:0.1; Y:1.09545.

RungeKutta K:2; X:0.2; Y:1.18322.

RungeKutta K：3；X：0.3；Y：1.26491.
RungeKutta K：4；X：0.4；Y：1.34164.
RungeKutta K：5；X：0.5；Y：1.41422.
RungeKutta K：6；X：0.6；Y：1.48324.
RungeKutta K：7；X：0.7；Y：1.5492.
RungeKutta K：8；X：0.8；Y：1.61246.
RungeKutta K：9；X：0.9；Y：1.67332.
RungeKutta K：10；X：1；Y：1.73206.

试验问题五

1. 求解：

$$\begin{cases} y' + \dfrac{1}{x}y = \dfrac{1}{x^2}, & 1 \leqslant x \leqslant 1.5, \\ y(1) = 1, & h = 0.1. \end{cases}$$

2. 一个新图书馆的内部容量为 500 万立方英尺，通风系统以每分钟 4.5 万立方英尺的速度引入新鲜空气．在通风系统打开之前，图书馆内部的二氧化碳和新鲜空气中的二氧化碳含量分别为 0.4% 和 0.5%．求通风系统打开 2 小时后图书馆内部二氧化碳的百分比．

小　　结

本附录给出了本书介绍的主要算法的源程序，并结合具体的例子给出了算法的实施过程，另外还配备了一些试验问题供上机试验．这些源程序主要侧重于本书中所介绍的算法本身，仅给出所介绍的算法的源程序，默认所输入的方程或矩阵等满足算法应用的条件，没有给出算法所需条件的检验过程的程序．另外，在编写针对具体问题的算法程序时，我们还要考虑计算过程的时间复杂度和空间复杂度，还要考虑计算过程中所产生的误差等问题，而这些在本部分算法的源程序中并没有过多体现．所以当遇到上述问题的时候，需要对源程序做适当的修改．

鉴于工科学生都有 C 语言基础，所以本部分所有算法都是采用 C 语言实现的．其实现在有专门的数值计算软件，如 MATLAB、MATHEMATICA、Maple 等，这些软件在数值计算方面的功能很强大，具有明显的数值计算、图形处理等优势，解决一般数值计算问题非常方便快捷．

附录二 自 测 题 一

(时间：120 分钟)

1. 已知方程 $x - e^x + 2 = 0$ 有一个正根及一个负根．

(1) 估计出含根的区间．

(2) 分别讨论用迭代格式 $x_{n+1} = e^{x_n} - 2$ 求这两个根时的收敛性．

(3) 如果上述迭代不收敛，请写出一个你认为收敛的迭代格式．

2. 用杜利特尔(Doolittle)分解算法求解方程 $\boldsymbol{Ax} = \boldsymbol{b}$，并利用 $\boldsymbol{A}$ 的分解式求行列式 $|\boldsymbol{A}|$，其中

$$\boldsymbol{A} = \begin{pmatrix} 2 & 1 & -1 \\ 4 & 3 & 0 \\ 6 & 7 & 9 \end{pmatrix}, \quad \boldsymbol{b} = \begin{pmatrix} 6 \\ 15 \\ 34 \end{pmatrix}.$$

3. 设常数 $a \neq 0$，方程组

$$\begin{pmatrix} a & 1 & 3 \\ 1 & a & 2 \\ -3 & 2 & a \end{pmatrix} \begin{pmatrix} x_1 \\ x_2 \\ x_3 \end{pmatrix} = \begin{pmatrix} -3a \\ a+1 \\ 2a-5 \end{pmatrix}.$$

(1) 分别写出 Jacobi 迭代格式及 Gauss-Seidel 迭代格式．

(2) 试求 a 的取值范围，使得 Jacobi 迭代格式是收敛的．

4. 设

$$y = f(x) = ax^3 + bx^2 + cx + d$$

(系数 a, b, c, d 是未知常数，且 $a \neq 0$)．已知 $f(x)$ 的一组值如下：

x_i	1	2	3
y_i	1	-1	2

(1) 求二次拉格朗日插值多项式及余项．

(2) 问能否计算出 $\int_1^3 f(x) \mathrm{d}x$ 的准确数值？并说明理由．如果能够，请计算出结果．

5. 已知数据如下：

x_i	1	2	3	4
y_i	2	1	0	1

求形如 $y = ax + b\sin^2 \dfrac{\pi x}{6}$ 的拟合曲线.

6. 给定 $y = f(x)$ 的一组值：

x_i	1.0	1.2	1.4	1.6	1.8	2.0	2.2	2.4	2.6
$f(x_i)$	1	2	0	-1	-3	-1	1	3	2

分别用复化梯形公式和复化辛卜生公式计算 $\displaystyle\int_{1.0}^{2.6} f(x)\mathrm{d}x$.

7. 用改进的欧拉法(也称预估-校正法)求解方程(取步长 $h = 0.5$)：

$$\begin{cases} \dfrac{\mathrm{d}y}{\mathrm{d}x} = xy, \\ y(0) = 1, \end{cases} \quad x \in [0,1].$$

(取 4 位有效数字计算)

8. 设 $f(x)$ 在 $[a,b]$ 上二阶导数连续. 将 $[a,b]$ $2n$ 等分，分点为 $a = x_0 < x_1 < \cdots < x_{2n} = b$, 步长 $h = \dfrac{b-a}{2n}$.

(1) 证明求积公式 $\displaystyle\int_{x_{2k-2}}^{x_{2k}} f(x)\mathrm{d}x \approx 2hf(x_{2k-1})$ 的截断误差为

$$R_k = \frac{h^3}{3}f''(\xi_k), \quad \xi_k \in [x_{2k-2}, x_{2k}], \ k = 1, 2, \cdots, n.$$

(2) 利用(1)中的求积公式及误差结论，导出求积分 $\displaystyle\int_a^b f(x)\mathrm{d}x$ 的复化求积公式及其误差.

附录三 自 测 题 二

（时间：120分钟）

一、填空题

1. 为计算积分 $I_n = \int_0^\pi x^n \sin x \, \mathrm{d}x \ (n=1,2,\cdots,49)$，设计了算法：
$$\begin{cases} I_n = \pi^n - n(n-1)I_{n-2}, \\ I_1 = \pi + 2 \approx 5.14159, \end{cases} n=1,2,\cdots,49.$$
设 I_1 的绝对误差为 ε，则 I_{99} 的绝对误差为 _____，该算法是否数值稳定？ _____.

2. 设 $f(x) = 2x^8 + 3x^3 - 1$，则差商 $f[0,1] =$ _____，$f[0,1,\cdots,8] =$ _____.

3. 设 $\boldsymbol{x} = \begin{pmatrix} 2 \\ -1 \end{pmatrix}$，$\boldsymbol{A} = \begin{pmatrix} 3 & -1 \\ -5 & 2 \end{pmatrix}$，求 $\|\boldsymbol{Ax}\|_\infty =$ _____，$\mathrm{Cond}(\boldsymbol{A})_\infty =$ _____.

4. 求方程 $2x = \mathrm{e}^{-x}$ 根的牛顿迭代格式为 _____，取初值 $x_0 =$ _____ 时迭代一定是收敛的.

二、 已知 $y = f(x) = \sqrt{x}$ 的一组值：

x_i	0	1	4
y_i	0	1	2

求拉格朗日插值多项式及牛顿插值多项式，并写出拉格朗日插值余项.

三、 已知 $y = \dfrac{1}{\ln x}$ 的一组值：

x_i	2.0	2.2	2.4	2.6	2.8	3.0	3.2
$f(x_i)$	1.44	1.27	1.14	1.05	0.97	0.91	0.86

分别用复化梯形公式和复化辛卜生公式计算 $\int_{2.0}^{3.2} \dfrac{1}{\ln x} \mathrm{d}x$.

四、确定常数 A_i，使求积公式
$$\int_0^2 f(x)\mathrm{d}x \approx A_1 f(0) + A_2 f(1) + A_3 f(2)$$
的代数精度尽可能高，并确定是否高斯型公式.

五、用杜利特尔(Doolittle)分解算法求解方程 $\boldsymbol{Ax} = \boldsymbol{b}$，其中，
$$\boldsymbol{A} = \begin{pmatrix} 2 & 1 & 2 \\ -4 & 1 & -3 \\ -6 & -15 & -6 \end{pmatrix}, \quad \boldsymbol{b} = \begin{pmatrix} -3 \\ 10 \\ -3 \end{pmatrix}$$

六、设方程组
$$\begin{pmatrix} a_{11} & a_{12} \\ a_{21} & a_{22} \end{pmatrix} \begin{pmatrix} x_1 \\ x_2 \end{pmatrix} = \begin{pmatrix} b_1 \\ b_2 \end{pmatrix}, \quad \text{其中 } a_{11}a_{22} \neq 0,$$
分别写出 Jacob 迭代格式及 Gauss-Seidel 迭代格式，并证明这两种迭代格式同时收敛或同时发散.

七、已知数据

i	0	1	2
x_i	0	1	3
y_i	1	2	3

设 $f(x) = ax\sin\dfrac{\pi x}{6} + b$，求常数 a, b，使得 $\sum\limits_{i=0}^{2}(f(x_i) - y_i)^2 = \min$.

八、用改进的欧拉法(也称预估-校正法)求解方程(取步长 $h = 0.5$)：
$$\begin{cases} \dfrac{\mathrm{d}y}{\mathrm{d}x} = x^2 y, \\ y(0) = 1, \end{cases} \quad x \in [0, 1].$$
(取 5 位有效数字计算)

九、设 $x^* = c$ 是方程 $f(x) = 0$ 的根，$f(x)$ 充分光滑可导，$f'(c) \neq 0$，
$$\varphi(x) = x - p(x)f(x) - q(x)f^2(x).$$
试确定待定函数 $p(x), q(x)$，使迭代格式
$$x_{n+1} = \varphi(x_n), \quad n = 0, 1, \cdots$$
在求方程 $f(x) = 0$ 的根 $x* = c$ 时至少 3 阶局部收敛.

习题参考答案

习 题 一

1. $0.001, 0.0005, 0.005; 3.2\times 10^{-4}, 1.6\times 10^{-4}, 1.6\times 10^{-3}; 3, 4, 3$.

2. δ.

3. $2n\%$.

4. 5.

5. 20.3455.

8. (1) 显然有 $I_n + 4I_{n+1} = \int_0^1 x^n \mathrm{d}x = \dfrac{1}{n+1}$，即得递推式；

   (2) 算法数值稳定，因为 I_0 的初始误差 ε 传递到 I_n 时变为 $\dfrac{\varepsilon}{4n} \to 0$ (n 很大时).

9. $10^{10}\varepsilon$；算法不稳定.

10. (1) $\dfrac{2}{x}\sin^2\dfrac{x}{2}$；　(2) $\tan x \dfrac{\sin^2 x}{1+\cos x}$；　(3) $\ln\dfrac{|x|}{1+\sqrt{1-x^2}}$；

    (4) $\dfrac{2}{x\left(\sqrt{x+\dfrac{1}{x}}+\sqrt{x-\dfrac{1}{x}}\right)}$.

11. $\arctan\dfrac{1}{1+n(n+1)}$.

习 题 二

1. 有唯一正根，$x^* \in [1.89, 190]$.

2. $n \geqslant 6$.

3. 迭代 A 发散，迭代 B 收敛.

4. (1) 含根区间为 $[-2, -1], [1, 2]$；

   (2) 求正根时迭代收敛，求负根时迭代发散；

   (3) $x_{n+1} = \mathrm{e}^{x_n} - 2$，求负根收敛.

5. 在区间 $[0,1]$ 内有最小正根，$g_1(x) = \sqrt{\dfrac{\mathrm{e}^x}{3}}$，在区间 $[3,4]$ 内有最大正根，$g_2(x) = \ln 3x^2$.

6. (1) $x = 1 + \dfrac{1}{x^2}$，在区间 $[1.4, 1.8]$ 内收敛；

(2) $x = \sqrt[3]{1+x^2}$，在区间$[1,2]$内收敛；

(3) $x = \dfrac{1}{\sqrt{x-1}}$，不收敛.

7. $\lambda = -g'(x^*)$.

8. $p = q = \dfrac{5}{9}$, $r = -\dfrac{1}{9}$，三阶收敛.

9. 提示：设迭代函数 $g(x) = \dfrac{x(x^2+3a)}{3x^2+a}$，证明 $g'(\sqrt{a}) = g''(\sqrt{a}) = 0$ 即可. 极限等于 $\dfrac{\varphi'''(\sqrt{a})}{3!} = \dfrac{1}{4a}$.

10. $x_{n+1} = x_n - \dfrac{2x_n - e^{-x_n}}{2 + e^{-x_n}}$，取初值 $x_0 = 0$.

11. 令 $\varphi'(c) = 0$，得 $p(c) = \dfrac{1}{f'(c)}$，所以取 $p(x) = \dfrac{1}{f'(x)}$. 再令 $\varphi''(c) = 0$，得到
$$q(x) = \dfrac{f''(x)}{2(f'(x))^3}.$$

12. 取初值 $x_0 = 1.5$, $x^* \approx x_4 = 1.36523$.

13. $x_{n+1} = \dfrac{2}{3}x_n + \dfrac{a}{3x_n^2}$.

15. 取 $x_0 = 0$, $x_1 = 1$, $x^* \approx 0.56714$.

习 题 三

1. 顺序消去法：$\hat{x} = (0.0000, -0.0998, 0.4000)^T$.
   列主元消去法：$\hat{x} = (-0.4899, -0.05113, 0.3678)^T$.

2. $\boldsymbol{x} = (-4, 1, 2)^T$.

3. $\boldsymbol{L} = \begin{pmatrix} 1 & & \\ \dfrac{1}{2} & 1 & \\ \dfrac{1}{2} & \dfrac{1}{5} & 1 \end{pmatrix}$, $\boldsymbol{U} = \begin{pmatrix} 2 & -1 & -1 \\ & \dfrac{5}{2} & \dfrac{1}{2} \\ & & \dfrac{17}{5} \end{pmatrix}$, $\boldsymbol{D} = \begin{pmatrix} 2 & & \\ & \dfrac{5}{2} & \\ & & \dfrac{17}{5} \end{pmatrix}$,

$\boldsymbol{U}_0 = \begin{pmatrix} 1 & \dfrac{1}{2} & \dfrac{1}{2} \\ & 1 & \dfrac{1}{5} \\ & & 1 \end{pmatrix}$.

4. $\boldsymbol{L} = \begin{pmatrix} 1 & & \\ 2 & 1 & \\ 3 & 4 & 1 \end{pmatrix}$, $\boldsymbol{U} = \begin{pmatrix} 2 & 1 & -1 \\ & 1 & 2 \\ & & 4 \end{pmatrix}$, $\boldsymbol{y} = (6, 3, 4)^T$, $\boldsymbol{x} = (3, 1, 1)^T$.

5. $\boldsymbol{L} = \begin{pmatrix} 1 & 0 & 0 \\ 4 & 1 & 0 \\ -3 & -2 & 1 \end{pmatrix}$, $\boldsymbol{U} = \begin{pmatrix} 2 & 1 & 1 \\ 0 & -2 & 1 \\ 0 & 0 & 3 \end{pmatrix}$, $\boldsymbol{y} = (10, 1, 9)^T$, $\boldsymbol{x} = (3, 1, 3)^T$.

6. 矩阵 A 的各阶顺序主子式都不为 0，所以 A 存在唯一的杜利特尔分解：

$$A = LU = \begin{pmatrix} 1 & 0 & 0 \\ -2 & 1 & 0 \\ -3 & -4 & 1 \end{pmatrix} \begin{pmatrix} 2 & 1 & 2 \\ 0 & 3 & 1 \\ 0 & 0 & 4 \end{pmatrix}.$$

B 有无穷多个分解式：

$$B = \begin{pmatrix} 1 & 0 & 0 \\ 2 & 1 & 0 \\ 3 & a & 1 \end{pmatrix} \begin{pmatrix} 1 & 1 & 1 \\ 0 & 0 & -1 \\ 0 & 0 & a-2 \end{pmatrix}, \quad a \text{ 为任意常数}.$$

C 不能分解，因为若 C 存在分解式，根据矩阵乘法即可推出矛盾.

7. $x = (1, 2, 3, 4)^T$.

9. $x_1 = 2, x_2 = 2, x_3 = 1$.

10. $\|x\|_1 = 3, \|x\|_2 = \sqrt{5}, \|x\|_\infty = 2$;
$\|A\|_1 = 7, \|A\|_2 = \sqrt{15 + \sqrt{221}} \approx 5.465, \|A\|_\infty = 6$.

11. $\|x\|_1 = 6, \|x\|_2 = \sqrt{14}, \|x\|_\infty = 3$;
$\|y\|_1 = 5, \|y\|_2 = \sqrt{13}, \|y\|_\infty = 3$.

13. $2 + \sqrt{3}, 20$.

14. $\text{Cond}(A)_\infty = 3$，所以是非病态的.

15. 提示：设 λ 是 A 的特征值，x 为其特征向量，则 $\lambda x = Ax$，取范数得
$$|\lambda| \|x\| \leq \|A\| \|x\|.$$

16. （1） 由于 $A^{-1}A = E$，由范数性质 5 即得.
    （2） 由于 A 为正交阵，则 $A^T A = E, \rho(A^T A) = 1$.

17. $\text{Cond}(A)_1 = \text{Cond}(A)_\infty = 2\,665$.

18. $\text{Cond}(A)_\infty = 3\,847.28 \gg 1$，该方程组为病态方程组.

习 题 四

1. （雅可比迭代法）
   （1） $x^{(9)} = (0.999\,877\,929, -1.000\,061\,035)^T$;
   （2） $x^{(12)} = (0.999\,817\,31, 2.000\,01\,168\,3, 2.999\,758\,959)^T$.

   （高斯-赛德尔迭代法）
   （1） $x^{(6)} = (1.000\,015\,258, -0.999\,996\,185)^T$;
   （2） $x^{(10)} = (0.999\,944\,091, 2.000\,069\,14, 2.999\,979\,019)^T$.

2. $x^{(12)} = (1.500\,01, 3.333\,33, -2.166\,67)^T$.

3. 雅可比迭代法：（1） 收敛；（2） 收敛.
   J-S 迭代法：（1） 收敛；（2） 发散.

4. （1） $\begin{cases} 5x_1 + 2x_2 + x_3 = -12, \\ -x_1 + 4x_2 + 2x_3 = 20, \\ 2x_1 - 3x_2 + 10x_3 = 3, \end{cases}$ 利用定理 4.2；

(2) $\begin{cases} 4x_1 + x_2 + 3x_3 = 3, \\ x_1 + 6x_2 - 2x_3 = 1, \\ 3x_1 - 2x_2 + 5x_3 = 3, \end{cases}$ 利用定理 4.4.

5. (1),(2) 均可用定理 4.2.

6. 用定理 4.2 及定理 4.4 检验.

7. 迭代格式略. Jacobi 迭代矩阵的谱半径 $\rho(\boldsymbol{G}_J) = \sqrt{\left|\dfrac{a_{12}a_{21}}{a_{11}a_{22}}\right|}$, G-S 迭代矩阵的谱半径 $\rho(\boldsymbol{G}_G) = \left|\dfrac{a_{12}a_{21}}{a_{11}a_{22}}\right|$, 所以 $\rho(\boldsymbol{G}_J)$ 与 $\rho(\boldsymbol{G}_G)$ 要么同时小于 1, 要么同时大于或等于 1, 故同敛散.

8. Jacobi 迭代格式略, G-S 迭代格式及 SOR 迭代格式分别为

$$\begin{cases} x_1^{(m+1)} = \dfrac{1}{10}(c_1 - ax_2^{(m)}), \\ x_2^{(m+1)} = \dfrac{1}{10}(c_2 - bx_1^{(m+1)} - bx_3^{(m)}), \\ x_3^{(m+1)} = \dfrac{1}{5}(c_3 - ax_2^{(m+1)}); \end{cases}$$

$$\begin{cases} x_1^{(m+1)} = x_1^{(m)} + \dfrac{\omega}{10}(c_1 - 10x_1^{(m)} - ax_2^{(m)}), \\ x_2^{(m+1)} = x_2^{(m)} + \dfrac{\omega}{10}(c_2 - bx_1^{(m+1)} - 10x_2^{(m)} - bx_3^{(m)}), \\ x_3^{(m+1)} = x_3^{(m)} + \dfrac{\omega}{5}(c_3 - ax_2^{(m+1)} - 5x_3^{(m)}). \end{cases}$$

Jacobi 迭代矩阵 $\boldsymbol{B}_J$ 的特征值为 $0, \pm\sqrt{\dfrac{3ab}{100}}$, 故 $|ab| < \dfrac{100}{3}$ 时 Jacobi 迭代收敛. G-S 迭代矩阵的特征值为 $0, 0, \dfrac{3ab}{100}$, 故 $|ab| < \dfrac{100}{3}$ 时 G-S 迭代收敛.

9. 迭代矩阵 $\boldsymbol{G}_J$ 的特征值为 $0, \dfrac{2}{a}, -\dfrac{2}{a}$, 故 $|a| > 2$ 时收敛.

10. Jacobi 迭代矩阵 $\boldsymbol{B}_J$ 的特征值为 $a, a, -2a$, 故 $\rho(\boldsymbol{G}_J) = 2|a|$, 所以 $|a| < \dfrac{1}{2}$ 是 Jacobi 迭代收敛的充分必要条件. 而当 $-\dfrac{1}{2} < a < 1$ 时, 可验证 $\boldsymbol{A}$ 是对称正定阵, 故 G-S 迭代收敛.

11. $\boldsymbol{A}$ 的特征值为 $1, 4$, 故 $\boldsymbol{B} = \boldsymbol{E} + \alpha\boldsymbol{A}$ 的特征值为 $1 + \alpha, 1 + 4\alpha$,
$$\rho(\boldsymbol{B}) = \max\{|1 + \alpha|, |1 + 4\alpha|\} < 1,$$
得到 $-\dfrac{1}{2} < \alpha < 0$.

12. 当 n 较大时, $\boldsymbol{H}$ 的条件数较大, 因而方程组是病态方程组, 导致计算结果与准确解误差较大.

习 题 五

1. $x^2 + x + 2$.

2. $x^3 - x^2 + 2x + 1$.

3. $L_2(x) = 1.19895(x-12)(x-13) - 2.4849(x-11)(x-13) + 1.28245(x-11)(x-12)$; $R_2(x) = \dfrac{1}{3\xi^3}(x-11)(x-12)(x-13)$, $11 < \xi < 13$; $L_2(11.5) = 2.44228$.

5. 1, 0.

7. $x^3 + x^2 - 2x - 1$, $f[x, -1, 0, 1, 3](x+1)x(x-1)(x-3)$.

8. 0.81873,$|R| < 0.3 \times 10^{-5}$.

9. 0.875, 35.375.

10. $f(0.45) \approx -0.798626$, $|R| < \dfrac{1}{2} \times 10^{-2}$;

    $f(0.82) \approx -0.198607$, $|R| < \dfrac{1}{2} \times 10^{-2}$.

11. $L_n(x_0 + th) = \sum\limits_{k=0}^{n} \dfrac{(-1)^{n-k} f(x_k)}{k!(n-k)!} \prod\limits_{\substack{j=0 \\ j \neq k}}^{n} (t-j)$;

    $R_n(x_0 + th) = \dfrac{f^{(n+1)}(\xi)}{(n+1)!} t(t-1)\cdots(t-n) h^{n+1}$.

12. $y = \begin{cases} 1 - 0.63x, & 0 \leqslant x \leqslant 1, \\ 0.6 - 0.23x, & 1 \leqslant x < 2, \\ 0.32 - 0.09x, & 2 \leqslant x \leqslant 3, \end{cases}$ $|R| < \dfrac{1}{8}$.

13. $H_3(x) = 4x^3 - 3x$; $R = \dfrac{f^{(4)}(\xi)}{4!} x^2 (x-1)^2$, $0 < \xi < 1$.

15. $y = 0.3914 - 0.09x + 0.3643 x^2$.

16. $y = -1.7692 + \dfrac{6.2769}{x}$.

17. $y = 2.561 \sin x$, $\delta = 0.6213$.

18. $y = 1.859 e^{0.254x}$.

19. $y = \dfrac{x}{1.5x + 0.45}$.

习 题 六

1. (1) $\dfrac{1}{3} f(0) + \dfrac{4}{3} f(1) + \dfrac{1}{3} f(2)$;

   (2) $\dfrac{1}{3}(f(-1) + 2f(0.6899) + f(-0.1266))$.

2. (1) $A_0 = \dfrac{1}{3}$, $A_1 = \dfrac{4}{3}$, $A_2 = \dfrac{1}{3}$; 3 次代数精度;

   (2) $A = \dfrac{1}{3}$, $x_1 = 0.2899$, $x_2 = 0.5266$; 2 次代数精度.

3. 0.640 9, 0.683 06.

4. (1) $\dfrac{f'(\eta)}{2}(b-a)^2$; (2) $-\dfrac{f'(\eta)}{2}(b-a)^2$; (3) $-\dfrac{f''(\eta)}{24}(b-a)^3$, $\eta \in (a,b)$.

6. 0.55; 0.5667.

7. (1) 0.110 892; (2) 0.632 12.

8. 0.746 2; $|R| \leqslant 0.001\ 667$.

9. 0.943 3; $|R| \leqslant 2.7 \times 10^{-6}$.

10. 65; 3.

11. $\int_a^b f(x)\mathrm{d}x \approx h(f(x_1)+f(x_2)+\cdots+f(x_n))$;

   余项 $R = -\dfrac{b-a}{2}hf'(\xi)$, $a \leqslant \xi \leqslant b$.

12. 0.946 083 1.

13. 0.665.

14. (1) 是；(2) 不是；(3) 是.

15. $x_1 = 1 - \dfrac{1}{\sqrt{3}}$, $x_2 = 1 + \dfrac{1}{\sqrt{3}}$；是高斯型公式.

16. $A = C = \dfrac{5}{3}$, $B = \dfrac{8}{3}$, $\alpha = \sqrt{\dfrac{27}{5}}$；有 $2n-1=5$ 次代数精度，是高斯型公式.

17. $x_1 = \dfrac{35 - 2\sqrt{70}}{63} = 0.289\ 949$, $x_2 = \dfrac{35 + 2\sqrt{70}}{63} = 0.821\ 162$,

   $A_1 = 0.277\ 556$, $A_2 = 0.389\ 111$.

18. 提示：(1) 取 $f(x) = \prod\limits_{\substack{i=1\\i\neq k}}^{n}(x-x_i)^2$, $k=1,2,\cdots,n$, 代入公式，即得 $A_k > 0$；

(2) 取 $f(x) \equiv 1$; (3) 因为 $q(x)\omega_n(x)$ 是次数不超过 $2n-1$ 的多项式，代入高斯公式应精确成立，即可得证.

19. (1) 1.498 7; (2) 0.310 3.

20. 0.429 552 438 7.

习 题 七

1. 欧拉法：$y = 1.100\ 0$, $x = 0.100\ 0$；$y = 1.210\ 0$, $x = 0.200\ 0$;
   $y = 1.331\ 0$, $x = 0.300\ 0$；$y = 1.464\ 1$, $x = 0.400\ 0$;
   $y = 1.610\ 5$, $x = 0.500\ 0$；$y = 1.771\ 6$, $x = 0.600\ 0$;
   $y = 1.948\ 7$, $x = 0.700\ 0$；$y = 2.143\ 6$, $x = 0.800\ 0$;
   $y = 2.357\ 9$, $x = 0.900\ 0$；$y = 2.593\ 7$, $x = 1.000\ 0$.

   改进的欧拉法：$x = 0.100\ 0$, $y = 1.105\ 0$；$x = 0.200\ 0$, $y = 1.221\ 0$;
   $x = 0.300\ 0$, $y = 1.349\ 2$；$x = 0.400\ 0$, $y = 1.490\ 9$;
   $x = 0.500\ 0$, $y = 1.647\ 4$；$x = 0.600\ 0$, $y = 1.820\ 4$;

$x = 0.700\,0$, $y = 2.011\,6$; $x = 0.800\,0$, $y = 2.222\,2$;

$x = 0.900\,0$, $y = 2.456\,2$; $x = 1.000\,0$, $y = 2.714\,1$.

精确解：$x = 0.100\,0$, $y = 1.105\,2$; $x = 0.200\,0$, $y = 1.221\,4$;

$x = 0.300\,0$, $y = 1.349\,9$; $x = 0.400\,0$, $y = 1.491\,8$;

$x = 0.500\,0$, $y = 1.648\,7$; $x = 0.600\,0$, $y = 1.822\,1$;

$x = 0.700\,0$, $y = 2.013\,8$; $x = 0.800\,0$, $y = 2.225\,5$;

$x = 0.900\,0$, $y = 2.459\,6$; $x = 1.000\,0$, $y = 2.718\,3$.

2. $x = 0.100\,000$, $y = 0.005\,500$, $yy = 0.005\,163$;

$x = 0.200\,000$, $y = 0.021\,928$, $yy = 0.021\,269$;

$x = 0.300\,000$, $y = 0.050\,144$, $yy = 0.049\,182$;

$x = 0.400\,000$, $y = 0.090\,931$, $yy = 0.089\,680$;

$x = 0.500\,000$, $y = 0.144\,992$, $yy = 0.143\,469$;

$x = 0.600\,000$, $y = 0.212\,968$, $yy = 0.211\,188$;

$x = 0.700\,000$, $y = 0.295\,436$, $yy = 0.293\,415$;

$x = 0.800\,000$, $y = 0.392\,920$, $yy = 0.390\,671$;

$x = 0.900\,000$, $y = 0.505\,892$, $yy = 0.503\,430$;

$x = 1.000\,000$, $y = 0.634\,783$, $yy = 0.632\,121$（yy 为精确解）.

3. $y = 0.471\,7$, $x = 0.500\,0$; $y = 0.777\,8$, $x = 1.000\,0$;

$y = 0.900\,7$, $x = 1.500\,0$; $y = 0.931\,1$, $x = 2.000\,0$.

5. $y = 1.110\,341\,666\,666\,67$, $yy = 1.110\,341\,836\,151\,30$, $x = 0.10$;

$y = 1.242\,805\,141\,701\,39$, $yy = 1.242\,805\,516\,320\,34$, $x = 0.20$;

$y = 1.399\,716\,994\,125\,08$, $yy = 1.399\,717\,615\,152\,01$, $x = 0.30$;

$y = 1.583\,648\,480\,161\,37$, $yy = 1.583\,649\,395\,282\,54$, $x = 0.40$;

$y = 1.797\,441\,277\,193\,68$, $yy = 1.797\,442\,541\,400\,26$, $x = 0.50$;

$y = 2.044\,235\,924\,183\,87$, $yy = 2.044\,237\,600\,781\,02$, $x = 0.60$;

$y = 2.327\,503\,253\,193\,55$, $yy = 2.327\,505\,414\,940\,95$, $x = 0.70$;

$y = 2.651\,079\,126\,584\,63$, $yy = 2.651\,081\,856\,984\,93$, $x = 0.80$;

$y = 3.019\,202\,827\,560\,14$, $yy = 3.019\,206\,222\,313\,90$, $x = 0.90$;

$y = 3.436\,559\,488\,270\,33$, $yy = 3.436\,563\,656\,918\,09$, $x = 1.00$.

（yy 为精确解）

6. $x_1 = 0.100\,000$, $y_1 = 1.110\,342$; $x_2 = 0.200\,000$, $y_2 = 1.242\,805$;

$x_3 = 0.300\,000$, $y_3 = 1.399\,717$; $x_4 = 0.400\,000$, $y_4 = 1.583\,649$;

$x_4 = 0.500\,000$, $y_4 = 1.774\,390$; $x_4 = 0.600\,000$, $y_4 = 1.976\,038$;

$x_4 = 0.700\,000$, $y_4 = 2.188\,996$; $x_4 = 0.800\,000$, $y_4 = 2.413\,689$;

$x_4 = 0.900\,000$, $y_4 = 2.650\,559$; $x_4 = 1.000\,000$, $y_4 = 2.900\,061$.

11. （1）$y = 1.217\,5$, $x = 0.200\,0$; $y = 1.472\,4$, $x = 0.400\,0$;

$y = 1.766\,9$, $x = 0.600\,0$; $y = 2.100\,3$, $x = 0.800\,0$;

$y = 2.4678, x = 1.$

(2) $y = 1.2214, x = 0.2000$; $y = 1.4918, x = 0.4000$;

$y = 1.8221, x = 0.6000$; $y = 2.2255, x = 0.8000$;

$y = 2.7183, x = 1.$

自 测 题 一

1. (1) 含根区间：$[-2, -1]$, $[1, 2]$；

   (2) 求负根时，因为 $|\varphi'(x)| = e^x < 1$，所以迭代收敛；求正根时迭代不收敛；

   (3) 求正根时，用迭代格式 $x_{n+1} = \ln(x_n + 2)$ 或如下牛顿法收敛：

   $$x_{n+1} = x_n - \frac{x_n - e^{x_n} + 2}{1 - e^{x_n}}, \quad x_0 = 2.$$

2. 分解为

$$\boldsymbol{A} = \boldsymbol{L}\boldsymbol{U} = \begin{pmatrix} 1 & 0 & 0 \\ 2 & 1 & 0 \\ 3 & 4 & 1 \end{pmatrix} \begin{pmatrix} 2 & 1 & -1 \\ 0 & 1 & 2 \\ 0 & 0 & 4 \end{pmatrix};$$

$\boldsymbol{L}\boldsymbol{y} = \boldsymbol{b}$, $\boldsymbol{y} = (6,3,4)^{\mathrm{T}}$; $\boldsymbol{U}\boldsymbol{x} = \boldsymbol{y}$, $\boldsymbol{x} = (3,1,1)^{\mathrm{T}}$; 行列式 $|\boldsymbol{A}| = |\boldsymbol{L}||\boldsymbol{U}| = 8$.

3. Jacobi 迭代格式略；G-S 迭代格式如下：

$$\begin{cases} x_1^{(m+1)} = -\dfrac{1}{a}x_2^{(m)} - \dfrac{3}{a}x_3^{(m)} - 3, \\ x_2^{(m+1)} = -\dfrac{1}{a}x_1^{(m+1)} - \dfrac{2}{a}x_3^{(m)} + 1 + \dfrac{1}{a}, \\ x_3^{(m+1)} = \dfrac{3}{a}x_1^{(m+1)} - \dfrac{2}{a}x_2^{(m+1)} + 2 - \dfrac{5}{a}. \end{cases}$$

Jacobi 迭代矩阵为

$$\boldsymbol{G}_{\mathrm{J}} = \frac{1}{a}\begin{pmatrix} 0 & -1 & -3 \\ -1 & 0 & -2 \\ 3 & -2 & 0 \end{pmatrix},$$

3 个特征值分别为 $0, \pm\dfrac{2}{a}$，谱半径 $=\dfrac{2}{|a|} < 1$，所以当 $|a| > 2$ 时，Jacobi 迭代收敛.

4. 二次插值及余项：

$$L_2(x) = 2.5x^2 - 9.5x + 8,$$

$$R_2(x) = \frac{f'''(\xi)}{3!}(x-1)(x-2)(x-3) = a(x-1)(x-2)(x-3).$$

虽然 $f(x)$ 不能完全确定，但 $f(x)$ 是 3 次多项式，而辛卜生求积公式代数精度为 3 次，故用辛卜生求积公式可求出积分的准确数值：

$$\int_1^3 f(x)\mathrm{d}x = \frac{2}{6}(1 - 4 + 2) = -\frac{1}{3}.$$

5. $\boldsymbol{A}^{\mathrm{T}} = \begin{pmatrix} 1 & 2 & 3 & 4 \\ \dfrac{1}{4} & \dfrac{3}{4} & 1 & \dfrac{3}{4} \end{pmatrix}$，法方程 $\boldsymbol{A}^{\mathrm{T}}\boldsymbol{A}\begin{pmatrix} a \\ b \end{pmatrix} = \boldsymbol{A}^{\mathrm{T}}\boldsymbol{y}$ 为

$$\begin{pmatrix} 30 & \dfrac{31}{4} \\ \dfrac{31}{4} & \dfrac{35}{16} \end{pmatrix} \begin{pmatrix} a \\ b \end{pmatrix} = \begin{pmatrix} 8 \\ 2 \end{pmatrix}, \quad a = \dfrac{32}{89} = 0.36, \ b = -\dfrac{32}{89}.$$

6. 复化梯形：$T = \dfrac{h}{2}[y_0 + 2(y_1 + \cdots + y_7) + y_8] = 0.5$；

复化辛卜生：$S = 0.7333 = \dfrac{11}{15}$.

7. $f(x,y) = xy$，$h = 0.5$；

$\overline{y}_{n+1} = y_n + hx_n y_n$，$y_{n+1} = y_n + \dfrac{h}{2}(x_n y_n + x_{n+1}\overline{y}_{n+1})$；

$x_1 = 0.5$，$\overline{y}_1 = 1$，$y_1 = 1.125$；$x_2 = 1$，$\overline{y}_2 = 1.406$，$y_2 = 1.617$.

8. （1）用泰勒公式得

$$\int_{x_{2k-2}}^{x_{2k}} f(x) \mathrm{d}x = \int_{x_{2k-2}}^{x_{2k}} \left[f(x_{2k-1}) + f'(x_{2k-1})(x - x_{2k-1}) + \frac{1}{2}f''(\xi)(x - x_{2k-1})^2 \right] \mathrm{d}x$$
$$= 2hf(x_{2k-1}) + 0 + \frac{h^3}{3}f''(\xi_k),$$

所以，截断误差为 $R_k = \dfrac{h^3}{3}f''(\xi_k)$，$\xi_k \in [x_{2k-2}, x_{2k}]$，$k = 1, 2, \cdots, n$.

（2）复化公式为

$$\int_a^b f(x) \mathrm{d}x \approx 2h \sum_{k=1}^n f(x_{2k-1}),$$

复化截断误差 $R = \dfrac{h^3}{3}\sum\limits_{k=1}^n f''(\xi_k) = \dfrac{b-a}{6}h^2 f''(\eta)$，$\eta \in [a, b]$.

自测题二

一、(1) $49!\varepsilon$，不稳定；(2) 5，2；(3) 12，56；

(4) $x_{k+1} = x_k - \dfrac{2x_k - \mathrm{e}^{-x_k}}{2 + \mathrm{e}^{-x_k}}$，$x_0 = 0$.

二、$L_2(x) = -\dfrac{1}{6}x^2 + \dfrac{7}{6}x = N_2(x)$；$R_2(x) = \dfrac{1}{16}\xi^{-\frac{5}{2}}x(x-1)(x-4)$，$0 \leqslant \xi \leqslant 4$.

三、$n = 6$ 等份，$h = 0.2$；

$T = \dfrac{h}{2}[y_0 + 2(y_1 + \cdots + y_5) + y_6] = 1.298$；

$S = \dfrac{h}{3}(y_0 + 4y_1 + 2y_2 + 4y_3 + 2y_4 + 4y_5 + y_6) = 1.2693$.

四、$A_i = \dfrac{1}{3}, \dfrac{4}{3}, \dfrac{1}{3}$，3 次代数精度；不是高斯型公式.

五、$\boldsymbol{A} = \boldsymbol{LU} = \begin{pmatrix} 1 & 0 & 0 \\ -2 & 1 & 0 \\ -3 & -4 & 1 \end{pmatrix} \begin{pmatrix} 2 & 1 & 2 \\ 0 & 3 & 1 \\ 0 & 0 & 4 \end{pmatrix}$；

$Ly = b$, $y = (-3, 4, 4)^T$; $Ux = y$, $x = (-3, 1, 1)^T$.

六、Jacob 迭代：$\begin{cases} x_1^{(m+1)} = -\dfrac{a_{12}}{a_{11}} x_2^{(m)} + \dfrac{b_1}{a_{11}}, \\ x_2^{(m+1)} = -\dfrac{a_{11}}{a_{22}} x_1^{(m)} + \dfrac{b_2}{a_{22}}; \end{cases}$

G-S 迭代：$\begin{cases} x_1^{(m+1)} = -\dfrac{a_{12}}{a_{11}} x_2^{(m)} + \dfrac{b_1}{a_{11}}, \\ x_2^{(m+1)} = -\dfrac{a_{11}}{a_{22}} x_1^{(m+1)} + \dfrac{b_2}{a_{22}}. \end{cases}$

迭代矩阵：$\boldsymbol{B}_J = \begin{pmatrix} 0 & -\dfrac{a_{12}}{a_{11}} \\ -\dfrac{a_{21}}{a_{22}} & 0 \end{pmatrix}$, $\boldsymbol{B}_G = \begin{pmatrix} 0 & \dfrac{1}{a_{11}} \\ 0 & -\dfrac{a_{12}a_{21}}{a_{11}a_{22}} \end{pmatrix}$;

矩阵的谱半径：$\rho(\boldsymbol{B}_J) = \sqrt{\left|\dfrac{a_{12}a_{21}}{a_{11}a_{22}}\right|}$, $\rho(\boldsymbol{B}_G) = \left|\dfrac{a_{12}a_{21}}{a_{11}a_{22}}\right|$，它们同时小于 1 或同时大于或等于 1，所以两个迭代格式同敛散.

七、$\boldsymbol{A} = \begin{bmatrix} 0 & 1 \\ 0.5 & 1 \\ 3 & 1 \end{bmatrix}$, $\boldsymbol{A}^T \boldsymbol{A} \begin{pmatrix} a \\ b \end{pmatrix} = \boldsymbol{A}^T \boldsymbol{y}$, 于是

$$\begin{pmatrix} 9.25 & 3.5 \\ 3.5 & 3 \end{pmatrix} \begin{pmatrix} a \\ b \end{pmatrix} = \begin{pmatrix} 10 \\ 6 \end{pmatrix},$$

所以 $a = 0.5806$, $b = 1.3226$.

八、$f(x, y) = x^2 y$, $h = 0.5$;

$$\overline{y}_{n+1} = y_n + h x_n^2 y_n, \quad y_{n+1} = y_n + \dfrac{h}{2}(x_n^2 y_n + x_{n+1}^2 \overline{y}_{n+1});$$

$x_1 = 0.5$, $\overline{y}_1 = 1$, $y_1 = 1.0625$; $\quad x_2 = 1$, $\overline{y}_2 = 1.1953$, $y_2 = 1.4277$.

九、令 $\varphi'(c) = 0$, 得到 $p(c) = \dfrac{1}{f'(c)}$, 所以取 $p(x) = \dfrac{1}{f'(x)}$.

再令 $\varphi''(c) = 0$, 得到 $q(x) = \dfrac{f''(x)}{2(f'(x))^3}$.

参考文献

[1] 朱方生. 计算方法(光盘). 北京：电子工业出版社，2002.
[2] 崔国华. 计算方法. 武汉：华中理工大学出版社，1996.
[3] 李有法. 数值计算方法. 北京：高等教育出版社，1998.
[4] 贺俐，陈桂兴. 计算方法. 武汉：武汉大学出版社，1998.
[5] 胡健伟，等. 微分方程数值解法. 北京：科学出版社，1999.